国学经典藏书

淮南子

王东峰　译注

吉林大学出版社
长春

图书在版编目（CIP）数据

淮南子 / 王东峰译注 . — 长春 : 吉林大学出版社，2021.6
（国学经典藏书）
ISBN 978-7-5692-8589-5

Ⅰ . ①淮… Ⅱ . ①王… Ⅲ . ①杂家 – 中国 – 西汉时代 ②《淮南子》– 译文③《淮南子》– 注释 Ⅳ . ① B234.42

中国版本图书馆 CIP 数据核字（2021）第 145901 号

国学经典藏书：淮南子
GUOXUE JINGDIAN CANGSHU: HUAINANZI

作　　者：王东峰 译注
策划编辑：魏丹丹
责任编辑：田　娜
责任校对：魏丹丹
装帧设计：蒋宏工作室
开　　本：880mm × 1230mm　1/32
字　　数：228 千字
印　　张：11
版　　次：2021 年 6 月第 1 版
印　　次：2023 年 7 月第 2 次印刷

出版发行：吉林大学出版社
地　　址：长春市人民大街 4059 号（130021）
0431-89580028/29/21
http://www.jlup.com.cn
E-mail:jdcbs@jlu.edu.cn
印　　刷：河北松源印刷有限公司

ISBN 978-7-5692-8589-5　　　　**定价**：40.00 元

编者的话

经典是人类知识体系的根基,是人类的精神家园,是我们走向未来的起点。莎士比亚说过:“生活里没有书籍,就好像没有阳光;智慧里没有书籍,就好像鸟儿没有翅膀。”21 世纪中国国民的阅读生活中最迫切的事情是什么？我们的回答是阅读经典!

中国有数千年一脉相传、光辉灿烂的文化,并长期处于世界文化发展的前列,尤其是在近代以前,曾长期引领亚洲乃至世界文化的发展方向。长期超稳定的社会发展形态和以小农生产为基础的、悠闲的宗法农业社会,塑造了中华民族注重实际、过分地偏重经验、重视历史的文化心理特征。从殷商时代的“古训是式”(《诗经 · 大雅 · 烝民》),到孔子的“述而不作,信而好古”(《论语 · 述而》),可以清楚地看出这种文化心理不断强化的轨迹。于是,历史就被赋予了神圣的光环,它既是人们获得知识的源泉,也是人们价值标准的出处。它不再是僵死的、过去的东西,而是生动活泼、富有生命力,并对现世仍有巨大指导作用的事实。因而就形成了这样一种固定的文化思维方式,也就是“以铜为鉴,可正衣冠;以古为鉴,可知兴替;以人为鉴,可明得失”(《新唐书 · 魏徵传》)。中国的文化人世代相承,均从历史中寻求真理,寻求“修身、齐家、治国、平天下”的崇高理想模式。

这种对于历史所怀有的深沉强烈的认同感，正是历史典籍赖以发展、繁荣的文化心理基础。历史上最初给历史典籍的研究和整理工作涂上政治、道德和伦理色彩的是春秋时期的孔子。当时的孔子因感“周室微而礼乐废，《诗》《书》缺”，于是乃删订了《诗》《书》《礼》《乐》《易》《春秋》等“六经”（见《史记·孔子世家》），寄托了自己在政治上“复礼”和道德上“归仁”的最高理想。孔子以后，历史典籍的编撰无不遵循着这一最高原则。所以《隋书·经籍志》总序中就说：“夫经籍也者，机神之妙旨，圣哲之能事。所以经天地，纬阴阳，正纲纪，弘道德，显仁足以利物，藏用足以独善……其王者之所以树风声，流显号，美教化，移风俗，何莫由乎斯道？……其教有适，其用无穷，实仁义之陶钧，诚道德之橐籥也。……夫仁义礼智，所以治国也；方技数术，所以治身也。诸子为经籍之鼓吹，文章乃政化之黼黻，皆为治国之具也。”（《隋书·经籍志一》）由此可见，历史典籍的编撰整理工作，已不仅仅是文化技术问题，更重要的是它还负有“正纲纪，弘道德”的政治和道德使命。于是，在两千多年的历史发展过程中，先人们为我们留下了汗牛充栋的文化典籍。这些宝贵的精神财富，不仅是我们中华民族的骄傲，也是全人类的骄傲，并已成为世界文化宝藏的重要组成部分。

中国的先哲们一向对古代典籍充满崇敬之情，他们认为，先王之道、历史经验、人伦道德以及治国安邦之术、读书治学之法等等，都蕴藏于典籍之中。文献典籍是先王之道、历史经验、人伦道德等赖以传递后世的重要手段。离开书籍，后人将无法从前朝吸取历史经验，无法传承先王之道。在日新月异的当代，如何对待这份优秀的文化遗产？毛泽东同志早就指出：“中国的长期封建社会中，创造了灿烂的古代文化。清理古代文化的发展过程，剔除其封建性的糟粕，吸取其民主性的精华，是发展民族新文化、提高民族自信心的必要条件。……中国现时的新文化也是从古代的旧文化发展而来，因此，我们必须尊重自己的历史，决不能割断历史。但是，这种尊重是给历史以一定的科学地位，是尊重历史的辩证法的发展，而不是颂古非今。”（毛泽东《新民主主义论》）古代典籍，不仅对中华民族的形成与发展历史地发挥了巨大的凝聚力作用，而且在当今中华民族伟大复兴中，依然会发挥无可替代的重要作用。

在科学技术迅猛发展的当代社会，人们的生活、观念正在发生着巨大而深刻的变革，面对蓬勃发展的现代科技和汹涌而至的各种思潮，人们依然能深切地感受到中国传统文化无所不在的巨大力量。人们渴望了解这种无形的力量源泉，于是绚丽多姿的中华典籍就成了人们首要的选择。它能够使我们在精神上成为坚强、忠诚和有理智的人，成为能够真正爱人类、尊重人类劳动、衷心地欣赏人类的伟大劳动所产生的美好果实的人。所以，在今天，我们要阅读经典；当数字化、网络化带来的“信息爆炸”占领人们的头脑、占用人们的时间时，我们要阅读经典；当中华民族迈向和平崛起和民族复兴的伟大征程时，我们更要阅读经典。因此，读经典，这个我们习以为常的平凡过程，实际上就成了人的心灵和上下古今一切民族的伟大智慧相结合的过程。但由于时代的变迁，这些经典对现代人来说已是谜一样的存在。为继承这份优秀的文化遗产，帮助人们更好地利用这些经典，在全国学术界诸多专家学者的支持下，我们策划了这套“国学经典藏书”丛书。

丛书以弘扬传统、推陈出新、汇聚英华为宗旨，以具有中等以上文化程度的广大读者为对象，从我国古代经、史、子、集四部典籍中精选50种，以全注全译或节选的形式结集出版。在书目的选择上，重点选取我国古代哲学、历史、地理、文学、科技、教育、生活等领域历经岁月洗礼、汇聚人类最重要的精神创造和知识积累的不朽之作。既注重选取历史上脍炙人口、深入人心的经典名著，又注重其适应现代社会的人文价值趋向。丛书不仅精校原文，而且从前言、题解，到注释、译文，均在吸收历代学者研究成果的基础上精心编撰。在注重学术性标准的基础上，尽量做到通俗易懂。我们相信，本丛书的出版，对提高人们的古代典籍认知水平，阅读和利用中华传统经典，传播中华优秀文化，提高人们的民族自信心和文化自豪感，进而为中华民族伟大复兴做贡献，均将起到应有的作用。高尔基说："书籍是人类进步的阶梯。""要热爱读书，它会使你的生活轻松，它会友爱地帮助你了解纷繁复杂的思想、感情和事件；它会教导你尊重别人和你自己；它以热爱世界、热爱人类的情感，来鼓舞智慧和心灵。""当书本给我讲到闻所未闻、见所未见的人物、感情、思想和态度时，似乎是每一本书都在我面前打开一扇窗户，并让我看到一个不可思议的新世界。""每一本书是一级小阶梯，我每爬一级，就……更接近美好生活的观念，更热爱这书"（《高尔基论青年》，中国青年出版社1956年版）。流传千年的文化经典，让我们受益匪浅，使我们懂得更多。正如德国著名作家歌德所说："读一本好书，就是和一位品德高尚的人谈话。"的确，读一本好书，就像是结交了一位良师益友。我们真诚希望，这套经典丛书能够真正进入您的生活，成为人人应读、必读和常读的名著。

陈　虎

庚子岁孟秋

前　言

《淮南子》(又名《淮南鸿烈》)一书内容繁富,包罗万象,涉及哲学、政治、经济、军事、天文、地理、农学、生物、音律、神话等方面,可以说是我国古代一部百科全书式的著作。该书在继承先秦道家思想的基础上,综合了诸子百家学说中的精华部分,是后世研究秦汉时期文化的重要文献。

一

关于《淮南子》的作者,历来有两种观点。

第一种观点,认为《淮南子》是淮南王刘安自己的作品。如《汉书·艺文志》《隋书·经籍志》等均持此观点。第二种观点,认为《淮南子》是刘安组织门客集体编撰而成,这也是学界比较通行的观点。据东汉高诱《淮南鸿烈解·序》,刘安的这些宾客是“苏飞、李尚、左吴、田由、雷被、毛被、伍被、晋昌八人,及诸儒大山、小山之徒”。由于文献史料的缺乏,刘安及上述几位宾客在《淮南子》一书中的具体贡献如何,我们不得而知。比如刘安仅仅是挂虚名的主编,自己只字未写,还是某些章节的实际撰稿人?是几位宾客分别编写,由刘安最后统稿并加以润色,还是自始至终都是刘安一人撰写,而由众宾客帮助修改和润色?等等。

但有一点可以确定,刘安在《淮南子》的成书过程中起到了关键作用。首先,从《淮南子》的结构框架、思想主旨来看,虽然人们多称之为“杂家”,但是它仍然有一以贯之的主旨和比较严谨的章节结构,这都显示出它是一部有组织、有计划的作品;其次,从刘安本人的史料来看,他既是好学之士,又是才学甚高之人,东汉高诱称他与其宾客“共讲论道德,总统仁义,而著此书”,这种说法是可信的。

关于刘安的生平事迹,《史记》《汉书》均有记载。刘安是汉高祖之孙、淮南厉王刘长的长子。汉文帝六年(前174),淮南厉王刘长因谋反被废,在被流放到蜀郡严道邛邮(今四川省荥经县西)的途中绝食而死。文帝八年,汉文帝怜悯刘长之死,封刘安为侯,后又三分原淮南王封地,立刘安为淮南王。汉武帝元狩元年(前122),刘安因谋反罪而自杀,享年五十八岁。关于刘安因谋反罪自杀的问题,一般有两种对立的说法:一是认为刘安确有谋反罪,罪有应得;二是认为刘安的谋反是场冤狱,是汉武帝打击诸侯王和黄老道家的手段。

刘安除了诸侯王这一政治身份外,还是一位好学的学者,并且喜欢结交文学之士。《汉书·淮南衡山济北王传》说:“淮南王安为人好书,鼓琴,不喜弋猎狗马驰骋……招致宾客方术之士数千人。……时武帝方好艺文,以安属为诸父,辩博善为文辞,甚尊重之。每为报书及赐,常召司马相如等视草乃遣。”刘安还喜道学,好方术,后人也有他死后成仙的传说,《列仙传》《神仙传》等均有记载。我们耳熟能详的“一人得道,鸡犬升天”的典故就是刘安成仙的故事。这则故事点明了刘安与道家、神仙家的关系。

除了《淮南子》一书以外，刘安还留有其他不少著作，或依附在他名下的作品，如《淮南道训》《淮南王赋》《淮南王集》《长安都国颂》《谏伐南越上书》，等等。这些书大都散佚，仅有《淮南子》及少数赋、文流传了下来，从中可以窥见刘安及其宾客的著作之丰富、思想之庞杂。

二

《淮南子》原书有内篇二十一卷、中篇八卷、外篇三十三卷，至今存世的只有内篇。该书以道家为宗，融黄老道家的自然天道观、儒家的仁政学说、法家的进步历史观、阴阳家的阴阳变化理论以及兵家战略战术等各家思想精华为一体，所以《汉书·艺文志》及《四库全书总目》都将其归入“杂家”。

《淮南子》融通了先秦各家之“道”，它既是老子法地、法天、法自然之道，亦是孔子之仁道、孟子之立人之道、荀子的统类之道，还是庄子的至人神人真人之道，同时又吸收墨子的义道、韩非子的治道等诸子百家所倡导的一切“善”道。《淮南子》所论述的“道”，不仅仅是对客观世界的一种描述，而且是含有“应当”亦即规范性的意义在其中，宇宙万物只有依其道而行，才能达到其最佳状态，亦即“善”的状态。

以“道”为立言宗旨的《淮南子》，在保存和融通先秦思想文化，反映汉初时代精神，开拓两汉中后期哲学等方面，都起到了很大的历史作用和影响。然而，正所谓道不虚行，书中有一个贯彻始终的主题，就是对治国之道的探索。作者认为，终极之道既可用于治身，又可推及治国，治国之道与治身之道是贯通的。该书始终以至高无上的道作为立说的根基，通过贯通古今天人来探索治道之本。它主要阐明了治国的三要素——天、器物和人。

关于“天”，《淮南子》认为，“天之与人有以相通”，所以要治国，就必须治“天”——仰天承顺。《时则训》因此指出，必须根据天的时令来规定政令，如果春行夏令或冬令，就会遭受天灾人祸。仰“天”承顺的治国要素还表现为对天地自然一定要按“春生夏长秋收冬藏”的四时原则“取予有节”（《本经训》），不可无节制地凿地、挖池，乱开采，不可随意捕杀、乱砍伐。

关于“器物”，主要指的是治国的工具，《淮南子》又常以“权”“衡”“准”“绳”“规”“矩”来指称。在《淮南子》看来，社会有序与否就在于能否用这些“器具”（法度、制度、规矩）来规范社会，减少执政者的私心和因私心而引出的偏差。

关于“人”，《淮南子》指出，无论是对“天”（自然）的治理，还是对“法度”“制度”（规矩）的贯彻，都离不开人（包括人对人的治理）。《淮南子》强调要善于发扬人性之宽大、慈厚等长处，抑遏人性之贪欲、奢侈等弱点，持守人性中的宁静、简约。人内心中的诸多优秀品性综合起来发挥作用，就能感化人。因此，《淮南子》从治理国家的需要出发，特别强调人之精神力量感化的作用。

作为中国政治思想史上一部杰出的著作，《淮南子》基于“道”而提出的各种政治思想，对于后世乃至当今的社会治理都有着重要的参考价值。

另外，《淮南子》在阐明哲理时，旁涉奇物异类、鬼神灵怪，保存了一部分珍贵的神话材料。像女娲补天、共工怒触不周山等，主要靠本书得以流传。

三

自东汉以来，学界关于《淮南子》的校本、注本、节选本、译注本等成果颇多，本书是在参考前贤成果的基础上编著而成。由于《淮南子》一书卷帙繁多，其中所阐述的每一主题的内容多有重复交叉，因此，本书只选取最能表达每一卷中心思想的内容和对现代人类生活仍有重要意义的章节进行译注。为了便于读者更好地理解各卷的思想内容，本书将《要略》对各卷内容进行总结的部分，移至各卷的“题解”之下，以便读者阅读。

王东峰

2020年1月

目　录

总论[1]

〔题解〕

《总论》主要说明本书的写作目的以及所包含的二十篇(卷)之题名。

《要略》:夫作为书论者,所以纪纲道德①,经纬人事②,上考之天,下揆之地③,中通诸理。虽未能抽引玄妙之中才,繁然足以观终始矣④。总要举凡,而语不剖判纯朴⑤,靡散大宗⑥,惧为人之惽惽然弗能知也⑦,故多为之辞,博为之说,又恐人之离本就末也。故言道而不言事⑧,则无以与世浮沉⑨;言事而不言道,则无以与化游息⑩。故著二十篇,有《原道》,有《俶真》,有《天文》,有《地形》,有《时则》,有《览冥》,有《精神》,有《本经》,有《主术》,有《缪称》,有《齐俗》,有《道应》,有《氾论》,

〔1〕《淮南子》第二十一卷《要略》部分内容,是对本书前二十卷的内容和意旨进行概括和总结。为帮助读者理解各卷的阐释主题和中心思想,特将此部分内容分散移至各卷卷首。其中《要略》的前序部分置于本书之首,另名曰"总论"。

有《诠言》，有《兵略》，有《说山》，有《说林》，有《人间》，有《修务》，有《泰族》也。

〔注释〕

①纪纲：治理、管理。

②经纬：规划、治理。

③揆（kuí）：推测、揣度。

④繁然：众多貌。意指繁复、详尽的文字叙述。

⑤总要举凡：提纲挈领之意。剖判：剖析判断。纯朴：指事物的初始状态。

⑥靡散：分解。大宗：指事物的原始本质。

⑦惛惛（mǐn）：迷糊，不清醒。

⑧道：中国道教的最高信仰，是推动宇宙万事万物运行的最根本规律。

⑨浮沉：升降。与世浮沉：意指与人间世事和谐共处。

⑩化：造化。游息：相伴，意指与自然万物相伴融通。

〔译文〕

著书立说的目的是用来整治道德，规划人世之事，向上考察天道的变化规律，向下研究大地的万事万物，在中间能够把许多道理贯通起来。即使这部书不能把深奥玄妙的道理提炼出来，但因其涉猎广泛，也完全可以凭借它观察事物的终始。如果只是提纲挈领地说明大概的意思，而不去剖析和分解事物的原本面貌，担心有人会对基本理论糊里糊涂地搞不清楚，因此多加文字，广泛阐述，但又害怕有人会舍本逐末。所以说，如果只谈大道而不谈人事，那么便没有办法和社会共处；只谈人事而不谈大道，那么便不能和自然变化一起行止。因此本书内容共二十篇，有《原道》，有《俶真》，有《天文》，有《地形》，有《时则》，有《览冥》，有《精神》，有《本经》，有《主术》，有《缪称》，有《齐俗》，有《道应》，有《氾论》，有《诠言》，有《兵略》，有《说山》，有《说林》，有《人间》，有《修务》，有《泰族》。

卷一　原道训

〔题解〕

“原”是探究。“道”指的是自然规律和宇宙本原，它超越时空，无声无形、无穷无尽、无限存在，是道家思想的最高信仰。“训”是注解。本卷内容从哲学本体论的高度指出宇宙万物都有其所应当遵循的天然之道，只有如此才能达至其“善”，因而包括人类在内的任何事物都不能反其道而行，否则最终必然会导致灾难性的后果。因为“人生而静，天之性也”，所以人要遵循“静”而行便是人所应行之“道”。也就是说人要保持内心的清静寡欲，而不要贪欲妄动，从而达到恬淡自足的境界。

《要略》：《原道》者，卢牟六合①，混沌万物，象太一之容②，测窈冥之深，以翔虚无之轸③。托小以苞大④，守约以治广，使人知先后之祸福，动静之利害。诚通其志，浩然可以大观矣⑤。欲一言而寤⑥，则尊天而保真；欲再言而通，则贱物而贵身；欲参言而究⑦，则外物而反情。执其大指，以内洽五藏⑧，瀸濇肌肤。被服法则⑨，而与之终身，所以应待万方，览耦百变也⑩。若转丸掌中，足以自乐也。

〔注释〕

①卢牟：规模。六合：指上下和四方，泛指天地或宇宙。

②太一：指宇宙万物的本原、本体，天地未分之前的混沌之气。即道家所称的“道”。

③窈冥：深远渺茫。轸（zhěn）：通“畛”，田间道路。

④苞：通“包”，包容。

⑤浩然：盛大貌。

⑥寤：通“悟”，领悟、理解。

⑦参：通“叁”。

⑧指：通“旨”，意图、宗旨。洽：滋润。藏：通“脏”。

⑨瀸濇（jiānsè）：浸润。被服：接受。

⑩览耦（ǒu）：观看迎合。览，观看。耦，通“偶”，匹配。

〔译文〕

《原道》的内容，规划了天地四方，探索宇宙万物，拟象天地未分之前的形状，探测大道的深远，翱翔在无所不包的领域之内。它寄托虽小却包容深广，持守简约但治理广大，使人们知道祸福发生的先后次序，了解行止的利害关系。假如真的弄明白它的旨意，就可以了解世间的纷繁事物。如果用一句话来讲明其中的道理，那就是尊重天道而保持本性；如果再用一句话来通晓其中的道理，就是轻视外物而重视自身；如果用第三句话来探究其中的奥秘，就是抛去外物而返回真情。掌握了其中的要领，内可以润泽五脏六腑，外可以浸润肌肉皮肤。接受自然法则，和它终身伴随，就可以轻松应对万物，看透事物的千变万化。就像弄丸掌中，从中得到莫大的乐趣。

〔原文〕

夫道者，覆天载地，廓四方，柝八极①，高不可际，深不可测，包裹天地，禀授无形②。原流泉浡③，冲而徐盈，混混滑滑④，浊而徐清。故植之而塞于天地，横之而弥于四海⑤，施之无穷，而无所朝夕。舒之幎于六合⑥，卷之不盈于一握。约而能张⑦，幽而能明，弱而能强，柔而能刚。横四维而含阴阳⑧，纮宇宙而章三光⑨。甚淖而滒⑩，甚纤而微。山以之高，渊以之深，兽以之走，鸟以之飞，日月以之明，星历以之行⑪，麟以之游，凤以之翔。

〔注释〕

①廓：扩张。柝：通“拓”，拓展。

②禀授：给予。

③浡(bó)：涌出。

④混混：水流不绝之貌。滑滑(gǔ)：滑，通“汩”，水流声。

⑤弥：布满。

⑥幎(mì)：帷幔。六合：上下四方，泛指天地或宇宙。

⑦约：捆缚。

⑧四维：指天的东南、东北、西南、西北四角。

⑨纮(hóng)：维系。章：通“彰”，显明。三光：日、月、星。

⑩淖(nào)：柔和。滒(gē)：多汁。淖、滒都是形容道的柔和。

⑪星历：星辰。

〔译文〕

道，覆盖苍天，承载大地，拓展至四面八方，高到不可触顶，深至无法测底，包裹着天地，在无形中萌育万物。它像泉水从源头处涌出，开始时混浊，慢慢地盈满，随后滚滚奔流，逐渐由浊变清。它直立起来能充塞天地，横躺下去能布满四方，施用不尽，且长盛不衰。它舒展开来能覆盖天地四方，收缩卷起却又不满一把。它既能收缩又能舒展，既能幽暗又能明亮，既能柔弱又能刚强。它横通四维，含蕴阴阳，维系宇宙，彰显日月星辰。它既柔和又纤微。山凭借它才高耸，渊凭借它才深邃，兽凭借它才奔走，鸟凭借它才飞翔，日月凭借它才发光，星辰凭借它才运行，麒麟凭借它才出游，凤凰凭借它才翱翔。

泰古二皇，得道之柄①，立于中央，神与化游，以抚四方。是故能天运地滞②，轮转而无废③，水流而不止，与万物终始。风兴云蒸，事无不应；雷声雨降，并应无穷；鬼出电入，龙兴鸾集；钧旋毂转，周而复匝④。已雕已琢，还反于朴。无为为之而合于道，无为言之而通乎德。恬愉无矜而得于和⑤，有万不同而便于性。神托于秋豪之末，而大宇宙之总；其德优天地而和阴阳，节四时而调五行。呴谕覆育⑥，万物群生；润于草木，浸于金石；禽兽硕大，豪毛润泽，羽翼奋也，角觡生也⑦；兽胎不䏶，鸟卵不毈⑧；父无丧子之忧，兄无哭弟之哀；童子不孤，妇人不孀⑨；虹蜺不出，贼星不行⑩。含德之所致也。

〔注释〕

①泰古：远古。二皇：伏羲、神农，一说指天皇、地皇，即阴、阳二气。柄：根本。

②运：运行。滞：停止。

③轮转：比喻天以地为轴而运行，像轮子转动一样。无废：不休止。

④钧：制作陶器的转轮。毂（gǔ）：车轮中心插轴的部分。匝：周，绕一圈。

⑤恬愉：内心平静快乐。矜：自大、自夸。

⑥呴（xǔ）谕：化育爱抚。覆育：抚养、养育。

⑦觡（gé）：麋鹿的角。

⑧殰（dú）：胎未成兽。毈（duàn）：孵不成鸟。

⑨孀（shuāng）：寡妇。

⑩虹蜺（ní）：也作"虹霓"。彩虹，内环色彩鲜艳称虹，外环色彩浅淡称蜺。贼星：古代指彗星、陨星等象征灾异之星。

〔译文〕

远古伏羲、神农，掌握"道"的根本，挺身于天地中央，精神与自然造化融合，以此安抚天下四方。所以能使天体运行、大地静止，如车轮绕轴不止、流水淙淙不息，与天地万物共始终。犹如风起而云涌、雷隆而雨降般相互感应；又如鬼神、闪电瞬间即逝，神龙兴起，鸾鸟聚集；还像钧旋毂转周而复始。已被雕琢修饰的，让其还返质朴。行顺应自然之事以合"道"，言朴实无华之语以通"德"。内心平静快乐，不矜不骄，可得和谐，包容万物，不求统一，以合天性。他们的精神既依托于细微毫末之中，又扩充至茫茫宇宙之内；他们的德行使天地柔顺、阴阳调和，四时有节而五行有序。他们抚育万物，繁衍生长；滋润草木，浸润金石；禽兽壮硕，毫毛丰泽光亮，翅翼强壮，骨角生长；走兽不怀死胎，飞禽孵蛋成雏；父无丧子之哀，兄无失弟之悲；孩童不会变成孤儿，女子不会成为寡妇；反常的虹蜺不会出现，灾星不会运行。这都是因为伏羲和神农的大德所致。

夫太上之道①，生万物而不有，成化像而弗宰。跂行喙息，蠉飞蠕动②，待而后生，莫之知德；待之后死，莫之能怨。得以利者不能誉，用而败者不能非；收聚畜积而不加富，布施禀授而不益贫；旋县而不可究③，纤微而不可勤④。累之而不高，堕之而不下；益之而不众，损之而不寡；斫之而不薄，杀之而不残；凿之而不深，填之而不浅。忽兮怳兮⑤，不可为象兮；怳兮忽兮，用不屈兮⑥；幽兮冥兮，应无形兮；遂兮洞兮⑦，不虚动兮；与刚柔卷舒兮，与阴阳俯仰兮。

〔注释〕

①太上：至高无上。

②蠉（xuān）：虫飞。蠕（rú）：虫子爬行。

③旋县：周旋往复。

④勤：尽。

⑤忽兮怳兮：若隐若现、似有似无的样子。怳，古同“恍”。

⑥屈：枯竭。

⑦遂兮洞兮：幽深难测貌。

〔译文〕

至高无上的"道",生育万物却不占为己有,造就万物的形象却不做主宰。各种奔走、飞翔、蠕动、爬行的动物因它而生,但都不感戴它的恩德;因它而死,也没有谁怨恨它。因"道"得利者不赞誉它,用"道"失败者也不非议它;它不因收敛蓄积而富上加富,布施他人而愈发贫穷;它周旋往复而无法探究,极其细微而难以穷尽。它累积而不升高,堕毁而不降低;增加不见变多,损减不会变少;砍削不会变薄,杀戮不会致残;开凿不会加深,填充不会变浅。若有若无,难见形象;似存非存,不会用尽;渺渺茫茫,感应无形;幽深难测,运动规律;随刚柔一同卷舒,和阴阳一起升降。

昔者冯夷、大丙之御也①,乘雷车,入云霓②,游微雾,骛怳忽③,历远弥高以极往。经霜雪而无迹,照日光而无景。扶摇抮抱羊角而上④,经纪山川⑤,蹈腾昆仑,排阊阖⑥,沦天门⑦。末世之御,虽有轻车良马,劲策利锻⑧,不能与之争先。

〔注释〕

①冯夷、大丙:传说能驾驭阴阳的两位神仙。

②入:一说作"六"。王念孙谓:"以雷为车,以云霓为六马。"

③骛:驰骋。

④扶摇:盘旋而起的暴风。抮(zhěn)抱:旋转。羊角:曲折上升的旋风。

⑤经:行走。纪:通过。

⑥排：推开。阊阖（chānghé）：传说中的天门。
⑦沦：进入。天门：传说天帝所居的宫门。
⑧策：马鞭。锻：一说作"錣"。马鞭末端的刺针。

〔译文〕

从前冯夷、大丙驾驭出行，乘雷公之车，以六条彩虹为马，遨游于微茫的云雾之中，驰骋在浩渺迷离之境，奔向极远极高的地方。碾过霜雪而不留印迹，日光照射而不映阴影。如狂风盘旋而上，飞过高山大川，跨越昆仑之巅，推开天门，进入天宫。近世驾驭，即便是车轻马健，并有锐利强劲的马鞭催赶，也无法与冯夷、大丙一争高低。

是故大丈夫恬然无思，澹然无虑；以天为盖，以地为舆，四时为马，阴阳为御；乘云陵霄，与造化者俱。纵志舒节，以驰大区①，可以步而步，可以骤而骤②。令雨师洒道，使风伯扫尘；电以为鞭策，雷以为车轮。上游于霄雿之野③，下出于无垠之门。刘览遍照④，复守以全；经营四隅，还反于枢⑤。故以天为盖，则无不覆也；以地为舆，则无不载也；四时为马，则无不使也；阴阳为御，则无不备也。是故疾而不摇，远而不劳，四支不动⑥，聪明不损，而知八纮九野之形埒者⑦。何也？执道要之柄，而游于无穷之地。

〔注释〕

①大区：大虚，指天。

②步：慢走。骤：急驰。

③霄雿（diào）：虚无幽深之貌。

④刘：通“浏”。

⑤枢：中心、根本。

⑥支：通“肢”。

⑦八纮（hóng）：八极。九野：中央及八方。形埒（liè）：界域。

〔译文〕

所以有志气、有节操的男子内心恬静，无思无虑；以天为车盖，以地为车厢，以四季为良马，以阴阳为御手；乘白云上九霄，与自然造化同往。放开思绪，随心舒性，驰骋天宇，想慢行就慢行，想疾驰就疾驰。令雨师清洒道路，唤风伯扫除尘埃；以电做长鞭，以雷为车轮；上游虚无幽深之高空，下入无所边际之门户。俯视观览无穷之境，却始终保守纯真；周游经历四面八方，却仍然返于道之根本。所以，用天做车盖，就没有什么不能覆盖；以地做车厢，就没有什么不能承载；用四季做良马，就没有什么不能驱使；用阴阳二气做御手，就没有什么不完备的了。所以疾行而不摇晃，远行而不疲劳，四肢不疲惫，耳目不损伤，却能知道整个宇宙天地的界域。这是为什么呢？是因为掌握了道的根本而畅游于无穷无尽之中。

是故天下之事不可为也，因其自然而推之；万物之变不可究也，秉其要归之趣①。夫镜、水之与形接也，不设智故②，而方、圆、曲、直弗能逃也。是故响不肆应③，而景不一设，叫呼仿佛④，默然自得⑤。

〔注释〕

①秉：掌握。要归：要旨。趣：通“趋”，趋势。

②智故：巧饰。

③肆应：各方响应。

④叫呼：指回声。

⑤默：一说作“黯（àn）”，本指轻轻的呼吸，这里指不知不觉。

〔译文〕

所以天下之事不能违背自然规律刻意去做，只能顺应事物的自然之性去推动；万物的变化不能凭人的智慧去探究，只能掌握了事物的要旨及其趋势之后才能把握。镜子和水能映照物形，虽然没有任何巧妙的装饰，却能将方、圆、曲、直等形状如实照映出来。因此，回音不是声音特意要求四方回应，影子也不是物体特意设置，回声响应、影子依稀，都是自然而然的。

人生而静，天之性也；感而后动，性之容也①。物至而神应，知之动也②；知与物接，而好憎生焉。好憎成形，而知诱于外，不能反己，而天理灭矣。故达于道者，不以人易天③，外与物化，而内不失其情。至无而供其求，时骋而要其宿④。小大修短，各有其具，万物之至，腾踊肴乱而不失其数⑤。是以处上而民弗重，居前而众弗害，天下归之，奸邪畏之。以其无争于万物也，故莫敢与之争。

〔注释〕

①容：外貌，表象。原作“害”，依俞樾、何宁说改。

②知：通“智”。

③天：天性。

④要：通“邀”，从中拦截。意思是对其控制让其朝着一定方向发展。

⑤肴乱：肴，通“淆”。杂乱。数：法度。

〔译文〕

人生来喜静，这是人的本性；受到外物诱惑而产生情欲，这是本性的表象。与外物接触后产生精神感应，这是人的智虑造成的；智虑与外界事物接触后，好恶、爱憎之情随之产生。好恶、爱憎之情一旦形成，表明人的智虑已受外物迷惑，不能返回本性，天理也就泯灭了。所以，通达于道的人不会因人间利欲而改变天性，即使外随物化，而内心却不会丧失其本性。大道虽然虚无至极，却能满足万物的需求；虽时时变化，却能使万物归返自身。道具备应付万物的大小长短之能力，所以当万物纷至沓来、翻腾杂乱时，道都能处置有序。所以，得道者身居高位，民众不会害怕受到欺压；身处前列，民众也不会担心受到伤害，这样一来，天下的人归附他，奸邪之徒惧怕他。正因为他不和万物争先，所以也就没有什么能与他争。

夫临江而钓，旷日而不能盈罗①。虽有钩箴芒距、微纶芳饵②，加之以詹何、娟嬛之数③，犹不能与网罟争得也④。射者，扜乌号之弓⑤，弯棋卫之箭⑥，重之羿、逢蒙子之巧[7]，以要飞鸟[8]，犹不能与罗者竞多。何则？以所持之小也。张天下以为之笼，因江海以为之罟[9]，又何亡鱼失鸟之有乎？故矢不若缴[10]，缴不若无形之像。夫释大道而任小数，无以异于使蟹捕鼠、蟾蠩捕蚤[11]，不足以禁奸塞邪，乱乃逾滋。

〔注释〕

①旷日：终日。罗：通“箩”，竹制的盛器。

②钩箴：像针一样的钓钩。芒距：尖利的钩爪。纶：钓鱼的丝线。

③詹何、娟嬛（huán）：战国时楚国的两位术士，善钓。

④罟（gǔ）：渔网。

⑤扜（yū）：原作“扞”，依王引之说改。拉开。乌号之弓：古代强弓。

⑥弯：拉、引。棋卫之箭：古代利箭。

⑦重：加上。羿：即传说中的后羿，善射。逢蒙：相传学射于羿。二人都是传说中善于射箭的人。

⑧要：猎取。

⑨之：原无“之”字，据刘文典说改。

⑩缴：带有丝绳的箭。

⑪蟾蠩（zhū）：蟾蜍。

〔译文〕

到江边钓鱼，一整天也不能钓满一篓。虽有锋利的钓钩、尖细的钓线、芳香的鱼饵，再加上有詹何、娟嬛的钓技，但所钓获的鱼还是无法与用大网捕捞的鱼相比。射手张开乌号之弓，搭上棋卫之箭，再加上有后羿、逢蒙那样的射技，但所射得的飞鸟还是无法与用罗网捕捉的鸟相比。这是什么原因呢？因为钓鱼者、捕鸟者所用的器具太小。假如张开天穹做笼子、用江海做渔网，哪还会有漏网的鱼、飞逸的鸟呢？所以说仅凭箭头不如带有丝绳的箭，而带有丝绳的箭又不如无形的天地之笼、江海之网。如果放弃大道而用小技来治理天下，无异于用螃蟹捕老鼠、以蟾蜍捉跳蚤，不但不能禁止奸邪堵塞罪恶，反而会更加混乱。

昔者夏鲧作九仞之城①，诸侯背之，海外有狡心。禹知天下之叛也，乃坏城平池，散财物，焚甲兵，施之以德，海外宾伏，四夷纳职，合诸侯于涂山②，执玉帛者万国。故机械之心藏于胸中，则纯白不粹，神德不全。在身者不知，何远之所能怀？是故革坚则兵利，城成则冲生③。若以汤沃沸④，乱乃逾甚。是故鞭噬狗，策蹄马⑤，而欲教之，虽伊尹、造父弗能化⑥。欲害之心亡于中，则饥虎可尾，何况狗、马之类乎？故体道者逸而不穷，任数者劳而无功⑦。夫峭法刻诛者⑧，非霸王之业也；箠策繁用者⑨，非致远之术也。离朱之明⑩，察箴末于百步之外，不能见渊中之鱼；师旷之聪⑪，合八风之调，而不能听十里之外。故任一人之能，不足以治三亩之宅也；修道理之数，因天地之自然，则六合不足均也。是故禹之决渎也⑫，因水以为师；神农之播谷也⑬，因苗以为教。

〔注释〕

①夏鲧(gǔn)：尧舜时代的部落首领，大禹之父。奉尧命治水，九年未

成,被杀,葬于羽山。仞:古代长度单位。一仞相当于周尺八尺,周尺一尺约合二十三厘米。

②涂山:传说禹会诸侯及娶妻之地,一说在今浙江西北,一说在安徽蚌埠西。

③冲:冲撞城墙的战车。

④沃:浇。

⑤蹄:这里用作动词,指用蹄子踢人。

⑥伊尹:商汤大臣,辅佐商汤建商灭夏。造父:西周著名御车者,为周穆王御。

⑦任数:玩弄权术。

⑧峭法:严厉的刑法。刻:苛刻。

⑨箠(chuí):鞭子。

⑩离朱:《孟子》作"离娄"。黄帝时臣,视力超凡,能于百步之外见秋毫之末。

⑪师旷:春秋时期晋国的乐师,善于辨音,听觉超凡。

⑫渎:泛指河川。决渎:疏通水道。

⑬神农:炎帝,华夏太古三皇之一。传说他教人农耕,亲尝百草。

〔译文〕

过去夏鲧修筑高高的城墙来防御,结果诸侯叛乱,海外各国也都生狡诈之心。禹看到这种情形,就拆毁城墙,填平护城河,散发财物,焚烧兵器盔甲,广施仁德,结果四海臣服,夷族纳贡;禹在涂山会见成千上万带着玉器锦缎来朝会的诸侯。所以胸中藏有机巧奸诈之心,这纯白的道(天性)也就不纯粹了,纯粹专一的德也就不完备了。连自身都不能理智对待,又如何能安抚感化远处的事和人?所以皮革铠甲坚硬,兵器也随之锋利;城墙一旦筑起,攻城的战车也随之产生。就像用开水浇入滚烫的水中一样，非但不能止沸，反而会使水沸腾得更厉害。所以用鞭抽打咬人的狗、踢人的马而想调教好它们，即使是伊尹、造父这样的人也教化不了它们。如果心中不存害人的欲念，那么就是尾随饥饿的老虎也不可怕，更何况对付狗、马之类的动物呢？所以领悟道的人虽然安逸却没有办不到的事，玩弄巧诈之术的人虽然辛苦却一事无成。实行严刑苛法治理国家，不是成就霸王之业的人所应做的；频繁地用鞭子抽打坐骑，不是赶远路的方法。离朱的眼力尽管能看百步之外的针尖，却看不到深渊中的鱼；师旷的耳力尽管能听辨各种声调，却听不见十里之外的声响。所以说单凭一人之力不足以治理深宅大院；遵循道的规律，顺应天地自然，那么天地四方也不够他治理。所以夏禹疏通江河，正是遵循水往低处流的这一特性来进行的；神农播种五谷，正是顺着禾苗的生长规律来耕作的。

夫萍树根于水①，木树根于土；鸟排虚而飞，兽蹠实而走②；蛟龙水居，虎豹山处，天地之性也。两木相摩而然③，金火相守而流，员者常转，窾者主浮④，自然之势也。是故春风至则甘雨降，生育万物，羽者妪伏⑤，毛者孕育，草木荣华，鸟兽卵胎；莫见其为者，而功既成矣。秋风下霜，倒生挫伤⑥，鹰雕搏鸷，昆虫蛰藏，草木注根，鱼鳖凑渊⑦；莫见其为者，灭而无形。木处榛巢，水居窟穴，禽兽有艽⑧，人民有室；陆处宜牛马，舟行宜多水；匈奴出秽裘，干、越生葛絺⑨。各生所急，以备燥湿；各因所处，以御寒暑；并得其宜，物便其所。由此观之，万物固以自然，圣人又何事焉！

〔注释〕

①树：生长。

②蹠（zhí）：踏。实：土地。

③然：通"燃"，燃烧。

④员：同"圆"。窾（kuǎn）：空虚，空隙。

⑤妪伏：这里指鸟孵卵。

⑥倒生：指草木。挫伤：指草木凋零。

⑦搏鸷（zhì）：猛烈搏击。蛰：动物冬眠。注：集中。凑：聚集。

⑧榛：树丛。巢：这里用作动词，筑巢的意思。艽（qiú）：禽兽巢穴中的垫草。

⑨秽：粗陋。干、越：指吴、越之地。葛絺（chī）：细葛布。

〔译文〕

浮萍生于水面，树木扎根土中；鸟凌空而飞，兽踩地而跑；蛟龙居于水中，虎豹生于山中，这些都是天地自然本性。两木互相摩擦就会起火，金与火一起就会熔化，圆的物件容易转动，空的器具容易漂浮，这也都是自然之势。所以当春风吹拂、甘露降临时，万物就生长，长羽翼的开始孵卵，长毛发的开始怀胎，草木繁盛，鸟卵兽胎；我们并未发现春季在干什么，它却在无形中化育万物。同样，当秋风乍起，霜降大地，草木凋零，鹰、雕搏击，昆虫伏藏，草木忙着往根部吸储营养，鱼鳖开始潜集于深渊；我们也未发现秋季在干什么，它却在悄然中挫灭万物。住在树上的筑巢，处于水中的有洞穴，兽类卧草，人类居室；陆行适用牛马，水深适宜舟行；匈奴地产粗糙的皮衣，吴、越地产精美的细葛布。

各自生产急需的东西来防备燥湿，各自依靠所处的环境来防御寒暑，并各得其所、各适其宜。由此看来，万物均按其本性生存发展，圣人又何必去干预它们呢！

九疑之南[①]，陆事寡而水事众，于是民人被发文身[②]，以像鳞虫；短绻不绔[③]，以便涉游；短袂攘卷[④]，以便刺舟，因之也。雁门之北[⑤]，狄不谷食[⑥]，贱长贵壮，俗尚气力，人不弛弓，马不解勒，便之也。故禹之裸国[⑦]，解衣而入，衣带而出，因之也。今夫徙树者，失其阴阳之性，则莫不枯槁。故橘树之江北，则化而为枳，鸲鹆不过济[⑧]，貈渡汶而死[⑨]。形性不可易，势居不可移也。是故达于道者，反于清净；究于物者，终于无为。以恬养性，以漠处神，则入于天门[⑩]。

〔注释〕

①九疑：九嶷山，又名苍梧山，在今湖南宁远县南。

②被：剪。文：同“纹”。在身上、脸上刺花纹或字。

③短绻：短衣。绔：长裤。

④袂：袖子。攘（rǎng）：挽起。

⑤雁门：古县名，也是关隘名，在今山西代县西北。

⑥狄：中国古代北方少数民族之一。

⑦裸国：古代传说中的国家，或说在西方，或说在南方。其民皆不穿衣，故称。

⑧鸲鹆（qúyù）：鸟名，八哥。

⑨貈（hé）：似狐，喜睡。汶：汶水，在今山东。

⑩天门：天然、自然之境。

〔译文〕

九嶷山以南的民众，从事陆地的活少而从事水中的活多，所以这里的民众剪发文身，模仿鱼龙形象；穿围短裙而不着长裤，以便于涉水游渡；着短袖衫或卷起袖子，以方便撑船，这些都是为了适应水上生活而决定的。雁门以北的狄人不以谷类为主食，轻视老年人而看重青壮年，崇尚力量，一般不放下弓箭，不解下带嚼子的马笼头，这是由游牧生活的特点所决定的。所以禹到裸国去，就脱掉衣服入境，出境后再穿上衣服，这是为了入乡随俗。移植树木的人，如果不顾树木对环境四时和阴阳寒暖的适应性，那么树是不可能成活的。所以，橘树移到长江以北就变成了枳树，鸲鹆不能过济水，貉一过汶水便会死去。这是因为它们的生活习性不能改变，所处的生活环境不能变移。所以通达道的人必返于清净的天性，探究事物本性的人必归顺自然无为。以恬静养性，用淡漠修神，就能进入天然的境界。

所谓天者，纯粹朴素，质直皓白①，未始有与杂糅者也。所谓人者，偶睦智故②，曲巧伪诈，所以俯仰于世人而与俗交者也。故牛歧蹄而戴角③，马被髦而全足者，天也；络马之口④，穿牛之鼻者，人也。循天者，与道游者也；随人者，与俗交者也。夫井鱼不可与语大，拘于隘也；夏虫不可与语寒，笃于时也⑤；曲士不可与语至道⑥，拘于俗，束于教也。故圣人不以人滑天⑦，不以欲乱情，不谋而当，不言而信，不虑而得，不为而成；精通于灵府[8]，与造化者为人。

［注释］

①质直：质朴正直，和邪曲不实相对。

②偶䁖(chá)：邪曲不正。智故：奸邪之心。

③歧蹄：足分趾，趾上又长蹄子。

④络：罩住。

⑤笃：局限。

⑥曲士：见识短浅的人。

⑦滑：弄乱、扰乱。

⑧灵府：精神之宅，这里指内心。

［译文］

所谓“天然”，是指纯粹朴素，质直洁白，没有掺入杂质。所谓“人为”，是邪而不正，虚伪奸诈，以此曲意逢迎与世交往。所以牛蹄分趾而头上长角，马蹄完整而颈上生鬃，这就是“天然”；而用马笼头罩着马嘴，用绳子穿过牛鼻，这就是“人为”。遵循天然，就必然与“道”遨游；顺从“人为”，就必定与世俗交往。井中小鱼，无法与它谈论大海，是由于它受狭隘环境的局限；生活在夏季的虫，无法与它谈论寒冬，是因为它受季节的局限；寡闻少见的书生，无法与他谈论大道，是由于他受习俗、教义的束缚。所以，圣人不会用“人为”的事去干扰“天然”，不以欲念去扰乱本性，不用谋划就能将事情处理妥当，不必信誓旦旦就能显现信用，不必思虑就能得心应手，不必大动干戈就能大功告成；这是因为他精气与心灵融会贯通，和大道日夜相伴。

夫善游者溺,善骑者堕,各以其所好,反自为祸。是故好事者未尝不中[①],争利者未尝不穷也。昔共工之力,触不周之山[②],使地东南倾,与高辛争为帝[③],遂潜于渊,宗族残灭,继嗣绝祀。越王翳逃山穴[④],越人熏而出之,遂不得已。由此观之,得在时,不在争;治在道,不在圣。土处下,不争高,故安而不危;水下流,不争先,故疾而不迟。

〔注释〕

①好事:喜欢情欲之事。中:伤害。

②共工:古代传说中的天神,人面蛇身。不周:传说中的山名,终年寒冷,冰雪覆盖。

③高辛:相传是黄帝的曾孙。

④越王翳(yì):战国时期越国国君。

〔译文〕

善于游泳的人容易淹死,善于骑马的人常会摔伤,他们各因自己的喜好而招致灾祸。所以放纵情欲的人没有不伤损自身的,争名夺利的人没有不穷困潦倒的。以前共工力大无比,一怒之下头撞不周山,使大地往东南倾斜,起因是与高辛氏争夺帝位,结果失败,潜入深渊中,他的宗族被灭绝,后代死尽。越王翳为太子时,不愿继承王位而躲进山洞,但越国人用火将他熏出来,终于被迫为王。由此看来,有所得取决于时势,而不取决于争夺;治理天下取决于合道,而不取决于圣明。土在低处而不争高,反而安全没有危险;水居下流而不争先,反而迅流没有迟滞。

昔舜耕于历山[①]，期年而田者争处墝埆[②]，以封畔肥饶相让[③]；钓于河滨，期年而渔者争处湍濑[④]，以曲隈深潭相予[⑤]。当此之时，口不设言，手不指麾[⑥]，执玄德于心[⑦]，而化驰若神。使舜无其志，虽口辩而户说之，不能化一人。是故不道之道，莽乎大哉[⑧]！夫能理三苗[⑨]，朝羽民，徙裸国，纳肃慎[⑩]，未发号施令而移风易俗者，其唯心行者乎！法度刑罚何足以致之也？是故圣人内修其本而不外饰其末，保其精神，偃其智故[⑪]，漠然无为而无不为也，澹然无治也而无不治也。所谓无为者，不先物为也；所谓无不为者，因物之所为。所谓无治者，不易自然也；所谓无不治者，因物之相然也。

〔注释〕

①舜：古代传说中的上古贤明帝王。历山：古山名，所在地不可确知。

②期（jī）：一年。墝埆（qiāoquè）：土地坚硬贫瘠。

③封畔：指田界。

④湍濑（tuānlài）：水流浅急处，少鱼。

⑤曲隈（wēi）：水湾。水湾处水深而缓，多鱼。

⑥设：叙说。麾：古代指挥用的旗子。指麾：指挥。

⑦玄德：自然无为的德行。

⑧莽乎：无边无际的样子。

⑨三苗：中国古代南方少数民族。

⑩朝：用作动词，意思是让某人来朝见。徙：改变。肃慎：中国古代东北地区民族。

⑪偃:停息。智故:巧诈、巧饰。

〔译文〕

过去舜在历山亲自耕种,一年后,耕田者都争要贫瘠的土地而把肥沃的土地让给别人;舜在江边钓鱼,一年后,渔民都争着要在水流浅急的地方打鱼而将河湾深潭让给别人。那时的舜既不喋喋不休地说教,也不指手画脚地干预,他只是保持自然无为的信念和德行,民众却迅疾被感化。假如舜没有这种信念和德行,即使能言善辩且挨家挨户去劝说,也不能感化一人。因此,不可言说的道,能量真是浩大无限!舜帝能治理三苗之乱,使羽国民众都来朝见,改变裸国的习俗,接纳肃慎人,都未曾发号施令便能移风易俗,大概就是凭着这种自然无为的信念和德行来做事吧!靠法度和刑罚哪能收到这样的效果?所以圣人注重内在本性的修养,而不修饰外表的枝节,保全精神,偃息奸巧,淡漠无为按自然本性去办事,因而没有什么事办不成,坦然地不去刻意有为治理什么,反而什么都能治理好。所谓自然无为,是指不超越事物的本性人为地去做;所谓没有什么事办不成的,是因为顺应了事物的本性。所谓不去治理,是说不改变事物的本性;所谓没有什么治理不好的,是因为顺应了事物的必然性。

万物有所生,而独知守其根,百事有所出,而独知守其门①。故穷无穷,极无极,照物而不眩,响应而不乏②,此之谓天解③。故得道者,志弱而事强,心虚而应当④。所谓志弱而事强者,柔毳安静⑤,藏于不敢,行于不能,恬然无虑，动不失时，与万物回周旋转，不为先唱，感而应之。是故贵者必以贱为号，而高者必以下为基。托小以包大，在中以制外；行柔而刚，用弱而强，转化推移，得一之道，而以少正多⑥。所谓其事强者，遭变应卒，排患扞难⑦，力无不胜，敌无不凌⑧；应化揆时⑨，莫能害之。是故欲刚者，必以柔守之，欲强者，必以弱保之。积于柔则刚，积于弱则强，观其所积，以知祸福之乡⑩。强胜不若己者，至于若己者而同；柔胜出于己者，其力不可量。故兵强则灭，木强则折，革固则裂，齿坚于舌而先之敝。是故柔弱者，生之干也，而坚强者，死之徒也。

〔注释〕

①根、门：产生万物的总的根源和渠道，以无形生有形。

②眩：惑乱。乏：困乏。

③解：知晓。天解：意思是能明天意。

④志弱：心志柔顺。当：妥当。

⑤毳（cuì）：鸟兽的细毛，形容柔顺。

⑥一：无所不能的道。

⑦扞（hàn）：通“捍”，抵御。

⑧凌：凌驾、超过，意思是战胜。

⑨揆（kuí）：推测、揣度。

⑩乡：通“向”，方向、趋势。

〔译文〕

万物生长而独守其具体特性，百事出现而独守其规律。所以，只有道才能探究无穷无尽的事物，到达无边无际的地方。圣人明察万物而不致惑乱，响应万物而不会困乏，这就是所谓的“天解”。所以得道之人意念柔顺而办事稳妥，心胸虚静而处事得当。所谓“志弱而事强”，就是把柔顺虚静隐藏在不敢刻意作为之中，行动上看似无能为力，内心恬静无思无虑，做事情却能恰合时宜；与万物相处共生，不首先倡导，但感触之后能随时应合。因此，高贵的人总以谦卑的字眼来称呼自己，高大的东西总以低下的东西为基础。寄托于小处却能包容广大，保持于中间却能控制左右；行动看似柔弱而实际刚强，以此推移变化，掌握了“一”这个道，就能以少制多。所谓“事强”，是说在突遇变故时能排患御难，没有什么力量不可战胜，没有什么敌手不可制服；顺应变化测度形势，没有什么能够伤害他。所以，要想刚强有力，必须以柔弱相济。积聚柔弱就会变得刚强，观察这种积聚的过程、状况，就可以预知祸福之所在。以强力取胜，只能胜过力量不如自己的，碰到和自己一样刚强的就只能势均力敌了；而用柔弱胜过力量大于自己的人，他的力量是无法估量的。所以弱军队逞强一定会遭灭亡，如同坚硬木材容易折断，坚固皮革容易开裂，坚实的牙齿要比柔软的舌头先坏落一样。所以说柔弱才是生存的支柱，而坚强则是死亡的同义语。

出生入死，自无蹠有[①]，自有蹠无，而以衰贱矣。是故清静者，德之至也，而柔弱者，道之要也；虚无恬愉者，万物之用也。肃然应感，殷然反本[②]，则沦于无形矣。所谓无形者，一之谓也。所谓一者，无匹合于天下者也。

卓然独立，块然独处[3]；上通九天，下贯九野；员不中规[4]，方不中矩；大浑而为一，叶累而无根[5]；怀囊天地，为道关门[6]；穆忞隐闵[7]，纯德独存；布施而不既，用之而不勤。是故视之不见其形，听之不闻其声，循之不得其身。无形而有形生焉，无声而五音鸣焉，无味而五味形焉，无色而五色成焉。是故有生于无，实出于虚。天下为之圈，则名实同居[8]。音之数不过五，而五音之变不可胜听也；味之和不过五，而五味之化不可胜尝也；色之数不过五，而五色之变不可胜观也。故音者，宫立而五音形矣[9]；味者，甘立而五味亭矣[10]；色者，白立而五色成矣；道者，一立而万物生矣。是故一之理，施四海；一之解，际天地。其全也，纯兮若朴；其散也，混兮若浊。浊而徐清，冲而徐盈；澹兮其若深渊，泛兮其若浮云；若无而有，若亡而存。万物之总，皆阅一孔；百事之根，皆出一门。其动无形，变化若神；其行无迹，常后而先。

［注释］

①蹠（zhí）：到。

②殷然：严正坚决的样子。

③块然：孤独的样子。

④员：通“圆”。中：符合。

⑤叶累：积累、聚集。

⑥关门：关键、要害。

⑦穆忞隐闵：都是用来说无形的。忞（mǐn），不明。

⑧同居:相符合。

⑨宫:中国古代五音之一。古代宫、商、角、徵、羽五声,古人通常以“宫”音作为音阶的第一级音,也是最重要的一个音级。

⑩亭:确定。

〔译文〕

从清净之道出生,到沉溺情欲入死道,自无形到有形,离开了根本,自有形到无形,不能复归道家所本,所以就走向衰亡之路了。所以清静是德的最高境界,柔弱是道的精华要害;虚无快乐,万物所用。肃然感应外界,毅然返于根本,就能进入无形的境界。所谓无形,就是达到浑然一体的状态。所谓浑然一体,就是天下独一无二。它卓然独立,昂然独处;它上通九天,下贯九野;圆而无法用规来度量,方而难以用矩来测量;浩大浑然为一体,积累成体而难见根底;它包裹天地为道之关键,静穆混沌独存纯德;它布施恩德而不会穷尽,作用万物而不会用尽。因此难以见到它的形状,无法听到它的声响,无法触摸它的身体。它无形却能产生有形,无声却能形成五音,无味却能生成五味,无色却能形成五色。所以说有形来自无形,实体出自虚空。将天下围成一圈,那么名与实就相符合。音阶不过就是宫、商、角、徵、羽,但用这五音调和出来的声音却不可能尽听;味道不过就是甜、酸、苦、辣、咸,但用这五味调配出来的味道却不可能尝遍;颜色不过就是赤、黑、青、白、黄,但用这五色调配出来的颜色却不可能看完。所以就音调来说,宫调确立则五音便成;就味道来说,甜味确立则五味便成;就颜色来说,白色确立则五色便成;而对道来说,“一”之确立则万物形成。因此这“一”之原理放之四海而皆准;“一”之要义可运用于天地之间。它完整时,纯粹得像没有加工的玉器;扩散开来,则混沌、混浊。它能由混浊而逐渐澄清,由虚空慢慢盈实;它宁静时如同莫测的深潭,飘荡时仿佛空中的浮云;似有似无,似存似亡。万物全部来自“一”之孔穴;百事根据皆出自“一”之门户。它活动时没有具体形状,变化奇妙;它行动时没有任何痕迹,常置身在后,却又常常领先。

是故至人之治也,掩其聪明,灭其文章①,依道废智,与民同出于公。约其所守,寡其所求②,去其诱慕,除其嗜欲,损其思虑。约其所守则察,寡其所求则得。夫任耳目以听视者,劳形而不明;以知虑为治者,苦心而无功。是故圣人一度循轨,不变其宜,不易其常,放准循绳③,曲因其当④。

〔注释〕

①聪明:视听,指听到和看到的。文章:原意指色彩花纹,这里指礼法制度。

②寡:减少。

③放:通“仿”,仿效、依从。

④曲因:千方百计地顺应。

〔译文〕

所以拥有最高道德的人治理天下,闭塞耳目,毁灭纹饰,依道而行,废弃智巧,与民众一律公平对待。他简化职守,减少追求,排除贪欲,去掉嗜欲,减损思虑。简化职守则容易明察,减少追求则容易满足。相反，如果过分任用耳目视听则劳累身体且不明智；如果过分凭借智虑理事就会劳损心神且无功效。因此圣人治理天下，一贯遵循法度，不轻易改变适宜的常规，依法准绳，尽力顺应事物的本性。

是故夫得道已定，而不待万物之推移也[①]，非以一时之变化而定吾所以自得也。吾所谓得者，性命之情，处其所安也。夫性命者，与形俱出其宗，形备而性命成，性命成而好憎生矣。故士有一定之论，女有不易之行，规矩不能方圆，钩绳不能曲直[②]。天地之永，登丘不可为修，居卑不可为短。是故得道者，穷而不慑，达而不荣[③]；处高而不机，持盈而不倾[④]；新而不朗，久而不渝[⑤]；入火不焦，入水不濡。是故不待势而尊，不待财而富，不待力而强，平虚下流，与化翱翔[⑥]。若然者，藏金于山，藏珠于渊，不利货财，不贪势名。是故不以康为乐，不以慊为悲[⑦]；不以贵为安，不以贱为危；形神气志，各居其宜，以随天地之所为。

〔注释〕

①推移：变化、发展。

②钩绳：木工用以正曲直的工具。

③慑（shè）：恐惧。达：显贵。

④机：危险。盈：满。

⑤朗：明朗。渝：改变。

⑥平虚：平坦空旷。下流：水往低处流动。翱翔：俯仰之意。

⑦慊（qiàn）：不足，俭约。

〔译文〕

因此，一旦坚定去追求“道”，就不会受外物变化的影响，不会因外物一时变化来决定自我得道的态度。我所说的“得”，是指生命中的本性处在安适的位置上。生命和形骸一起出自“道”，形骸具有了，生命也就诞生了，生命一旦形成，好恶之情也就容易产生。所以士人有固定的行为准则，女子有不变的行为原则，规矩使他们不能或方或圆，钩绳使他们不能或曲或直。天地是无限的，所以登上山丘不能自以为站得很高，处在低处不必自以为地位卑微。所以得道者，穷困时不忧惧，显达时不炫耀；处高位而不危险，手拿满的东西不会倾洒；新兴时不会光耀明朗，长久后也不会有所衰变；放入火中烧不焦，浸入水里打不湿。如此，可以不凭权势而尊贵，不靠财富而富有，不以有力而强大，像水一样流向平坦空旷的低处，与自然造化一起运动。如果这样的话，就能埋金子于山中，藏珍珠于渊底，不以钱财为利，不贪权势、名位。这样就可以做到不以安康为乐，不以清俭为苦；不把尊贵看成安逸，不把贫贱看作危难；形、神、气、志各得其所，以顺随天地的运转变化。

卷二　俶真训

〔题解〕

“俶”，就是始。“真”，即是实。本卷是对“道”的进一步阐述，因此也被许多人看作是《原道训》的续篇，只是两篇各有侧重。本卷的中心思想是要养性存真以体道，而做到这一点，必须要具备一定的客观条件，即遇到“至德之世”。文中涉及了几个重要的问题：关于宇宙起源演化的问题；生与死的问题；“时”，也就是机遇的问题。

《要略》：《俶真》者，穷逐终始之化，嬴垀有无之精[①]，离别万物之变，合同死生之形[②]，使人遗物反己[③]，审仁义之间，通同异之理，观至德之统，知变化之纪，说符玄妙之中[④]，通回造化之母也。

〔注释〕

①嬴：环绕。垀(hū)：繁细。嬴垀，周密细致之意。

②合同：会合、齐同。

③遗物：超然物外。

④符：符验。

〔译文〕

《俶真》的内容，探求自然界起始终结的变化规律，包含了微妙的有无相生的精髓，辨别万物的变化规律，等齐合同生死相从的形体关系，使人明白超然物外而返回真性的道理，审察清楚仁义的得失，沟通相同与差别之间的联系，观察最高道德的领属关系，寻求千变万化的头绪，解说清楚深奥玄妙的符验，通达自然变化的根源。

〔原文〕

有始者，有未始有有始者①，有未始有夫未始有有始者。有有者②，有无者③；有未始有有无者，有未始有夫未始有有无者。

所谓有始者，繁愤未发，萌兆牙蘖④，未有形埒垠堮⑤，无无蠕蠕⑥，将欲生兴，而未成物类。

有未始有有始者，天气始下⑦，地气始上，阴阳错合⑧，相与优游竞畅于宇宙之间，被德含和⑨，缤纷茏苁，欲与物接而未成兆朕⑩。

有未始有夫未始有有始者，天含和而未降，地怀气而未扬，虚无寂寞，萧条霄霓⑪，无有仿佛，气遂而大通冥冥者也。

〔注释〕

①有始：指天地开辟之始。

②有有者：前一个“有”是动词，后一个“有”是指有形的万物。

③无：指茫茫宇宙。

④繁愤：繁多积聚的样子。兆：开始。牙蘖（niè）：树枝被砍后，又长出的嫩芽。

⑤形埒：明晰的形状。垠堮（è）：边际、界限。

⑥无无：迷蒙不清的样子。蠕蠕：昆虫爬行的样子。

⑦天气：指阳气。

⑧错合：交错融合。

⑨被：覆盖、承受。和：平和之气。

⑩茏苁（lóngcōng）：聚集貌。兆朕：征兆。

⑪霄雿（diào）：清寂幽深貌。

〔译文〕

宇宙有开始的时候，也有未曾“开始”的时候，更有尚未有“未曾开始”的时候。宇宙包含着“有”，也包含着“无”，也存在着未曾产生“有”“无”的东西，更包括尚未有“未曾产生有无”的东西。

所谓有开始的时候，是指产生生命的物质正在积聚还未迸发，就好比新芽萌发但是还没有长出具体的形态，蠢蠢蠕动，将要生成但是还没成为物类。

所谓未曾“开始”的时候，是指天上的阳气开始下降，地上的阴气开始上升，阴阳二气出现交错纠结，互相侵入融合，最终在宇宙间飘逸游畅，接受着德泽的滋润并且蕴含着和谐之气，交织聚集，万物将要产生但还未有生命的征兆出现。

所谓尚未有“未曾开始”的时候，是指天蕴含的阳气还没出现下降，地所收藏的阴气也未上升，天地间虚无寂静，一片幽深，宇宙间混沌模糊，只有气生成并在幽冥昏暗中畅通。

有有者，言万物掺落[①]，根茎枝叶，青葱苓茏[②]，萑蔰炫煌[③]，蠉飞蠕动，蚑行哙息[④]，可切循把握而有数量[⑤]。

有无者，视之不见其形，听之不闻其声，扪之不可得也，望之不可极也，储与扈冶[⑥]，浩浩瀚瀚，不可隐仪揆度而通光耀者[⑦]。

有未始有有无者，包裹天地，陶冶万物，大通混冥，深闳广大[⑧]，不可为外；析豪剖芒[⑨]，不可为内；无环堵之宇，而生有无之根。

有未始有夫未始有有无者，天地未剖，阴阳未判，四时未分，万物未生，汪然平静[⑩]，寂然清澄，莫见其形。若光耀之问于无有[⑪]，退而自失也，曰："予能有无，而未能无无也。及其为无无，至妙何从及此哉！"

〔注释〕

①掺（chān）落：参差错落。

②苓茏（línglóng）：茂盛。

③萑蔰（huánhù）：色彩缤纷貌。炫煌：光彩鲜明。

④蠉（xuān）：虫子屈曲爬行或飞。蚑（qí）：虫子爬动。哙：通"喙"。哙息：用嘴呼吸。

⑤切循：抚摸。

⑥储与扈（hù）冶：广大的样子。

⑦隐：凭靠。揆（kuí）度：揣度、估量。

⑧混冥：广大幽深之境。深闳：深远宏大。

⑨剖：分析。

⑩汪然：水停止不动。

⑪光耀、无有：《庄子·知北游》中的虚拟人物。

〔译文〕

宇宙中所谓的"有"，是指这时万物开始繁茂生长、错落杂乱，植物分出根茎枝叶，郁郁葱葱、色彩绚烂；动物爬行，昆虫飞动，禽兽用脚奔跑，用嘴呼吸，这些都是可以感触、真实把握住，而且可以计数。

所谓存在着"无"，是指此时的宇宙空间，看不到它具体的形状，听不到它的声音，更摸不到它的形体，望不到它的尽头，广大无边，浩浩瀚瀚，难以用仪器测量，且其性质与光明相通。

所谓未曾产生"有"或"无"的东西，是指这时天地阴阳二气包孕了整个天地，开始化育万物，向上和茫茫宇宙畅通，深远广大，无法弄清它的外部界限；深入细致，又弄不清楚它的内部极限；没有四面八方的界限，但却是有形物质和无形事物的根源。

所谓尚未有"未曾产生有无的东西"，是指这时天地一统，阴阳未分，四时不明，万物未生，宇宙寂静，幽深而清澈，看不到它的形状。就像光耀去问无有，过后感到怅然若失，神情惆怅地说："我有'无'的特点，而不能做到连'无'都不存在。要是能达到连'无'都不存在的境界，那么再玄妙的东西都不及它啊！"

夫大块载我以形[①]，劳我以生，逸我以老，休我以死[②]。善我生者，乃所以善我死也。夫藏舟于壑，藏山于泽，人谓之固矣。虽然，夜半有力者负而趋[3]，寐者不知，犹有所遁。若藏天下于天下，则无所遁其形矣。

〔注释〕

①大块：指天地、大自然。

②劳我：使我劳苦。逸我：使我安逸。休我：使我安息。

③趋：快步走。

〔译文〕

天地容纳我，赋予我一定的形体，用生使我一直劳碌，用老使我得到清闲，用死亡使我安息。赞许我活着和赞许我死去的原因都是相同的。把船藏在沟壑里，把山藏在大泽中，人们觉得这样做就很牢固了。即使如此，半夜里还是会有大力士把它背跑了，睡着的人们不知道，所以结果还是不免丢失。假如把天下万物都藏在天下这个地方，那么就不可能丢失了。

物岂可谓无大扬攉乎[1]？一范人之形而犹喜[2]，若人者，千变万化而未始有极也。弊而复新，其为乐也，可胜计邪？譬若梦为鸟而飞于天，梦为鱼而没于渊，方其梦也，不知其梦也，觉而后知其梦也。今将有大觉，然后知今此之为大梦也。始吾未生之时，焉知生之乐也？今吾未死，又焉知死之不乐也？

〔注释〕

①扬攉（huō）：约略、大概。

②范：模具，引申为生成、形成。

〔译文〕

事物哪能没有一个基本的情形呢？人类一旦被造化塑造成人形就会沾沾自喜，其实天地造化出的物类千变万化不曾穷极，不止人类一种。破损后完整如新，这样的快乐怎能数得清？比如说在梦中变成鸟儿在天空飞翔，变成鱼儿沉入深渊，当你处在梦里时不知道是在做梦，醒来才知道是一场梦。如果有一天你能彻底觉醒，你就会发觉今天的一切也就是一场大梦。当初我还没降生时，怎么知道生的快乐？现在我还没死，又怎么知道死不快乐？

夫鱼相忘于江湖，人相忘于道术。古之真人①，立于天地之本，中至优游②，抱德炀和③，而万物杂累焉④，孰肯解构人间之事⑤，以物烦其性命乎⑥？

〔注释〕

①真人：存养本性得道的人。
②中至：中和。
③炀：通“养”。炀和：保养中和之气。
④杂累：集聚。
⑤解构：附会、牵合。
⑥烦：辱。

〔译文〕

鱼类遨游在江湖之中不必互相惦记，得到道术的人也不用互相牵挂。古代的得道之人,立身于天地的根本,享受中和之气,悠然自得,持有圣德,保养中和之气,而世间万物纷乱聚集,谁愿意去干预人间的繁杂之事,让自己的本性和生命受辱于外界事物呢?

夫道有经纪条贯①,得一之道,连千枝万叶。是故贵有以行令,贱有以忘卑,贫有以乐业,困有以处危。夫大寒至,霜雪降,然后知松柏之茂也;据难履危,利害陈于前,然后知圣人之不失道也。是故能戴大员者履大方②,镜太清者视大明③,立太平者处大堂④,能游冥冥者与日月同光⑤。是故以道为竿,以德为纶⑥,礼乐为钩,仁义为饵,投之于江,浮之于海,万物纷纷,孰非其有?

〔注释〕

①经纪:纲常、法度。

②大员:指天。大方:指地。

③太清:天空,也指天道。

④太平:天下太平。大堂:明堂。

⑤冥冥:这里指道。

⑥纶:钓鱼的绳子。

〔译文〕

道是有一定的条理秩序的,要是把握住这混一无形的道,就能将其贯通于繁杂的事物之中。所以只要得到了“道”,尊贵时可以发号施令,低贱时可以忘掉卑贱,贫穷时会有从本行之中得到乐趣的途径，困顿时能够有方法渡过危难。严寒来临，降霜下雪，这才能更显现出松柏的茂盛；处于危难的境地，面临危险，利害呈现在眼前，这才知道圣人不弃“道”的本性。因此，只有头顶青天才能做到脚踏大地，以天道为镜，才能明察秋毫，能创太平盛世才能坐明堂之上，能与天道同游的人才会像日月一样光芒四射。所以把道作为钓竿，把德当丝线，用礼乐作钓钩，把仁义作钓饵，投放到江中和浩瀚的大海之中，赶来吞食鱼饵的万物，哪个不归它所有？

夫挟依于跂跃之术①，提挈人间之际，撢掞挺挏世之风俗②，以摸苏牵连物之微妙③，犹得肆其志，充其欲。何况怀瑰玮之道④，忘肝胆，遗耳目，独浮游无方之外，不与物相弊摋，中徙倚无形之域⑤，而和以天地者乎？

〔注释〕

①挟(xié)：依仗。跂跃之术：不正之道。

②提挈(qiè)：扶持。撢(dǎn)：探。掞(yǎn)：动作迅疾。挺挏(dòng)：上下推动。

③摸苏：通“摸索”，探索之意。牵连：互相关联。

④瑰玮(wěi)：珍贵奇异。

⑤弊摋(shā)：混杂。徙倚：徘徊、流连。

〔译文〕

那些依靠不正当的手段与世间人事交际，助长了社会不良风俗，探索事物之间相互牵连的奥妙之处的人，尚且可以放松心志，满足自己的欲望。更何况心怀珍贵之道，把内心的情感世界封闭，不与芜杂的外界接触，独自徜徉于无限之外，不与具体事物相互混杂，徘徊流连于没有一定的界限的区域，与天地自然和谐共处的人呢？

若然者，偃其聪明，而抱其太素①，以利害为尘垢②，以死生为昼夜。是故目观玉辂琬象之状③，耳听《白雪》清角之声④，不能以乱其神；登千仞之溪，临猿眩之岸，不足以滑其和⑤。譬若钟山之玉⑥，炊以炉炭，三日三夜而色泽不变，则至德天地之精也。是故生不足以使之，利何足以动之？死不足以禁之，害何足以恐之？明于死生之分，达于利害之变，虽以天下之大，易骭之一毛⑦，无所概于志也⑧。

〔注释〕

①偃：熄灭，抛弃。太素：自然朴素。
②尘垢：尘埃，比喻微不足道。
③玉辂（lù）：带玉饰的帝王专用的车子。琬（wǎn）：没有棱角的圭。
④白雪：高雅的音乐。清角：清越的号角。
⑤猿眩：使猿猴头晕目眩。滑：乱。
⑥钟山：传说位于昆仑以北，产玉。
⑦骭（gàn）：小腿。
⑧概：古代用来刮平的器具，引申为刮平。

〔译文〕

这种人抛弃聪明，怀抱质朴，视利害如垃圾尘埃，视死生如昼夜更替。所以他眼见玉辂、琬圭和象牙，耳听《白雪》雅乐，不会扰乱恬静的精神；登上千仞深的溪谷，临近连猿猴都晕眩的山崖，也不足以扰乱平和的心志。就像钟山出产的美玉投入炉火中，烧炼三天三夜，玉的色泽都不变，这是因为这种人就像钟山之玉一样获得了天地之精华。所以生不足以诱惑驱使他，利又怎能触动他？死不足以禁锢他，害又怎能吓住他？他明白了生死之分，通晓了利害之变，即使用整个天下来换取他小腿上的一根毫毛，他都不会改变心志。

是故圣人托其神于灵府[1]，而归于万物之初。视于冥冥，听于无声；冥冥之中，独见晓焉[2]；寂漠之中，独有照焉。其用之也以不用，其不用也而后能用之；其知也乃不知，其不知也而后能知之也。夫天不定，日月无所载[3]；地不定，草木无所植[4]；所立于身者不宁，是非无所形[5]。是故有真人然后有真知，其所持者不明，庸讵知吾所谓知之非不知欤[6]？

〔注释〕

①灵府：指人的内心。

②晓：光明。

③载：运行。

④植：树立。

⑤形：显现。

⑥庸讵：岂能。

〔译文〕

所以，圣人把精神放在内心，使它回复到万物刚刚产生之际的状态。这种境界，看上去邈远昏暗，听上去没有声音，但却能在幽冥昏暗中看到光明，在寂静虚无中听到声音。他的“用”在于“不用”，而正因为“不用”然后才可以“用”；他的“知”在于“不知”，也正因为“不知”然后才能做到“知”。如果上天没有形成，那么日月就没有依托；大地要是不固定，那么草木就没有生根的凭借；人要是安身立命的精神不安定，那么就没有是非标准。因此有了“真人”随后才有“真知”，要是连你所持守的东西都不明确，那么怎么知道自己所认为的“知”不是“不知”呢？

今夫积惠重厚，累爱袭恩，以声华呕苻妪掩万民百姓①，使知之欣欣然，人乐其性者，仁也。举大功，立显名，体君臣，正上下，明亲疏，等贵贱，存危国，继绝世，决挐治烦②，兴毁宗，立无后者，义也。闭九窍③，藏心志，弃聪明，反无识，芒然仿佯于尘埃之外，而消摇于无事之业④，含阴吐阳，而万物和同者⑤，德也。是故道散而为德，德溢而为仁义，仁义立而道德废矣。

〔注释〕

①声华：荣誉、声誉。呕（xū）苻：怜爱。妪（yù）掩：抚育。

②决挐（rú）：解决纷乱。

③九窍：指眼、耳、鼻、舌、口及前、后阴。

④芒：通“茫”。仿佯：游荡、遨游。消摇：逍遥。
⑤和同：和洽同心。

〔译文〕

现在所积累的宽厚恩惠，将慈爱恩惠施及百姓身上，用声誉和荣耀去爱抚、养育百姓，使他们悠然自得，保全应有的本性，这就是所谓的“仁”。建立丰功伟绩，树立显赫名望，确立君臣关系，规定上下之礼，明确亲疏远近，区别贵贱等级，保全危难的国家，延续灭绝的世族，解决各种纷乱，重建被毁的宗庙，选立绝后者的继承人，这就是所谓的“义”。断绝欲望，藏匿心机，摒弃智慧，返回本真，茫然游荡于尘世之外，在无为初始界域里逍遥自在，呼吸顺应阴阳之气，和万物融洽相处，这就是所谓的“德”。所以，“道”要是散失就只能依靠“德”，“德”要是流逝就只能施“仁义”，“仁义”树立就意味着道德的废止。

至德之世，甘瞑于溷澖之域①，而徙倚于汗漫之宇②，提挈天地而委万物③，以鸿濛为景柱，而浮扬乎无畛崖之际④。是故圣人呼吸阴阳之气，而群生莫不颙颙然仰其德以和顺⑤。当此之时，莫之领理决离⑥，隐密而自成，浑浑苍苍⑦，纯朴未散，旁薄为一，而万物大优⑧。是故虽有羿之知而无所用之⑨。

〔注释〕

①甘瞑：酣睡。溷澖（hùnxián）：无边无际。
②徙倚：徘徊。汗漫：广大无边。

③提挈：提举。委：放弃。

④鸿濛：日出的地方。景：通“影”。畛(zhěn)崖：边际。

⑤颙颙(yóng)然：仰慕的样子。

⑥领理：统率、治理。决：决裂。离：分开。

⑦隐密：隐藏。浑浑苍苍：混沌不清的样子。

⑧旁薄：“磅礴”，广大无边。优：充足、富裕。

⑨羿：远古传说人物，又称大羿，尧之射师。与神话传说中的后羿非一人。后羿乃夏王朝东方部落有穷氏的首领，传说是嫦娥的丈夫，亦善射。

〔译文〕

在道德最好的时期，人们酣眠在虚无缥缈的区域，徘徊在浩瀚无垠的空间，扶持天地而抛弃万物，把东方日出之处作为圭表，飘浮在茫茫天地之间。因此圣人呼吸阴阳二气，而万物群生都仰慕归依于他，内心和顺。那时，没有人刻意去统率治理，但人和万物都顺应自然本性悄然形成，自然生长，混沌不明、纯粹质朴的道德并没有消散，广大无边又浑然一体，世间万物在此悠然自得。因此，即使有大羿的智慧也发挥不了作用。

及世之衰也，至伏羲氏，其道昧昧芒芒然[①]，吟德怀和，被施颇烈，而知乃始昧昧晽晽[②]，皆欲离其童蒙之心，而觉视于天地之间，是故其德烦而不能一。乃至神农、黄帝，剖判大宗，窍领天地[③]，袭九窾，重九垠[④]，提挈阴阳，嫥捖刚柔，枝解叶贯[⑤]，万物百族，使各有经纪条贯。于此万民睢睢盱盱然[⑥]，莫不竦身而载听视。是故治而不能和。下栖迟至于昆吾、夏后之世[⑦]，嗜欲连于物，聪明诱于外，而性命失其得。

〔注释〕

①伏羲：远古三皇之一，相传人首蛇身。昧昧：淳厚浑朴貌。芒芒：广大。

②晽晽（lín）：求知貌。

③剖判：分离。宗：本原、道。窍领：疏通治理。

④袭：依从。窾（kuǎn）：法则。垠（yín）：边际，界限。

⑤妉抏（zhuānwán）：调和。枝解：分解。贯：连贯。

⑥睢睢（suī）盱盱（xū）：形容恭敬地听视。

⑦栖迟：滞留，这里有逐渐发展的意思。昆吾：夏朝同盟部落。后：君主。

〔译文〕

等到道德衰退时，到伏羲氏的时候，天下的道德还是淳厚宽广，蕴含的道德和气广为布施，人们的智慧由此产生，热衷于求知，并开始违背淳朴的本性，观察起天地间的各种事物。所以伏羲氏的道德繁杂而没有统一的标准。到了神农、黄帝时代，他们已经偏离了道的根本，贯通天地，遵循自然法则，掌握阴阳变化，调和阴阳刚柔，使它们分解连贯，让世间万物都有秩序条理。这样百姓都会睁开眼睛，伸长脖子聆听君主的命令，仰头观看君王的脸色。所以神农、黄帝虽然能让天下得到治理，但却不能够做到和谐自然。社会到了昆吾、夏朝时代，人们的嗜好、欲望受到了外界的诱惑，聪明也被引诱到外界，因而天然本性和赖以生存的道德都丧失了。

施及周室之衰，浇淳散朴[①]，杂道以伪[②]，俭德以行[③]，而巧故萌生。周室衰而王道废，儒、墨乃始列道而议，分徒而讼。于是博学以疑圣，华诬以胁众，弦歌鼓舞，缘饰《诗》《书》，以买名誉于天下。繁登降之礼，饰绂冕之服[④]，聚众不足以极其变，积财不足以赡其费。于是万民乃始懢觟离跂[⑤]，各欲行其知伪，以求凿枘于世，而错择名利[⑥]。是故百姓曼衍于淫荒之陂[⑦]，而失其大宗之本。夫世之所以丧性命，有衰渐以然，所由来者久矣。

〔注释〕

①浇：使……变薄。

②杂：王念孙认为应作“离”。

③俭：王念孙认为应作“险”。

④登降：进退揖让之礼。绂冕（fúmiǎn）：古时系官印的丝带及大夫以上官员的礼冠。引申为官服、礼服。

⑤懢（mān）：糊涂，不明白事理。觟（xiè）：偏僻小道。离跂：踮起脚跟，形容用力的样子。

⑥凿：凿子。枘（ruì）：榫（sǔn）头，用以插入另一部分的榫眼，使两部分连接起来。凿枘：比喻迎合。错：施行。择：索取。

⑦曼衍：追逐。陂（bēi）：斜坡，这里指邪道。

〔译文〕

等到周朝走向没落的时候，敦厚淳朴的风气也已经消失了，人们的行为都偏离本性，违背道德，于是也就产生了虚伪奸诈的勾当。周王室衰败而王道废除，儒、墨也开始对自己的学说进行鼓吹，两方的信徒开始进行辩论。此后各家学说都运用广博的智慧来模仿圣人，只不过是用华而不实的辞藻来蛊惑民众罢了；他们依靠礼乐歌舞，拿《诗经》《尚书》来粉饰赞誉自己，为的是在天下沽名钓誉。与此同时，他们还主张烦琐的礼节，装饰绂冕礼服，规定等级，聚集民众变换无尽的花样，积聚很多财富还是不能满足欲望。在如此的社会风气下，老百姓也走上了歧途，他们不明事理，但是却想施展聪明才智，迎合世俗，为了名利竟然不择手段。所以百姓奔走在荒淫的邪道上，偏离了道德的根本。世人丧失掉纯正的天性，日益衰败，其根源已经很久了。

是故圣人之学也，欲以返性于初而游心于虚也；达人之学也①，欲以通性于辽廓而觉于寂漠也。若夫俗世之学也则不然，擢德攓性②，内愁五藏，外劳耳目，乃始招蛲振缱物之豪芒③，摇消掉捎仁义礼乐，暴行越智于天下④，以招号名声于世。此我所羞而不为也。是故与其有天下也，不若有说也⑤；与其有说也，不若尚羊物之终始也⑥，而条达有无之际。是故举世而誉之不加劝，举世而非之不加沮⑦，定于死生之境，而通于荣辱之理，虽有炎火洪水弥靡于天下，神无亏缺于胸臆之中矣。若然者，视天下之间，犹飞羽浮芥也，孰肯分分然以物为事也⑧？

〔注释〕

①达人：通达知命的人。

②擢、搴(qiān):都是拔取的意思。搴,同"搴"。

③招蛲、振缱:都是纠缠的意思。

④摇消掉捎:摇摆、振奋,这里指为推行仁义礼乐而奔走忙碌。暴:暴露、显露。越:扬。

⑤说:通"脱",舍弃。一说通"悦"。

⑥尚羊:"徜徉",逍遥自得的样子。

⑦劝:勉励。沮:沮丧。

⑧分分:即"纷纷"。

〔译文〕

因此圣人学习,是要将心性返归到最初质朴状态而让心神游于虚无之境;达人学习,是要将心性与旷漠无边相通而在寂静淡漠中觉醒。若是世俗之人的学习就不是这样了,他们抛弃德性,内心愁苦,损伤耳目,总是纠缠、追求蝇头小利,为推行仁义礼乐奔走忙碌,在世上自我表现以求获得世俗的名声。这种事情我是感到羞耻而不屑做的。所以与其占有天下,还不如对此超脱一些;与其有超脱的思想,还不如彻底抛弃天下而逍遥流连在虚无境地、通达于事物有无之间。因此,全天下的人赞扬我,我也不会受到激励,全天下的人非议我,我也不会沮丧,对生死泰然处之,对荣辱通达处置,即使面对天下大火蔓延、洪水泛滥,我内心中的精神也不会亏缺。像这样的话,就会将天下及天下之事看得像飞舞的羽毛、飘浮的芥草一样,谁还肯忙忙碌碌将外物当回事呢?

故古之治天下也,必达乎性命之情,其举错未必同也[①]，其合于道一也。夫夏日之不被裘者，非爱之也，燠有余于身也；冬日之不用翣者，非简之也，清有余于适也[②]。夫圣人量腹而食，度形而衣，节于己而已，贪污之心奚由生哉？故能有天下者，必无以天下为也；能有名誉者，必无以趋行求者也[③]。圣人有所于达，达则嗜欲之心外矣。孔、墨之弟子，皆以仁义之术教导于世，然而不免于儡[④]；身犹不能行也，又况所教乎！是何则？其道外也。夫以末求返于本，许由不能行也，又况齐民乎[⑤]？诚达于性命之情，而仁义固附矣，趋舍何足以滑心[⑥]？

〔注释〕

①错：通“措”。

②翣（shà）：扇子。简：轻贱。清：当为“凊”字，寒。

③趋行：奔波忙碌。

④儡（lěi）：疲困。

⑤许由：尧时贤人。齐民：平民百姓。

⑥趋舍：取舍。滑：通“汩”，扰乱。

〔译文〕

所以古代圣人治理天下，一定是通达性命之情，他们具体的行为措施虽然不尽相同，但合乎“道”的原则是一致的。夏天不穿皮衣，并不是因为爱惜它，而是已足够温暖；冬天不用扇子，并不是因为轻贱它，而是已足够清凉。圣人估量自己的饭量而进食，度量自己的体形而裁衣，对自己的物欲有所节制，恰如其分，这样哪会产生贪婪之心呢？因此，能够占有天下者，一定不是以天下作为追求的目标；能够享有名誉者，一定不是靠奔波忙碌追求得到的。圣人能够与“道”相通，因而嗜欲之心必被排斥在外。孔子、墨子的弟子都拿仁义的道理来教导人，然而不免疲困；这是因为他们自身都不能实行仁义，更何况他们所教导的世人！这是为什么呢？是因为他们的学说是天道本性之外的东西。用皮毛末节去谋求归返根本，即使像许由这样的高士都办不到，又何况一般百姓呢？如果真能通达性命之情，那么仁义自然会依附归顺，举止行为哪能扰乱得了人的心？

若夫神无所掩，心无所载，通洞条达，恬漠无事，无所凝滞，虚寂以待；势利不能诱也，辩者不能说也，声色不能淫也，美者不能滥也①，智者不能动也，勇者不能恐也，此真人之道也。若然者，陶冶万物，与造化者为人②，天地之间，宇宙之内，莫能夭遏③。夫化生者不死，而化物者不化④；神经于骊山、太行而不能难⑤，入于四海九江而不能濡，处小隘而不塞，横扃天地之间而不窕⑥。不通此者，虽目数千羊之群，耳分八风之调，足蹀《阳阿》之舞⑦，而手会《绿水》之趋⑧，智终天地，明照日月，辩解连环⑨，泽润玉石，犹无益于治天下也。

〔注释〕

①说：说服。滥：非分的念头。

②造化者：指天道、自然。人：伴侣。

③夭遏：阻拦、阻挡。

④化生者：指“道”。化物者：指“德”。

⑤骊山：山名，在今陕西西安东。太行：山名，在今山西、河北、河南三省交界处。

⑥扃（jiōng）：从外面关门的闩、钩等，引申为“贯穿”。窕（tiǎo）：空隙。

⑦蹀（dié）：顿足。阳阿：古乐舞名。

⑧绿水：古乐舞名。趋：节拍。

⑨终：刘文典认为应作“络”字，笼罩、统贯之意。辩解连环：比喻辩说、讲清难题。

［译文］

假如精神不被掩蔽，心志就没有任何压力负担，通畅恬静，淡漠无事，没有凝滞郁结，面对外物虚静淡漠；那么利禄权势就不能使他动心，巧辩之人不能说服他，声色不能使他淫乱，美妙之物不会使他有非分之想，智慧之人不会使他动摇，勇猛之人不会使他恐惧，这就是真人之道。这样的话，他就能陶冶万物，与自然相伴，天地之间，宇宙之内，没有什么能阻止他。化育生命的“道”不死，化育万物的“德”不变；他的精神经过骊山、太行不受阻拦，进入四海九江不会沾湿，处在狭窄之地不感到拥挤，横贯天地之间不肆意放纵。不能通达天道者，即使眼睛能够数清一群上千只的羊，耳朵能分辨八风之调，顿足《阳阿》之舞，手合《绿水》之节，智谋能统贯天地，目光像日月一样明亮，口才可以讲清复杂难题，言辞润泽动听如玉石，但对治理天下来说还是没有什么好处。

古者至德之世,贾便其肆[①],农乐其业,大夫安其职,而处士修其道。当此之时,风雨不毁折,草木不夭;九鼎重味,珠玉润泽;洛出丹书,河出绿图[②]。故许由、方回、善卷、披衣得达其道[③]。何则?世之主有欲利天下之心,是以人得自乐其间。四子之才,非能尽善,盖今之世也,然莫能与之同光者,遇唐、虞之时[④]。逮至夏桀、殷纣,燔生人,辜谏者[⑤],为炮烙,铸金柱[⑥],剖贤人之心,析才士之胫,醢鬼侯之女,菹梅伯之骸[⑦]。当此之时,峣山崩,三川涸,飞鸟铩翼,走兽挤脚[⑧]。当此之时,岂独无圣人哉?然而不能通其道者,不遇其世。夫鸟飞千仞之上,兽走丛薄之中[⑨],祸犹及之,又况编户齐民乎[⑩]?由此观之,体道者不专在于我,亦有系于世矣。

〔注释〕

①贾(gǔ):商人。肆:店铺。

②洛:洛水。丹书:用红色书写的书,指《洛书》。河:黄河。绿图:用绿色绘的图,指《河图》。

③许由、方回、善卷、披衣:四人都是传说中上古的高尚隐士。

④唐:指尧帝。虞:指舜帝。

⑤燔(fán):焚烧。辜:古代一种分裂肢体的酷刑。

⑥炮烙:古代一种酷刑,把人绑在烧红的铜柱上烫死。金柱:炮烙所用的铜柱。

⑦析:解剖。胫:小腿。醢(hǎi):古代一种酷刑,把人杀死后剁成肉酱。鬼侯:商代一个诸侯部落。菹(zū):剁碎。梅伯:商纣王时的贤臣。

⑧崤（yáo）山：在今陕西省蓝田县东南。三川：指泾、渭、汧。铩（shā）、挤：折断。

⑨丛薄：聚木名丛，深草名薄。这里指树林草丛。

⑩编户：指编入户籍。齐民：平民。

〔译文〕

古代至德的时代，商人买卖顺当，农夫愉快耕种，士人安于职守，处士修养道德。在这个时候，风雨不摧毁万物，草木也不会夭折；九鼎国宝分外厚重，珠玉格外光泽；洛水出现《洛书》，黄河上浮现《河图》。所以许由、方回、善卷、披衣这些贤达之士能够成就他们的道德志向。为什么呢？因为一国君主怀有让天下所有人得利的心愿，所以人们能够在这世间自得其乐。许由等人的才德并非尽善尽美超过今世，但是今世没有谁能和他们相媲美，是因为许由等四人碰上了尧、舜的好世道。到了夏桀、殷纣王之时，他们用火烧活人，肢裂敢于劝谏的忠臣，设造炮烙、铸造铜柱之类的刑具，解剖忠贤之士的心脏，割开才能之士的胫骨，将鬼侯的女儿剁成肉酱，砍碎梅伯的骨骸。在这个时候，崤山崩塌，渭水、泾水和汧水枯涸，飞鸟折羽，走兽断腿。这个时候难道没有圣贤者？不，只是这些圣贤者没有碰上好世道来实现他们的主张。鸟高飞在天空，兽奔走在草丛、树林尚且有祸难落在它们的身上，更何况编户管理得很严的平民百姓呢？由此看来，能否体现道德不仅仅取决于本人，还与所处的世道好坏密切相关。

夫历阳之都[①]，一夕反而为湖；勇力圣知与罢怯不肖者同命[2]。巫山之上[3]，顺风纵火，膏夏、紫芝与萧、艾俱死[4]。故河鱼不得明目，稚稼不得育时[5]，其所生者然也。故世治则愚者不能独乱，世乱则智者不能独治。身蹈于浊世之中，而责道之不行也，是犹两绊骐骥[6]，而求其致千里也。置猿槛中，则与豚同[7]；非不巧捷也，无所肆其能也。舜之耕陶也[8]，不能利其里；南面王，则德施乎四海。仁非能益也，处便而势利也。

〔注释〕

①历阳：古县名，在今安徽和县一带。

②罢怯：软弱畏怯。

③巫山：山名，在今重庆、湖北交界。

④膏夏：大木名。紫芝：似灵芝，道教以为仙草。膏夏、紫芝，比喻贤者。萧、艾：都是杂草，比喻小人。

⑤稚：幼小。

⑥骐骥（qíjì）：千里马。

⑦槛（jiàn）：圈兽类的栅栏。豚（tún）：小猪。

⑧陶：古地名，在今山东定陶区一带。

〔译文〕

历阳城在一夜之间就变成了湖泊，勇夫、智者和软弱胆怯之人、不肖之徒的命运都是一样的。在巫山上顺风纵火，珍贵的膏夏、紫芝和低贱的艾、蒿一同被烧毁。所以说黄河里的鱼无法做到眼睛明亮，幼小的禾苗无法繁育后代，这都是由它们所处的生存环境所决定的。因此，世道圣明，愚奸者就不能搞乱社会，世道混乱，明智者也不能治理社会。身处混浊动荡世道，却责怪“道”不能盛行，这就像用绳索绊住千里马的腿，却又要它日行千里一样荒谬。也如将猿猴置于笼中，它就会变得像小猪一样笨拙；不是猿猴不灵巧、敏捷，而是在笼中无法施展它的灵敏。当舜在陶地耕种时，不能造福于乡间邻里，而当他称王天下时，便施德泽于四海。舜的仁爱之情并没有增加，而是因为他称王后所处的地位便于他实施仁义道德。

古之圣人，其和愉宁静，性也；其志得道行，命也。是故性遭命而后能行，命得性而后能明。乌号之弓，溪子之弩，不能无弦而射①；越舲蜀艇②，不能无水而浮。今矰缴机而在上，罔罟张而在下③，虽欲翱翔，其势焉得？故《诗》云：“采采卷耳，不盈倾筐。嗟我怀人，置彼周行④。”以言慕远世也。

〔注释〕

①乌号：指良弓。溪子：古国名，以产弩而著名。

②舲（líng）、艇：都是小船。

③矰缴（zēngjiǎo）：系有丝绳、射猎飞鸟的短箭。机：射箭的机关。罔罟：网罗。

④卷耳：一种野菜。倾筐：斜口的筐子。置：放置。周行：大道。

〔译文〕

所以说，古代圣人尽管有着平和宁静的天性，但他的志向能否实施运用却取决于命运。因此这种天性碰上了好的命运就能实施，好的命运和有平和宁静天性的人相结合才能表现出清明来。这就像乌号之弓、溪子之弩需要有弦才能发射一样；也如同越国和蜀地的小船必须有水才能漂浮一样。现在带有丝绳的利箭在空中乱射，网罗在大地上四处张设，鸟儿尽管想自由飞翔，但在这种险恶环境下又怎么能行呢？所以《诗经》里说：“采摘卷耳菜，不满一浅筐。怀念远方人，放在大路旁。”这是说思慕远古的清明世道啊！

卷三　天文训

〔题解〕

本卷以当时的科学知识为基础,全面论述了宇宙的起源、日月、五星、二十八宿等天体的分布及运行规律等,同时介绍了历法、气象、音乐、度量及数学等方面的知识,是中国天文学史上一篇重要的文献。

《要略》:《天文》者,所以和阴阳之气,理日月之光,节开塞之时①,列星辰之行,知逆顺之变,避忌讳之殃,顺时运之应,法五神之常②,使人有以仰天承顺,而不乱其常者也。

〔注释〕

①节:掌握。开塞:开启和闭塞。春夏生长为“开”,秋冬收藏为“塞”。时:季节。

②五神:指东、西、南、北、中五方之神。

〔译文〕

《天文》的内容,是用来协调阴阳二气的关系,理顺日月运行的规律，掌握春夏秋冬的季节变化，排列星辰运行的顺序，知道逆行、顺行的变化，避开忌讳和祸殃的发生，顺从天时规律的对应变化，效法五星之神活动的规则，使人能够仰承天道、顺应变化，而不会扰乱它的正常规律。

〔原文〕

天地未形，冯冯翼翼，洞洞灟灟[①]，故曰太昭[②]。道始于虚霩[③]，虚霩生宇宙[④]，宇宙生气。气有涯垠[⑤]，清阳者薄靡而为天[⑥]，重浊者凝滞而为地。清妙之合专易，重浊之凝竭难[⑦]，故天先成而地后定。天地之袭精为阴阳[⑧]，阴阳之专精为四时，四时之散精为万物。积阳之热气生火，火气之精者为日；积阴之寒气为水，水气之精者为月。日月之淫为精者为星辰[⑨]。天受日月星辰，地受水潦尘埃。

〔注释〕

①冯冯翼翼，洞洞灟灟(zhú)：都是混沌不开，没有一定形状的样子。

②太昭：宇宙生成之前的原始混沌状态。

③虚霩(kuò)：空虚、无形。霩，同“廓”，空阔，开朗。

④宇：四方上下。宙：古往今来。宇宙：指时间和空间。

⑤涯垠：边际。

⑥清阳：清轻的气。薄靡：轻微发散的样子。

⑦重浊：沉重混浊的气。凝竭：凝固。

⑧袭：合。

⑨淫为精者：指溢出的精华之气。

〔译文〕

在天地尚未成形的时候，宇宙一片混混沌沌的状态，无形无象，因此叫作太昭。道生于清虚空廓，清虚空廓生成宇宙，宇宙生出元气。这种元气有一定的界限，其中清明部分往上升腾就形成天，重浊部分凝结下沉就形成地。清明部分的气容易汇聚到一起，重浊部分的气很难融合在一起，所以最先形成的是天，后来形成的是地。天和地的精气相融合形成阴阳二气，阴阳二气的精华融合在一起形成春夏秋冬四季，四季的精气消散之后产生万物。阳气积聚在一起，其中的热气生成火，火的精华部分就是太阳；阴气积聚在一起，其中的寒气便形成了水，水汽的精华部分就是月亮。太阳、月亮过多的精华之气散逸出去，便是星辰。日月星辰悬挂于天空之上，水潦尘埃存在于大地上。

天道曰圆，地道曰方。方者主幽，圆者主明。明者吐气者也，是故火曰外景①；幽者含气者也②，是故水曰内景③。吐气者施，含气者化④，是故阳施阴化。

天之偏气⑤，怒者为风；地之含气，和者为雨。阴阳相薄，感而为雷⑥，激而为霆，乱而为雾⑦。阳气胜则散而为雨露，阴气胜则凝而为霜雪。

〔注释〕

①景：光芒在外，指火和太阳。

②含气：吸收气体。

③内景:光芒在内,指水和月亮。

④吐气:放出气体。施:给予。化:化育。

⑤偏气:不正之气。

⑥薄:迫近。感:感触。

⑦激:剧烈。霆:闪电。乱:杂乱。

〔译文〕

天是圆的,地是方的。方的地主宰幽暗,圆的天主宰光明。光明的天释放出来的是阳气,所以火和日的光芒照耀在外;幽暗的地蕴含的是阴气,所以水和月就把光泽深藏在内。吐散阳气的主管施与,蕴含阴气的主管化育,所以阴阳二气分别主管孕育和施与。

阴阳二气的不正之气,形成怒气便产生风;阴阳二气相互交汇,便形成雨。阴阳二气相迫近,得到感应就生成雷,激烈动荡就生成闪电,杂乱混合便成雾。阳气强盛,雾就飘散成雨露;阴气强盛,雾就凝聚成霜雪。

四时者,天之吏也;日月者,天之使也;星辰者,天之期也①;虹霓彗星者,天之忌也。

〔注释〕

①期:会合。

〔译文〕

四季是上天的官吏,日月是上天的使节,星辰是上天会合的场所，虹霓、彗星的出现则是上天发布的禁忌。

天有九野①，九千九百九十九隅，去地五亿万里。五星②、八风、二十八宿③、五官④、六府⑤、紫宫、太微、轩辕、咸池、四守、天阿⑥。

何谓九野？中央曰钧天，其星角、亢、氐⑦。东方曰苍天，其星房、心、尾⑧。东北曰变天，其星箕、斗、牵牛⑨。北方曰玄天，其星须女、虚、危、营室⑩。西北方曰幽天，其星东壁、奎、娄⑪。西方曰颢天，其星胃、昴、毕⑫。西南方曰朱天，其星觜巂、参、东井⑬。南方曰炎天，其星舆鬼、柳、七星⑭。东南方曰阳天，其星张、翼、轸⑮。

〔注释〕

①野：分野、区域。

②五星：古代指辰星（水星）、太白（金星）、荧惑（火星）、岁星（木星）、镇星（土星）。

③二十八宿：是中国古代天文学家为观测日、月、五星运行而划分的二十八个星区，用来说明日、月、五星运行所到的位置。

④五官：管理五方的官，东方为田，南方为司马，西方为理，北方为司空，中央为都。

⑤六府：指子午、丑未、寅申、卯酉、辰戌、巳亥。

⑥紫宫、太微、轩辕、咸池、四守、天阿：皆为星名。

⑦钧天：四方天之主。

⑧苍天：东方属木，木色青，故称苍天。

⑨变天：东为阳，北为阴；东北于冬十二月，阴气尽而阳气始发，故称变天。

⑩玄天：北方十一月属水，水色黑，故称玄天。

⑪幽天：西北九月即将进入阴气大盛的冬天，故称幽天。

⑫颢天：西方属金，色白，故称颢天。

⑬朱天：南方属火，西南方为火之末，为少阳，故称朱天。

⑭炎天：南方五月，火炎向上，故称炎天。

⑮阳天：东南为纯阳，故称阳天。

〔译文〕

天一共划分成九个区域，又分为九千九百九十九个小区，距离大地五亿万里。天上还有五星、八风、二十八宿、五官、六府、紫宫、太微、轩辕、咸池、四守和天阿等星座。

什么是天的九野？其中中央区域叫钧天，角宿、亢宿和氐宿位于此区。东方叫苍天，房宿、心宿和尾宿位于此区。东北区域叫变天，箕宿、斗宿和牵牛宿位于此区。北方区域叫玄天，须女宿、虚宿、危宿和营室宿位于此区。西北区域叫幽天，东壁宿、奎宿、娄宿位于此区。西方区域叫颢天，胃宿、昴宿和毕宿位于此区。西南区域叫朱天，觜嶲宿、参宿和东井宿位于此区。南方区域叫炎天，舆鬼宿、柳宿和七星宿位于此区。东南区域叫阳天，张宿、翼宿和轸宿位于此区。

何谓五星？

东方，木也，其帝太皞，其佐句芒，执规而治春[①]。其神为岁星[②]，其兽苍龙，其音角，其日甲乙。

南方，火也，其帝炎帝，其佐朱明，执衡而治夏③。其神为荧惑④，其兽朱鸟，其音徵，其日丙丁。

中央，土也，其帝黄帝，其佐后土，执绳而制四方⑤。其神为镇星⑥，其兽黄龙，其音宫，其日戊己。

西方，金也，其帝少昊，其佐蓐收，执矩而治秋⑦。其神为太白⑧，其兽白虎，其音商，其日庚辛。

北方，水也，其帝颛顼，其佐玄冥，执权而治冬⑨。其神为辰星⑩，其兽玄武，其音羽，其日壬癸。

〔注释〕

①太皞：伏羲，死后被祭祀为东方天帝。句芒：少昊之子，死后被祀为主管树木之神。句，同“勾”。规：画圆形的工具。

②岁星：木星。

③炎帝：神农氏，死后被祭祀为南方天帝。朱明：祝融，炎帝后裔，死后被祀为火神。衡：测量水平的工具。

④荧惑：火星。因隐现不定，令人迷惑而得名。

⑤黄帝：轩辕，死后被祭祀为中央天帝。后土：炎帝之子，死后被祀为土神。绳：绳尺，木工取直的墨绳和尺子。

⑥镇星：此星二十八年运行一周天，好像镇压二十八星宿一样，所以得名。

⑦少昊：黄帝之子，死后被祭祀为西方天帝。蓐（rù）收：少昊之子，西方司秋之神。矩：画直角或方形的工具。

⑧太白：金星。早晨在东方叫启明，晚上在西方叫长庚。

⑨颛顼（zhuānxū）：高阳，黄帝之孙，死后被祭祀为北方天帝。玄冥：水神。权：秤锤。

⑩辰星:水星。

〔译文〕

什么是五星?

东方是木星,它的主管天帝是太皞,辅佐大臣是句芒,执规尺来管理春天。它的保护神是岁星,代表兽是苍龙,在五音中属于角音,日干用的是甲乙。

南方是火星,它的主管天帝是炎帝,辅佐大臣是朱明,手拿衡器管理夏季。它的保护神是荧惑,代表兽是朱鸟,在五音中属于徵音,日干用的是丙丁。

中央是土星,它的主管天帝是黄帝,辅佐大臣是后土,手拿绳墨管理四方。它的保护神是镇星,代表兽是黄龙,在五音中是宫音,日干用戊己。

西方是金星,它的主管天帝是少昊,辅佐大臣是蓐收,执矩尺管理秋季。它的保护神是太白星,代表兽是白虎,在五音中属于商音,日干用庚辛。

北方是水星,它的主管天帝是颛顼,辅佐大臣是玄冥,执权器管理冬季。它的保护神是辰星,代表兽是玄武,在五音中属于羽音,日干用壬癸。

太阴在四仲[①],则岁星行三宿[②]。太阴在四钩[③],则岁星行二宿。二八十六,三四十二[④],故十二岁而行二十八宿。日行十二分度之一,岁行三十度十六分度之七,十二岁而周[⑤]。

荧惑常以十月入太微[6]，受制而出行列宿，司无道之国[7]，为乱为贼，为疾为丧，为饥为兵。出入无常，辩变其色，时见时匿。

镇星以甲寅元始建斗[8]，岁镇行一宿[9]。当居而弗居，其国亡土；未当居而居之，其国益地、岁熟[10]。日行二十八分度之一，岁行十三度百一十二分度之五，二十八岁而周[11]。

太白元始以正月建寅[12]，与荧惑晨出东方。二百四十日而入[13]，入百二十日而夕出西方；二百四十日而入，入三十五日而复出东方。出以辰戌，入以丑未。当出而不出，未当入而入，天下偃兵；当入而不入，当出而不出，天下兴兵。

辰星正四时，常以二月春分效奎、娄[14]，以五月夏至效东井、舆鬼，以八月秋分效角、亢，以十一月冬至效斗、牵牛。出以辰戌，入以丑未，出二旬而入，晨候之东方，夕候之西方。一时不出，其时不和；四时不出，天下大饥[15]。

〔注释〕

①太阴：也叫太岁。古代天文学家假设的星名，与岁星相对应，但是与岁星的运行方向相反，主要用来纪年。四仲：十二辰中处于中间的卯、酉、子、午。

②岁星：木星。宿：星宿。

③四钩：即丑寅、辰巳、未申、戌亥。

④二八十六：岁星行二宿×四钩（八辰）＝十六（宿），需用八年。三四十二：岁星行三宿×四仲（四辰）＝十二（宿），需用四年。这样共用十二年走完二十八宿，所以下文说“故十二岁而行二十八宿”。

⑤三十度十六分度之七：即三十又十六分之七度。十二岁而周：古代分一周天为三百六十五度，每年行三十又十六分之七度，十二年正好行三百六十五度。

⑥太微：太微垣，在北斗之南，轸宿和翼宿的北面。

⑦制：裁断。司：主管、监察。

⑧甲寅元始：以甲寅年作为纪年开始。建：北斗七星斗柄所指为建。建斗：镇星起于斗宿。

⑨镇：镇守。行：巡查。

⑩益：增加。岁熟：庄稼丰收。

⑪“日行”三句：镇星一日行二十八分之一度，一年行十三又十二分之五度，二十八年行三百六十五度，即一周天。

⑫正月建寅：指以甲寅年正月为一年之首。王引之认为应作“甲寅正月”。

⑬入：指行星淹没在太阳光之中。

⑭正：规定。效：出现。

⑮时：季节。饥：饥荒。

〔译文〕

太阴处在子、午、卯、酉四辰次的时候，岁星每辰次就会经过二十八宿中的三星宿。太阴处在丑寅、辰巳、未申、戌亥四角相连的辰次时，岁星每辰次经过其中的二星宿。二乘八等于十六，三乘四等于十二，所以十二年就会行完二十八宿一周天。岁星一天运行十二分之一度，一年运行三十又十六分之七度，十二年行三百六十五又四分之一度，即一周天。

荧惑星进入太微垣的时间一般在十月，受天帝命令巡查各星宿，主管无道的国家，让这些国家出现动乱、灾害、疾疫、丧亡、饥荒和战争等灾害。荧惑星没有一定的出入轨迹，它的亮度颜色是不断改变的，时出时没。

镇星在甲寅年正月开始运行于斗宿部位，每年只运行一个星宿。如果它应该处在某一星宿却没有位于这个位置时，那么这一星宿所代表的国家就要失去土地；要是不应该处于某一星宿却运行到那里时，那么这一星宿所代表的国家就增加土地，粮食丰收。镇星一天运行二十八分之一度，一年运行十三又一百一十二分之五度，环绕一周天所需要的时间是二十八年。

太白金星开始运行的时间是甲寅年正月的早晨，和荧惑星一起出现在东方。经过二百四十天便被遮住，等一百二十天后在傍晚时又在西方出现，二百四十天后再次不见了，等三十五天后再次在东方出现。它出现时位于辰位、戌位，消失时的位置是丑位、未位。如果它应该出现却没有出现、不该消失却消失了，那么天下就会没有战事。如果当它应该消失时却还存在，不该存在时却出现了，那么天下就会战乱不止。

辰星的运行能确定一年四季，它一般在二月春分时出现在奎宿、娄宿之间，五月夏至时处于东井宿、舆鬼宿之间，在八月秋分时位于角宿、亢宿之间，在十一月冬至时出现于斗宿、牵牛宿之间。它在辰、戌的方位出现，在丑、未的方位消失，出现二十天后就不见了。清晨在东方等候，傍晚在西方守护。如果有一季它出现反常，那么这一季就会发生不协调的事情；如果一年四季它都不出现，那么就意味着会出现大饥荒了。

何谓八风[1]？

距日冬至四十五日，条风至[2]。条风至四十五日，明庶风至[3]。明庶风至四十五日，清明风至[4]。清明风至四十五日，景风至[5]。景风至四十五日，凉风至[6]。凉风至四十五日，阊阖风至[7]。阊阖风至四十五日，不周风至[8]。不周风至四十五日，广莫风至[9]。

条风至，则出轻系，去稽留[10]。明庶风至，则正封疆，修田畴[11]。清明风至，则出币帛，使诸侯[12]。景风至，则爵有位，赏有功。凉风至，则报地德，祀四郊[13]。阊阖风至，则收县垂[14]，琴瑟不张。不周风至，则修宫室，缮边城[15]。广莫风至，则闭关梁，决刑罚[16]。

〔注释〕

①八风：八种来自不同季节、不同方向的风。

②条风：立春时的东北风。

③明庶风：春分时的东风。

④清明风：立夏时的东南风。

⑤景风：夏至时的南风。

⑥凉风：立秋时的西南风。

⑦阊阖（chānghé）风：秋分时的西风。

⑧不周风：立冬时的西北风。

⑨广莫风：冬至时的北风。

⑩轻系：轻刑。去：释放。稽留：被拘留的人。

⑪正：修正。封疆：疆界。田畴：田地。

⑫出：拿出。币帛：古代的赠礼，泛指财物。使：出使。

⑬四郊：四方神灵。

⑭县：通“悬”。收县垂：指去掉钟、磬等悬挂的乐器。

⑮缮：修补、修缮。

⑯关梁：关卡、桥梁。决：判决、执行。

〔译文〕

什么是八风？

条风在冬至日以后四十五天，立春时到来。明庶风在条风到来后四十五天，春分时到来。清明风在明庶风到来后四十五天，立夏时到来。景风在清明风到来后四十五天，夏至时到来。凉风在景风到来后四十五天，立秋时到来。阊阖风在凉风到来后四十五天，秋分时到来。不周风在阊阖风到来后四十五天，立冬时到来。广莫风在不周风到来后四十五天，冬至时到来。

条风来临，就要赦免轻刑的犯人，放出监狱中的囚徒。明庶风来临，就要整理疆域、田地。清明风来临，天子就要拿出币帛慰问诸侯。景风来临，就要给官员封爵、嘉奖。凉风来临，就要报答大地的恩德，并祭祀四方神灵。阊阖风来临，就要把悬挂的钟、磬收起来，并且停止弹奏琴瑟。不周风来临，就要维修宫室和边疆城池。广莫风来临，就要关闭关卡和桥梁，判决案件和处罚有罪之人。

何谓五官？东方为田，南方为司马，西方为理，北方为司空，中央为都①。

何谓六府？子午、丑未、寅申、卯酉、辰戌、巳亥是也。

〔注释〕

①田：主农。司马：主兵。理：主刑狱。司空：主土木。都：总管四方之官。

〔译文〕

五官是哪几位？东方木星是主管农业的田官，南方火星是主管军事的司马，西方金星是主管刑法的理官，北方水星是主管土木的司空，中央土星是四方官吏的总管。

什么是六府？就是十二辰中的子午、丑未、寅申、卯酉、辰戌和巳亥。

太微者，太一之庭也①。紫宫者，太一之居也。轩辕者，帝妃之舍也。咸池者，水鱼之囿也②。天阿者，群神之阙也③。四宫者④，所以为司赏罚。

太微者，主朱雀。紫宫执斗而左旋⑤，日行一度，以周于天。日冬至峻狼之山⑥，日移一度，凡行百八十二度八分度之五，而夏至牛首之山⑦，反覆三百六十五度四分度之一而成一岁⑧。

天一元始，正月建寅，日月俱入营室五度⑨。天一以始建七十六岁，日月复以正月入营室五度，无余分，名曰一纪⑩。凡二十纪，一千五百二十岁大终⑪，日月星辰复始甲寅元。日行一度，而岁有奇四分度之一，故四岁而积千四百六十一日，而复合故舍[12]，八十岁而复故日。

〔注释〕

①太一：天帝。

②水鱼：掌管水的天神。囿（yòu）：圈起来养动物的园子。

③阙：门。

④四宫：上述紫宫、轩辕、咸池、天阿，皆星名。一说“宫”，当作“守”。四守，星名。

⑤主：主管。斗：北斗。

⑥峻狼之山：南极之山。指北斗星至冬至时斗柄指向南极之山。

⑦牛首之山：北极之山。指北斗星夏至时斗柄指向北极之山。

⑧反覆：指从冬至经夏至，再回到冬至。

⑨天一：北极星的别名。一说指太岁。建寅：夏历以寅月（正月）为岁首。营室：二十八宿玄武七宿的第六宿。

⑩一纪：以太岁纪年的单位，一纪为七十六年。

⑪大终：一个周期。

⑫奇：余数、零头数。故舍：星宿原来的位置。

〔译文〕

太微垣是天帝的宫廷。紫微宫是天帝的居室。轩辕是嫔妃的宫室。咸池是天神的鱼池。天阿是群神进入天庭的门户。四守主管奖赏、惩罚。

太微主宰朱雀。紫微宫执掌北斗，让它向左旋转，每天运行一度，每年环绕一周天。冬至时位于峻狼山的方位，每天移动一度，一共运行一百八十二又八分之五度时，夏至日正好到达牛首山的方位，然后往回走三百六十五又四分之一度，正好用一年的时间。在斗柄指向寅的正月初一晨旦便开始太岁纪年,在营室宿五度的地方会日月同现。

太岁纪年起再过七十六年,在正月初一晨旦,日月同现于营室宿五度的部位,又到了历元的开始,这就是"一纪"。运行二十纪,即把一千五百二十年叫作"大终",这时,日月星辰又回复到以甲寅年作为纪年的元年位置。北斗每天一度,一年就有四分之一的余数,所以四年的时间就积累一千四百六十一天,北斗星可以到达原来的宿位,经过八十年,又回复到最初的日子上。

子午、卯酉为二绳①。丑寅、辰巳、未申、戌亥为四钩。东北为报德之维也②,西南为背阳之维,东南为常羊之维③,西北为号通之维④。日冬至则斗北中绳⑤,阴气极,阳气萌,故曰冬至为德。日夏至则斗南中绳,阳气极,阴气萌,故曰夏至为刑⑥。阴气极,则北至北极,下至黄泉,故不可以凿地穿井。万物闭藏,蛰虫首穴,故曰德在室⑦。阳气极,则南至南极,上至朱天,故不可以夷丘上屋⑧。万物蕃息,五谷兆长,故曰德在野⑨。

〔注释〕

①二绳:指经线与纬线。子午为经线,卯酉为纬线,两线相互垂直,将天宇分为四个区域:斗柄指向子辰是冬至,指向午辰是夏至,指向卯辰是春分,指向酉辰是秋分。

②报:过渡、转变。德:由阴到阳。维:角。

③常羊:同"徜徉",进退不定的样子。

④号通:呼唤疏通。

⑤斗北：北斗的斗柄朝北。中：重合。绳：子午经线。

⑥刑：肃杀之气。

⑦蛰虫：冬眠的动物。首穴：把头埋在巢穴中。德在室：冬至以后万物蛰伏，阳气转入室内，故称“德在室”。

⑧朱天：西南方为朱天。夷丘：平整山丘。

⑨兆：开始。野：郊外。

〔译文〕

子午和卯酉四个星辰分别连接成经纬两条互相垂直的线。丑寅、辰巳、未申、戌亥分别组成东北、东南、西南、西北四角，称为“四钩”。东北由阴转阳，所以叫阳气恢复之角。西南阳气开始变阴，所以叫阳气背离之角。东南阳气没有亏盈变化，所以叫阳气徜徉之角。西北至阴，阳气将萌发，需叫呼来疏通，所以叫呼号疏通之角。冬至时北斗的斗柄向北指向子辰，与子午经线重合，这时阴气极盛，阳气将萌发，所以说冬至是给万物带来阳德的节气。夏至时北斗斗柄向南指向午辰，与子午经线重合，这时阳气极盛，阴气萌发，所以说夏至给万物带来的是肃杀之气。阴气达到极限时，北至北极、下至黄泉都能感受到阴气，所以这时不应该凿地打井。这时万物都躲藏起来，动物进入巢穴冬眠，所以说阳气在室内。阳气极盛时，南至南极、上至朱天都感受到阳气，所以这时不可以平整山丘、修理房顶。这时万物开始繁衍，五谷开始生长，因此说这时阳德在野外。

日冬至则水从之，日夏至则火从之。故五月火正而水漏①，十一月水正而阴胜②。阳气为火，阴气为水。水胜，故夏至湿；火胜，故冬至燥。燥故炭轻，湿故炭重[③]。日冬至，井水盛，盆水溢，羊脱毛，麋角解，鹊始巢。八尺之修，日中而景丈三尺[④]。日夏至而流黄泽[⑤]，石精出[⑥]，蝉始鸣，半夏生[⑦]。蚊虻不食驹犊[⑧]，鸷鸟不搏黄口[⑨]。八尺之景，修径尺五寸。景修则阴气胜，景短则阳气胜。阴气胜则为水，阳气胜则为旱。

〔注释〕

①火正：火旺。漏：渗漏。

②水正：水旺。胜：上升。

③炭轻、炭重：指古代用炭测量湿度，湿度小，炭轻；湿度大，炭重。

④八尺：测日影的表。景：通“影”。

⑤流黄：硫黄。泽：通“释”，释出。硫黄遇阴湿之气生水。

⑥石精：最好的铁。

⑦半夏：中药，五月始生，正好在夏天的一半，所以叫半夏。

⑧驹犊：小马和小牛。

⑨鸷（zhì）：凶猛。黄口：雏鸟。

〔译文〕

冬至时虽阴水旺盛，但阳火亦相随；夏至时阳火旺盛，但阴水亦相伴。所以五月火气旺盛而水气渗漏，十一月水气旺盛而火气也随之上升。阳气为火，阴气为水。水气升腾，所以夏至时空气湿润；火气上升，所以冬至时天气干燥。天气干燥，那么木炭不能吸水就变轻，空气潮湿，木炭吸水多就显得重。冬至时，井水上涨，盆水溢出，羊脱毛，麋鹿长新角，乌鹊开始筑巢。立八尺长的圭表,日上中天时测出的日影有一丈三尺长。夏至时土中硫黄流出成河,最好的铁也出现,蝉鸣叫,半夏长成,蚊、虻还没叮马驹、牛犊,猛禽也不对雏鸟进行捕杀。中午立八尺长的圭表,正午时所测出的日影是一尺五寸长。日影长意味着阴气强盛,日影短意味着阳气强盛。阴气多雨水就多,阳气多容易出现干旱。

两维之间[①],九十一度十六分度之五,而升日行一度,十五日为一节,以生二十四时之变[②]。斗指子,则冬至,音比黄钟[③]。加十五日指癸,则小寒,音比应钟。加十五日指丑,则大寒,音比无射。加十五日指报德之维,则越阴在地[④]。故曰距日冬至四十六日而立春,阳气冻解[⑤],音比南吕。加十五日指寅,则雨水,音比夷则。加十五日指甲,则雷惊蛰,音比林钟。加十五日指卯中绳,故曰春分,则雷行,音比蕤宾。加十五日指乙,则清明风至,音比仲吕。加十五日指辰,则谷雨,音比姑洗。加十五日指常羊之维,则春分尽[⑥]。故曰有四十六日而立夏,大风济[⑦],音比夹钟。加十五日指巳,则小满,音比太蔟。加十五日指丙,则芒种,音比大吕。加十五日指午,则阳气极。故曰有四十六日而夏至,音比黄钟。加十五日指丁,则小暑,音比大吕。加十五日指未,则大暑,音比太蔟。加十五日指背阳之维,则夏分尽。故曰有四十六日而立秋,凉风至,音比夹钟。加十五日指申,则处暑,音比姑洗。加十五日指庚,则白露降,音比仲吕。加十五日指酉中绳,故曰秋分,雷戒,蛰虫北乡[⑧],音比蕤宾。加十五日指辛,则寒露,音比林钟。加十五日指戌,则霜降,音比夷则。加十五日指蹄通之维,则秋分尽。故曰有四十六日而立冬,草木毕死,音比南吕。加十五日指亥,则小雪,音比无射。加十五日指壬,则大雪,音比应钟。加十五日指子。故曰阳生于子,阴生于午。阳生于子,故十一月日冬至,鹊始加巢,人气钟首[⑨]。阴生于午,故五月为小刑[⑩],荠、麦、亭历枯[⑪],冬生草木必死。

〔注释〕

①两维之间:一周天为四维(三百六十五又四分之一度),两维之间就是四分之一周天(九十一又十六分之五度)。

②节、时:都指节气。

③比:配合、从属。黄钟:古代音律名,为十二音律(黄钟、大吕、太蔟、夹钟、姑洗、仲吕、蕤宾、林钟、夷则、南吕、无射、应钟)之首;十二律与地支及月份对应。

④越:扩散。越阴在地:意思是说阴气扩散到地下。

⑤阳气冻解:指立春后阳气上升,融解冰冻。

⑥春分尽:指春季已结束。下“夏分尽”“秋分尽”皆可依此类推。

⑦济:停止。

⑧雷戒:雷声匿迹,也就是不再打雷的意思。北乡:通“背向”,朝着北方的方向。

⑨加:通“架”。加巢:筑巢。人气:人所受暖阳之气。钟首:聚集在

头部。

⑩午:指夏至。小刑:指较轻的肃杀之气。

⑪荠:荠菜。亭历:一年生草本药用植物。

〔译文〕

东北和东南两角之间各是九十一度,而北斗每天运行一度,运行十五天为一个节气,运行一周产生出一年二十四节气。斗柄指向子位时就是冬至,音律配黄钟。经过十五天斗柄指向癸位时就是小寒,音律配应钟。经过十五天斗柄指向丑位时就是大寒,音律配无射。经过十五天斗柄指向报德之维,这时阴气扩散到地下。所以说距离冬至四十六天就是立春,阳气消融冰冻,音律配南吕。经过十五天斗柄指向寅位时就是雨水,音律配夷则。经过十五天斗柄指向甲位时就是惊蛰,春雷惊动万物,音律配林钟。经过十五天斗柄指向卯辰,与卯酉纬线相合,就是春分,雷声隆隆,音律配蕤宾。经过十五天斗柄指向乙位时就是清明风到,音律配仲吕。经过十五天斗柄指向辰位时就是谷雨,音律配姑洗。经过十五天斗柄指向常羊之维时,春季结束。所以说春分以后四十六天就是立夏,大风止息,音律配夹钟。经过十五天斗柄指向巳位时就是小满,音律配太蔟。经过十五天斗柄指向丙位时就是芒种,音律配大吕。经过十五天斗柄指向午位时,这时阳气达到极点。所以说立夏以后四十六天就是夏至,音律配黄钟。经过十五天斗柄指向丁位时就是小暑,音律配大吕。经过十五天斗柄指向未位时就是大暑,音律配太蔟。经过十五天斗柄指向背阳之维时,夏季结束。所以说夏至以后四十六天就是立秋,凉风吹来,音律配夹钟。经过十五天斗柄指向申位时就是处暑,音律配姑洗。经过十五天斗柄指向庚位时就是白露,露水降临,音律配仲吕。经过十五天斗柄指向酉位,与酉卯纬线相合时,就是秋分,雷鸣噤声,冬眠动物开始钻进坐北朝南的洞穴,音律配蕤宾。经过十五天斗柄指向辛位就是寒露,音律配林钟。经过十五天斗柄指向戌位时就是霜降,音律配夷则。经过十五天斗柄指向号通之维,这时秋季结束。所以说秋分以后四十六天就是立冬,草木枯死,音律配南吕。经过十五天斗柄指向亥位时就是小雪,音律配无射。经过十五天斗柄指向壬位时就是大雪,音律配应钟。经过十五天斗柄指向子位时,又回到冬至,一年二十四节气运转完毕。所以说阳气生于子辰,阴气生于午辰。阳气生于子辰,所以冬至十一月,鹊鸟开始筑巢建窝,人之阳气也运行升聚到头部。阴气生于午辰,所以五月有轻微的杀气,荠、麦、亭历这时成熟枯萎,冬天长出的草木这时一定死亡。

卷四　地形训

〔题解〕

本卷是继《天文训》探讨“天”之后，探讨“地”的专论，由“天人感应说”转向“地人相关说”。本卷以九州为中心，介绍了各地的农作物、矿物及其他珍奇物产，指明这些东西同各地地形、土质及气候的关系，涉及自然地理、人文地理及经济地理诸方面，是我国古代重要的地理文献。在地与人的关系上，认为不同的地理条件，为人们提供了不同的生存环境，也决定了人们不同的生理和心理特征，因此，人必须要与地相应，不可违逆自然。

《要略》：《地形》者，所以穷南北之修，极东西之广，经山陵之形，区川谷之居①，明万物之主，知生类之众②，列山渊之数，规远近之路。使人通回周备，不可动以物，不可惊以怪者也③。

〔注释〕

①经：划分。区：区别。居：走向。

②主:主宰。生:生物。

③动:受惊。

〔译文〕

《地形》的内容,是用来穷究南北的长度,测出东西的宽度,划分山陵的形势,区别大川深谷的走向,明确万物的主宰,知道生物繁多的种类,罗列山川的数量,规划远近的道路。使人通达周详,不可以因外物而妄动,也不能因怪物而惊恐。

〔原文〕

地形之所载,六合之间,四极之内①,照之以日月,经之以星辰,纪之以四时,要之以太岁②。天地之间,九州八极③,土有九山,山有九塞,泽有九薮④,风有八等,水有六品。

〔注释〕

①六合:上下及四方,泛指宇宙。四极:四方最远的地方。

②经、纪:秩序、管理。要:正。

③九州:古代分中国为九州。八极:八方极远之地。

④塞:要塞。薮(sǒu):湖泽。

〔译文〕

大地所承载的六合之间,四极之内,太阳、月亮照耀着它,星辰协调着它,四季管理着它,太岁制约着它。天地之间,九州八极之内,整个大地上共有九座大山,九处要塞,九个湖泊,风分为八类，水共有六种。

何谓九州？东南神州曰农土①，正南次州曰沃土②，西南戎州曰滔土③，正西弇州曰并土④，正中冀州曰中土⑤，西北台州曰肥土⑥，正北泲州曰成土⑦，东北薄州曰隐土⑧，正东阳州曰申土⑨。

〔注释〕

①农土：十二支"辰"配东南，时值三月，是农事之始。

②沃土：十二支"午"配正南，时值五月，是庄稼盛长之时。

③滔土：十二支"申"配西南，时值七月，是庄稼饱满之时。

④并土：十二支"酉"配正西，时值八月，是庄稼成熟之时。

⑤中土：原注"冀，大也。四方之主，故曰中土"。

⑥肥土：西北为秋冬之交，此时谷物成熟，故曰肥土。

⑦成土：正北为冬十一月，大地万物聚藏，故曰成土。

⑧隐土：原注"气所隐藏，故曰隐土"。

⑨申土：原注"阴气尽于北，阳气复起东北，故曰申土"。

〔译文〕

什么是九州？东南神州叫农土，正南次州叫沃土，西南戎州叫滔土，正西弇州叫并土，正中冀州叫中土，西北台州叫肥土，正北泲州叫成土，东北薄州叫隐土，正东阳州叫申土。

何谓九山？会稽、泰山、王屋、首山①、太华、岐山、太行、羊肠、孟门②。

何谓九塞？曰太汾、渑厄[3]、荆阮、方城[4]、殽阪、井陉[5]、令疵、句注、居庸[6]。

何谓九薮？曰越之具区，楚之云梦，秦之阳纡[7]，晋之大陆，郑之圃田，宋之孟诸[8]，齐之海隅，赵之巨鹿，燕之昭余[9]。

〔注释〕

①首山：首阳山，在今山西省永济市南，伯夷、叔齐即隐居此山。

②羊肠：山名，在今山西太原晋阳区西北方。孟门：山名，在今山西吉县西、陕西宜川县东北，绵延黄河两岸。

③太汾：在今山西境内，具体地址不详。渑厄：在今河南渑池县西。

④荆阮：在今湖北武当山东南、汉水西岸。方城：战国时楚国修筑的长城。

⑤殽(yáo)阪：在今陕西潼关以东至河南新安县一带。井陉：在今河北井陉县。

⑥令疵：在今河北滦城县、迁安市之间。句(gōu)注：在今山西省代县北。居庸：在今北京市昌平区西北。

⑦具区：今太湖。云梦：古代楚地大泽，在今湖北境内。阳纡：在今陕西泾阳县。

⑧大陆：在今河南获嘉县西北。圃田：在今河南中牟县西。孟诸：在今河南商丘市东北、虞城县西北。

⑨海隅：大致指今山东滨海地区。巨鹿：在今河北巨鹿县北，又称广阿泽。昭余：在今山西祁县西南。

〔译文〕

九山指哪九座山？即会稽山、泰山、王屋山、首阳山、太华山、岐山、太行山、羊肠山以及孟门山。

九塞指哪九所要塞？即太汾、渑厄、荆阮、方城、崤阪、井陉、令疵、句注和居庸。

九薮指哪九个湖泽？即越国的具区、楚国的云梦、秦国的阳纡、晋国的大陆、郑国的圃田、宋国的孟诸、齐国的海隅、赵国的巨鹿以及燕国的昭余。

何谓八风？东北曰炎风，东方曰条风①，东南曰景风，南方曰巨风②，西南曰凉风，西方曰飂风③，西北曰丽风，北方曰寒风④。

何谓六水？曰河水、赤水、辽水、黑水、江水、淮水⑤。

〔注释〕

①炎风：立春时从东北方向吹来的风。条风：春分时从东方吹来的暖风。

②景风：立夏时从东南方吹来的热风。巨风：夏至时从南方吹来的炎热的风。

③凉风：立秋时从西方吹来的凉风。飂(liù)风：秋分时从西方吹来的凉风。

④丽风：立冬时从西北方向吹来的冷风。寒风：冬至时从北方吹来的严寒之风。

⑤河水：指黄河。赤水：一说在青海湖一带，一说即今雅砻江。辽水：今辽河。黑水：其地不详，疑今黑河。江水：指长江。淮水：淮河。

〔译文〕

什么是八风？即称为炎风的东北风，称为条风的东风，称为景风的东南风，称为巨风的南风，称为凉风的西南风，称为飂风的西风，称为丽风的西北风，称为寒风的北风。

什么是六水？指的是黄河、赤水、辽河、黑河、长江和淮河。

九州之大，纯方千里；九州之外，乃有八殥，亦方千里①。自东北方曰大泽，曰无通②。东方曰大渚，曰少海。东南方曰具区，曰元泽。南方曰大梦，曰浩泽。西南方曰渚资，曰丹泽。西方曰九区③，曰泉泽。西北方曰大夏，曰海泽。北方曰大冥，曰寒泽。凡八殥八泽之云，是雨九州④。八殥之外，而有八纮⑤，亦方千里。自东北方曰和丘，曰荒土⑥。东方曰棘林，曰桑野。东南方曰大穷，曰众女⑦。南方曰都广，曰反户⑧。西南方曰焦侥⑨，曰炎土。西方曰金丘，曰沃野。西北方曰一目⑩，曰沙所。北方曰积冰，曰委羽⑪。凡八纮之气，是出寒暑，以合八正⑫，必以风雨。八纮之外，乃有八极。自东北方曰方土之山，曰苍门。东方曰东极之山，曰开明之门。东南方曰波母之山，曰阳门。南方曰南极之山，曰暑门。西南方曰编驹之山，曰白门。西方曰西极之山，曰阊阖之门。西北方曰不周之山，曰幽都之门。北方曰北极之山，曰寒门。凡八极之云，是雨天下；八门之风，是节寒暑[13]；八纮、八殥、八泽之云，以雨九州而和中土[14]。

〔注释〕

①纯：边缘。殥（yín）：远。

②大泽、无通及下述“具区”“元泽”“大梦”等：都是湖泽名。

③九区：大泽名。

④雨：落雨。

⑤纮（hóng）：维系。

⑥和丘、荒土：神话传说中鸾凤歌舞的地方。下述“棘林”“桑野”“大穷”等都是地名。

⑦众女：国中女多男少。

⑧反户：古代南方地名。

⑨焦侥（yáo）：小人国，国人身高不足三尺。

⑩一目：国人仅有一只眼睛，在脸部中央。

⑪委羽：山名，在北极之阴，不见天日。

⑫八正：八风之正。指八风的风向。

⑬节：制约、调节。

⑭中土：指冀州。

〔译文〕

九州的地域，四边各长千里；九州之外，还有八殥，它的四周各边也是千里。从东北方起，有大泽、无通。东方有大渚、少海。东南方有具区、元泽。南方有大梦、浩泽。西南方有渚资、丹泽。西方有九区、泉泽。西北方有大夏、海泽。北方有大冥、寒泽。上述八殥八泽的云气凝聚成雨水降落九州。八殥之外还有八纮,也是四方各有千里。从东北方起,有和丘、荒土。东方有棘林、桑野。东南方有大穷、众女。南方有都广、反户。西南方有焦侥、炎土。西方有金丘、沃野。西北方有一目、沙所。北方有积冰、委羽。上述八纮的气流汇聚成气候的寒冷暑热,如果它们和八风的风向相吻合,就会风雨大作。八纮之外,还有八极。自东北方起,是方土山,称为苍门。东方是东极山,称为开明门。东南方是波母山,称为阳门。南方是南极山,称为暑门。西南方是编驹山,称为白门。西方是西极山,称为阊阖门。西北方是不周山,称为幽都门。北方是北极山,称为寒门。八极的云气汇集一起,形成雨水降落大地;八门的风调节着四季和寒暑的变更;八纮、八殡、八泽的云气都化成雨水降落到九州,滋润着中土大地。

凡地形,东西为纬,南北为经①。山为积德,川为积刑。高者为生,下者为死。丘陵为牡,溪谷为牝②。水圆折者有珠,方折者有玉③;清水有黄金,龙渊有玉英④。

〔注释〕

①纬:横线为纬。经:纵线为经。

②山为积德,川为积刑:高山仁厚,生养万物,故称“积德”;流水智慧,专断裁决,故称“积刑”,所以《论语》有“仁者乐山,智者乐水”之语。牡:雄性,意指阳刚。牝:雌性,意指阴柔。

③圆折:圆形而有波折。方折:方形而有波折。

④龙渊:潜龙之渊。玉英:美玉。

〔译文〕

地形的东西方向称为纬，南北方向称为经。仁厚的高山生养万物，故称“积德”；智慧的流水专断裁决，故称“积刑”。高而朝阳的地方能促使万物生长，低而阴暗的地方加速生物的衰亡。雄伟的丘陵山峰透露着阳刚之气，低洼幽深的溪谷显露出阴柔之情。水波回转的区域有珍珠，水波方正的区域有玉石；清澈的水域有黄金，混浊的龙潭中有美玉。

土地各以其类生人[①]。是故山气多男，泽气多女；障气多喑，风气多聋[②]；林气多癃，木气多伛[③]；岸下气多肿，石气多力，险阻气多瘿[④]；暑气多夭，寒气多寿；谷气多痹，丘气多狂[⑤]；衍气多仁，陵气多贪[⑥]。轻土多利，重土多迟[⑦]；清水音小，浊水音大；湍水人轻，迟水人重[⑧]。中土多圣人。皆象其气，皆应其类。

〔注释〕

①人：原脱此字，据王念孙说补。

②障气：瘴气，南方山林间湿热蒸郁致人生病之气。喑(yīn)：哑。风气：风邪之气。

③癃(lóng)：足弱不能正常行走。木气：林间之气。伛(yǔ)：驼背。

④岸下气：岸边的潮湿之气。石气：大山中的气。瘿(yǐng)：类似粗脖子的病。

⑤谷气：峡谷中阴冷之气。痹：一种类似风湿麻木的病。丘气：丘陵地带之气。

⑥衍气：平原洼之气。陵气：山陵之气。

⑦轻土：质地松软的土。重土：质地板结的土。

⑧湍水：急流。迟水：水流缓慢。

〔译文〕

各处的土地以其不同的种类而影响人类的秉性。所以山中云气多的地方出生的男孩比较多，沼泽雾气多的地方出生的女婴比较多；湿热的瘴气会让人变得喑哑，邪恶的风气会让人耳聋；森林之气过重会让人腿瘸，林间之气过浓会让人背驼；河岸的湿气过多人就容易脚肿，居住在岩石地区的人力气大，生活在艰险地区的人易得粗脖子病；暑热之气让人短命，寒冷之气有助于人长寿；吹山谷之气过多人就会肢体麻痹，吹丘陵之气过多人的骨骼就易弯曲；平原之气能让人变得仁爱，土山之气会让人贪婪。土质松软的地方让人行动敏捷，土质板结的地方让人行动迟缓；水流清澈的地方会使人的声音细柔，水流混浊的地方会让人的声音粗重；生活在湍急水流边上的人身体轻柔，生活在迟缓水流边上的人身体笨重。地处九州中心就会产生很多圣人。上述人的心理和生理特征及性格都会受到居住地的地理环境影响，并与这些规律一致。

故南方有不死之草，北方有不释之冰①；东方有君子之国，西方有形残之尸②。寝居直梦③，人死为鬼；磁石上飞，云母来水；土龙致雨，燕雁代飞④；蛤蟹珠龟，与月盛衰。是故坚土人刚，弱土人肥⑤；垆土人大⑥，沙土人细；息土人美，耗土人丑⑦。食水者善游能寒，食土者无心而慧[8];食木者多力而奰,食草者善走而愚,食叶者有丝而蛾[9];食肉者勇敢而悍,食气者神明而寿,食谷者知慧而夭[10];不食者不死而神。凡人民禽兽万物贞虫[11],各有以生,或奇或偶,或飞或走,莫知其情,唯知通道者能原本之。

〔注释〕

①不死之草:南方地暖,草木常年不会枯萎。不释之冰:北地酷寒,终年有不融化的寒冰。

②形残:《山海经》中的“刑天”。古音天、残相近。形天,即刑天。

③寝居:睡觉。直梦:做的梦得到验证。

④土龙:古代天旱时人们用土制作成龙来祈雨。代:更替。

⑤坚土:土质坚硬。弱土:土质松软。

⑥垆(lú)土:黑色坚硬的土。

⑦息土:土地肥沃。耗土:土地贫瘠。

⑧食水者:指鱼及水鸟之类的动物。食土者:指蚯蚓之类的动物。

⑨食木者:指熊、罴之类。奰(bì):暴怒。食草者:指鹿之类的动物。食叶者:蚕类。

⑩食肉者:指虎、豹、鹰、雕等动物。食气者:指修炼之隐士。食谷者:指人类。

⑪贞虫:细腰蜂一类的昆虫。

〔译文〕

所以南方多生长常绿不衰的草,北方常有终年不化的冰;东方多有长寿的君子,西方会出现刑天的尸体。睡觉时所做的梦能够应验,人死后的灵魂会成为鬼;磁石能吸附金属物,云母能招引露水；土龙能够在旱天降雨，燕子、大雁都按一定的节令南来北往；蛤、蟹、珠、龟能够随着月亮的圆缺而盛衰。因此，生活在坚硬土地上的人性格刚强，生活在松软土地上的人性格脆弱；生活在黑硬土地上的人身体健壮，生活在沙土地上的人体形短小；生长在肥沃土地上的人生得漂亮，生长在贫瘠土地上的人面貌丑陋。正是由于这样，食水的鱼类、水鸟水性好而且耐寒，食土的蚯蚓没心却很有智慧；食木的熊罴力气大而脾气暴躁，食草的鹿类擅长奔跑可是没有智慧，食叶的蚕类抽丝作茧最后羽化成蛾；食肉的虎、豹、鹰、雕类生性凶猛而且残忍，食气的修炼隐士神明而且长寿，食五谷的人类聪明但寿命短；什么都不吃的却能修炼成神。因此，不管是人类、飞禽、走兽，还是一切生物，各自有它们产生的原因和适应环境生存的本领，或奇或偶，或飞或走，没人能弄懂其中的奥秘，只有通达“道”的人才可能参悟出其中的本原。

东方川谷之所注，日月之所出。其人兑形小头，隆鼻大口，鸢肩企行[①]；窍通于目，筋气属焉，苍色主肝；长大早知而不寿[②]。其地宜麦，多虎豹。

南方阳气之所积，暑湿居之。其人修形兑上，大口决眦[③]；窍通于耳，血脉属焉，赤色主心；早壮而夭。其地宜稻，多兕象。

西方高土，川谷出焉，日月入焉。其人面末偻，修颈卬行[④]；窍通于鼻，皮革属焉，白色主肺；勇敢不仁。其地宜黍，多旄犀[⑤]。

北方幽晦不明，天之所闭也，寒冰之所积也，蛰虫之所伏也。其人翕形短颈，大肩下尻[6]；窍通于阴，骨干属焉，黑色主肾；其人蠢愚，禽兽而寿。其地宜菽，多犬马。

中央四达，风气之所通，雨露之所会也。其人大面短颐，美须恶肥[7]；窍通于口，肤肉属焉，黄色主胃；慧圣而好治。其地宜禾，多牛羊及六畜。

〔注释〕

①兑(ruì)：通"锐"，尖。隆：高挺。鸢肩：像鸢鸟一样的肩膀。企行：踮起脚后跟行走。

②知：通"智"，智慧。

③眦(zì)：眼角。

④面：一说是衍文，一说下脱"毛"字。末偻：脊柱弯曲。卬：通"昂"。

⑤旄(máo)：牦牛。

⑥翕(xī)形：身体萎缩。尻(kāo)：臀部。

⑦颐：面颊。恶：过多。

〔译文〕

东方是河流涧水汇聚的地方，也是日月升起的地方。那里的人体形尖细、脑袋小、高鼻子、大嘴巴，肩膀像鸢一样，走路踮着脚；身体的各个孔窍与眼睛相通，身上的经络气血也连通眼睛，东方属青色，主管肝脏；那里的人身材高大、智力早熟，但寿命不长。那里的土质适宜种麦，虎豹很多。

南方阳气聚集，暑热潮气停留。居住在那里的人形体修长，上部尖瘦，嘴大眼眶深陷；身体的各个孔窍与耳相通，身上的气脉也连通耳道，南方属赤色主管，心脏；那里的人成熟得早，但也短命。那里的土质适宜种稻，犀牛、大象很多。

西方多高山、高原，是河流的发源地和太阳、月亮落下的地方。居住在那里的人脊背弯曲，脖子细长，走路昂着头；身体的各个孔窍与鼻相通，身上的皮肤也连通鼻腔，西方属白色，主管肺；那里的人勇敢，但不仁慈。那里的土质适宜种黍子，牦牛、犀牛很多。

北方幽暗不明，天地闭合，寒冰积聚，动物蛰藏。那里的人体形短缩，脖子短，肩膀宽而臀部下垂；身体的各个孔窍与阴部相通，骨骼的发育也与阴部功能相关；北方属黑色，主管肾脏；那里的人愚笨，但长寿。那里的土质适宜种豆类，马、狗很多。

中部地区四通八达，风云流通、雨露汇聚。居住在那里的人脸大腮帮短，须髯美丽但过于肥胖；身体的各个孔窍与口腔相通，身上的发达肌肉与口的作用相关联；中土属黄色，主管胃；那里的人聪明有才、无所不通，且善于治理国事。那里的土质适宜种五谷，牛羊及家畜很多。

胈生海人[①]，海人生若菌，若菌生圣人，圣人生庶人。凡胈者生于庶人[②]。

羽嘉生飞龙[③]，飞龙生凤皇，凤皇生鸾鸟，鸾鸟生庶鸟。凡羽者生于庶鸟。

毛犊生应龙[④]，应龙生建马，建马生麒麟，麒麟生庶兽。凡毛者生于庶兽。

介鳞生蛟龙，蛟龙生鲲鲠[⑤]，鲲鲠生建邪，建邪生庶鱼。凡鳞者生于庶鱼。

介潭生先龙[⑥],先龙生玄鼋,玄鼋生灵龟,灵龟生庶龟。凡介者生于庶龟。

暖湿生容,暖湿生于毛风,毛风生于湿玄,湿玄生于羽风,羽风生暖介,暖介生鳞薄[⑦],鳞薄生暖介。五类杂种兴乎外,肖形而蕃[⑧]。

日冯生阳阏,阳阏生乔如,乔如生干木,干木生庶木[⑨]。凡根拔木者生于庶木。

根拔生程若,程若生玄玉,玄玉生醴泉,醴泉生皇辜,皇辜生庶草[⑩]。凡根茇草者生于庶草。

海闾生屈龙,屈龙生容华,容华生蔈,蔈生萍藻,萍藻生浮草[⑪]。凡浮生不根茇者生于萍藻。

〔注释〕

①胈(bá):人身体上的细毛。这里指人类的祖先。“海人”“若菌”“圣人”都是设想的早期人类。

②庶:普通。

③羽嘉:鸟类的祖先。“飞龙”“凤皇”都是设想的早期鸟类。

④毛犊:兽类的祖先。“应龙”“建马”都是设想的早期兽类。

⑤介鳞:鳞类动物的祖先。蛟龙:有鳞甲的龙。“鲲鲠”“建邪”都是设想的早期鱼类。

⑥介潭:龟类的祖先。“先龙”“玄鼋”“灵龟”都是设想的早期龟类。

⑦暖湿:宇宙间能孕育生物的一种湿润之气。容:胈。毛风:能孕育哺乳动物的风。湿玄:能孕育一切生物的一种湿润水气,即动物类的共同祖先。羽风:能孕育鸟类生命的风。暖介:能孕育甲壳类动物的极小物

质。鳞薄:能孕育鳞类动物的极小物质。

⑧五类:指上述的人类、兽类、鸟类、鱼类、龟类。杂种:复杂物种。肖:像。蕃:繁殖。

⑨日冯:木类的祖先。“阳阏”“乔如”“干木”都是设想的早期木类植物。

⑩根拔:草类的祖先。“程若”“玄玉”“醴泉”“皇辜”都是设想的早期草类植物。

⑪海闾:浮萍类的祖先。“屈龙”“荣华”“藻(biāo)”都是设想的早期浮萍类植物。

〔译文〕

肢生育海人,海人生育若菌,若菌生育圣人,圣人生育庶人。凡是人类都是由上述几个阶段生育发展过来的。

羽嘉生育飞龙,飞龙生育凤凰,凤凰生育鸾鸟,鸾鸟生育庶鸟。凡是有羽毛的鸟类都是由上述几个阶段生育发展过来的。

毛犊生育应龙,应龙生育建马,建马生育麒麟,麒麟生育庶兽。凡是长毛的兽类都是由上述几个阶段生育发展过来的。

介鳞生育蛟龙,蛟龙生育鲲鲠,鲲鲠生育建邪,建邪生育庶鱼。凡是有鳞的鱼类都是由上述几个阶段生育发展过来的。

介潭生育先龙,先龙生育玄鼋,玄鼋生育灵龟,灵龟生育庶龟。凡是长甲壳的龟类都是由上述几个阶段生育发展过来的。

暖湿之气生育了肢,而暖湿之气又是从毛风中产生的,毛风又是从湿玄中产生的,湿玄生育羽风,羽风生育暖介,暖介生育鳞薄,鳞薄生育暖介。以上五类复杂繁多的物种在外界自然环境下兴盛起来,并保留各自的外形生态特征而繁衍发展。

日冯生育阳阏,阳阏生育乔如,乔如生育干木,干木生育庶木。凡是长根的树木都是由上述几个阶段生育发展过来的。

根拔生育程若，程若生育玄玉，玄玉生育醴泉，醴泉生育皇辜，皇辜生育庶草。凡是有根的草类都是由上述几个阶段生育发展过来的。

海闾生育屈龙，屈龙生育容华，容华生育蔈，蔈生育藻，藻生育浮草。凡是浮生水面无根的植物都是由上述几个阶段生育过来的。

正土之气也御乎埃天[①]，埃天五百岁生缺[②]，缺五百岁生黄埃，黄埃五百岁生黄澒[③]，黄澒五百岁生黄金[④]，黄金千岁生黄龙，黄龙入藏生黄泉，黄泉之埃上为黄云。阴阳相薄为雷，激扬为电，上者就下，流水就通而合于黄海。

偏土之气御乎清天，清天八百岁生青曾，青曾八百岁生青澒，青澒八百岁生青金，青金八百岁生青龙，青龙入藏生青泉，青泉之埃上为青云。阴阳相薄为雷，激扬为电，上者就下，流水就通而合于青海。

壮土之气御于赤天[⑤]，赤天七百岁生赤丹，赤丹七百岁生赤澒，赤澒七百岁生赤金，赤金千岁生赤龙，赤龙入藏生赤泉，赤泉之埃上为赤云。阴阳相薄为雷，激扬为电，上者就下，流水就通而合于赤海。

弱土之气御于白天，白天九百岁生白礜，白礜九百岁生白澒，白澒九百岁生白金，白金千岁生白龙，白龙入藏生白泉,白泉之埃上为白云。阴阳相薄为雷,激扬为电,上者就下,流水就通而合于白海。

牝土之气御于玄天,玄天六百岁生玄砥,玄砥六百岁生玄澒,玄澒六百岁生玄金,玄金千岁生玄龙,玄龙入藏生玄泉,玄泉之埃上为玄云。阴阳相薄为雷,激扬为电,上者就下,流水就通而合于玄海。

〔注释〕

①“正土”及下述“偏土”“壮土”“弱土”“牝土”:分别代表五方之土,即中央之土、东方之土、南方之土、西方之土、北方之土。御:上升。

②“埃天”及下述“清天”“赤天”“白天”“玄天”:指的是五方之土产生的气。缺:通“砄(jué)”,石头。“缺”及下述“青曾”“赤丹”“白礜(yù)”“玄砥”:是古代炼丹家所用的五种矿石。

③“黄澒”及下述“青澒”“赤澒”“白澒”“玄澒”:指不同颜色的汞。

④“黄金”及下述“青金”“赤金”“白金”“玄金”:指汞与矿石产生化学反应,生成不同颜色的金属。

⑤壮:王念孙认为应作“牡”字,这样才能与下述的“牝”相对应。

〔译文〕

中央正土之气升到天空中变成埃天的云气,这种云气经过五百年变成砄石,砄石再经过五百年变化生成黄汞,黄汞再经过五百年变成黄金,黄金再经过一千年生成黄龙,黄龙埋伏于地底下形成黄泉,黄泉的雾气蒸发升腾成为黄云。阴气和阳气在迫近时产生雷鸣,撞击激烈产生闪电,高处的云气和低处的云气相遇生成雨水,落到大地汇集成河,流入黄海。

东方偏土之气上升到天上变成青天的云气，这云气经过八百年变成青曾，青曾再经过八百年生成青汞，青汞再经过八百年变成铅，铅再经过八百年就变成青龙，青龙埋伏在地下变成青泉，青泉的雾气往上升腾成为青云。阴气和阳气迫近时产生雷鸣，激烈撞击生成闪电，高处的云气遇到低处的云气形成雨水，落到大地汇聚成河，流入青海。

南方的壮土之气升腾到空中，便产生了赤天的云气，这种云气经过七百年生成赤丹，赤丹再经过七百年生成赤汞，赤汞经过七百年生成红铜，红铜再经过一千年变成赤龙，赤龙藏进地下变成赤泉，赤泉的雾气蒸发升腾成为赤云。阴气和阳气迫近时产生雷鸣，经过激烈的撞击形成了闪电，高处的云气和低处的云气交汇形成了雨水，降落大地形成河流，流入赤海。

西方弱土之气升到空中形成白天的云气，这种云气经过九百年生成了白礜，白礜再经过九百年生成了白汞，白汞再经过九百年生成白银，白银再经过一千年就生成了白龙，白龙潜伏在地下形成白泉，白泉的雾气向上蒸腾成为白云。阴气和阳气迫近时产成雷鸣，经过激烈的撞击形成闪电，高处的云气和低处的云气相互交汇形成雨水，降落大地汇聚成河，流入白海。

北方牝土之气升到空中形成玄天的云气，这种云气再经过六百年生成了玄砥，玄砥再经过六百年变成了玄汞，玄汞再经过六百年生成了黑铁，黑铁再经过一千年就成了玄龙，玄龙潜到地下形成玄泉，玄泉的雾气升腾到空中成为玄云。阴气和阳气迫近时形成雷鸣，经过激烈撞击就形成了闪电，高处的云气和低处的云气相互交汇形成雨水，降落大地汇聚成河，流入玄海。

卷五　时则训

〔题解〕

本卷按照四季十二月的时间顺序来叙述相关季节及每月的气候、物候、天象和农事,并在其中穿插介绍了皇帝是如何依据时则来制定和实施政令的,强调人类应适应自然变化、遵循自然规律才能够生存、繁衍和发展,是古人长时期同大自然进行斗争积累的智慧结晶。

《要略》:《时则》者,所以上因天时,下尽地力,据度行当,合诸人则①,形十二节②,以为法式,终而复始,转于无极。因循仿依,以知祸福;操舍开塞,各有龙忌③;发号施令,以时教期。使君人者知所以从事。

〔注释〕

①因:遵循。度:准则。行当:行为恰当。人则:人体结构。
②十二节:指十二个月的节令。
③操舍:掌握。开塞:开发和禁止。龙忌:鬼神的忌日。

〔译文〕

《时则》的内容，是说人类要向上遵循自然运行的时序，向下要尽力发挥土地的潜力，依据自然法则，行为适当，与人体结构符合，形成十二个月的月令，作为共同遵循的准则，周而复始，运行无穷。遵循和仿效自然法则，就可以知道祸福产生的规律；掌握该如何开发和禁止，知道各种鬼神的忌日；发布适宜政令，按时教化百姓。这样可以使国君知道施政的依据。

〔原文〕

孟春之月，招摇指寅，昏参中，旦尾中①。其位东方，其日甲乙，盛德在木②。其虫鳞，其音角，律中太蔟。其数八，其味酸，其臭膻③。其祀户，祭先脾④。东风解冻，蛰虫始振苏，鱼上负冰，獭祭鱼，候雁北⑤。

天子衣青衣，乘苍龙，服苍玉⑥，建青旗。食麦与羊，服八风水，爨萁燧火⑦。东宫御女青色，衣青采，鼓琴瑟⑧。其兵矛，其畜羊。朝于青阳左个⑨，以出春令。布德施惠，行庆赏，省徭赋⑩。

立春之日，天子亲率三公、九卿、大夫以迎岁于东郊，修除祠位，币祷鬼神，牺牲用牡⑪。禁伐木，毋覆巢、杀胎夭，毋麛毋卵，毋聚众、置城郭，掩骼薶骴⑫。

孟春行夏令，则风雨不时，草木旱落，国乃有恐。行秋令，则其民大疫，飘风暴雨总至，藜莠蓬蒿并兴⑬。行冬令,则水潦为败,雨霜大雹,首稼不入[14]。正月官司空[15],其树杨。

〔注释〕

①招摇:星名,北斗杓端第七星。招摇指向寅,为正月开始。参、尾:星宿名。中:南天正中。

②盛德在木:东方属木,木气旺盛而主万物生长,故称"盛德在木"。

③酸:五行对应五味,其中酸配木,故称"其味酸"。其臭膻:膻味属木。

④祀户:古代五祀之一,其中春祀户。祭先脾:古人以脾属木属春,所以春祀的第一祭品是脾。

⑤振苏:动物解除冬眠,开始复苏活动。獭祭鱼:水獭有将捕到的鱼放置岸边的习性,古人认为它是在以鱼祭祀。候雁:大雁是随季节更替而迁徙的候鸟,故称"候雁"。

⑥衣青衣:穿着青色的衣服。苍:青色。苍龙:《周礼》云"马八尺以上为龙"。苍龙就是指八尺以上的青色的马。服:佩戴。

⑦食麦与羊:麦、羊皆属木属春。八风水:指八风吹过铜盘所凝结的露水。爨(cuàn):烧火做饭。萁:豆秸。燧:古代取火用具。

⑧东宫:指东向的宫室。御女:宫女。鼓琴瑟:琴瑟属木,春季亦属木,所以在春季"鼓琴瑟"。

⑨青阳:明堂,中方外圆,通达四方。明堂有五室,其中位于左面东方的叫青阳,为帝王祭祀、布政之所。个:侧室。

⑩徭赋:力役与赋税。

⑪三公:古代辅佐皇帝的三个高官。九卿:古代政府中九个部门的负责人。大夫:古代一般官员。祠位:神位。币:圭璧,古代祭祀用的玉器。牺牲:祭祀时所用的牲畜。牡:雄性。

⑫夭:幼弱的动物。麛(mí):小鹿。骼:枯骨。霾:通"埋"。骴(cī):

尸骨。

⑬飘风:狂风。藜:一种野草。莠:狗尾草。蓬蒿:蓬草和蒿草。并:一齐。

⑭雨:降落。首稼:头茬庄稼。入:丰收。

⑮司空:古代主管工程建设的官员。

〔译文〕

孟春正月,招摇星指向十二辰的寅位,黄昏时参星位于南天正中,黎明时尾星位于南天正中。这个月的方位是东方,日干用甲乙,旺盛的德泽属木。所对应的动物是鳞龙,代表的音是角音,所属的律是太蔟。代表的数是八,所属的味道是酸味,所属的气味是膻味。这个月祭祀户神,祭祀时先放上属木的脾脏。暖和的东风融解了冰冻,冬眠动物开始复苏活动,鱼儿靠近残冰游弋,水獭开始捕捉鱼儿,大雁开始飞往北方。

天子穿青衣,骑青色骏马,佩青色玉饰,竖青色旗帜。吃麦面和羊肉,饮八风吹来的凝露,烧饭用豆萁,用阳燧取火。东宫侍女穿青衣,衣裳绣有青色的花纹,弹琴鼓瑟。代表这个月的兵器是矛,代表这个月的家畜是羊。天子在青阳宫左侧室召见群臣,发布春季的政令,布施德泽恩惠,施行庆喜的奖赏,减轻徭役和赋税。

立春当日,天子亲率三公、九卿和大夫等文武官员到东郊去迎接春天的到来,修整祭坛清扫神位,献上圭璧祈求鬼神降福,祭祀用的牺牲是雄畜。然后发布政令:禁止砍伐树木,不准捣毁禽鸟巢穴,不许捕杀怀胎的母兽和幼小的麋鹿,不要猎取禽卵,不征集民众修筑城墙,掩埋好暴露在荒野外的尸骨。

如果孟春实施夏季的政令，就会风雨不调，草木提早枯萎，国家就会出现恐慌。如果孟春实施秋季的政令，百姓就会受瘟疫之灾，狂风暴雨一起袭来，各种杂草竞相丛生。如果孟春实施冬季的政令，洪水就会发生，寒霜冰雹一起降临，头茬作物不可能有收成。正月的代表官是司空，代表的树是杨树。

五位：东方之极，自碣石山过朝鲜[①]，贯大人之国，东至日出之次，榑木之地，青土树木之野，太皞、句芒之所司者[②]，万二千里。其令曰：挺群禁，开闭阖，通穷窒，达障塞，行优游；弃怨恶，解役罪，免忧患，休罚刑；开关梁，宣出财，和外怨，抚四方，行柔惠，止刚强[③]。

南方之极，自北户之外，贯颛顼之国，南至委火炎风之野，赤帝、祝融之所司者[④]，万二千里。其令曰：爵有德，赏有功，惠贤良；救饥渴，举力农，振贫穷，惠孤寡，忧疲疾；出大禄，行大赏，起毁宗，立无后，封建侯，立贤辅。

中央之极，自昆仑东绝两恒山，日月之所道，江、汉之所出，众民之野，五谷之所宜，龙门、河、济相贯，以息壤堙洪水之州[⑤]。东至于碣石，黄帝、后土之所司者[⑥]，万二千里。其令曰：平而不阿，明而不苛；包裹覆露，无不囊怀；溥汜无私，正静以和[⑦]；行稃鬻，养老衰，吊死问疾，以送万物之归。

西方之极，自昆仑绝流沙、沉羽，西至三危之国，石城金室，饮气之民，不死之野，少皞、蓐收之所司者[⑧]，万二千里。其令曰：审用法，诛必辜，备盗贼，禁奸邪，饰群牧，谨著聚；修城郭，补决窦，塞蹊径，遏沟渎，止流水，雝溪谷[9]；守门闾，陈兵甲，选百官，诛不法。

北方之极，自九泽穷夏晦之极，北至令正之谷，有冻寒积冰、雪雹霜霰、漂润群水之野，颛顼、玄冥之所司者[10]，万二千里。其令曰：申群禁，固闭藏，修障塞，缮关梁，禁外徙，断罚刑，杀当罪，闭关闾，大搜客，止交游，禁夜乐，蚤闭晏开，以塞奸人。已得，执之必固。天节已几[11]，刑杀无赦，虽有盛尊之亲，断以法度。毋行水，毋发藏，毋释罪。

〔注释〕

①五位：东、西、南、北、中五个方位。碣石：山名，在今河北昌黎县北。朝鲜：今朝鲜半岛。

②次：停留。榑（fú）木：即扶桑，日出之地。青土：王引之认为应作"青丘"，为东方地名。太皞：东方天帝，木德。句芒：木神，司春。

③挺：解除。阖：门。穷窒：堵塞不通。障塞：阻隔之物。刚强：恃强凌弱。

④北户：南方国名。委火、炎风之野：炎热之风吹过的原野，指南方极热之地。赤帝：炎帝。祝融：火神，司夏。

⑤堙（yīn）：填塞。

⑥后土：土地神。

⑦阿（ē）：偏袒。包裹：包容。覆露：庇护、养育。囊怀：关怀。溥汜：广博。正：通"政"。

⑧流沙：昆仑以西地名。沉羽：弱水。饮气：食气，不食五谷。少皞：

西方天帝，金德。蓐收：金神，司秋。

⑨辜：有罪。饰：通"饬"，整治。牧：古代地方长官。著（zhuó）聚：储藏。窦：洞。渎：渠。雝（yōng）：通"雍"，堵塞。

⑩九泽：北方泽名。夏：大。晦：幽暗。令正：古代所谓的北方胡地，在今河北滦县、迁安一带。颛顼：北方天帝，水德。玄冥：水神，司冬。

⑪天节：节令。几：终。

〔译文〕

东西南北中的五个方位是这样的：东方最远的地方，从碣石山到朝鲜，穿过大人国，往东到太阳升起的地方，即扶桑和青丘树木之野，是太皞、句芒所管辖的区域，共一万二千里。他们的政令是：解除各种禁令，打开关闭的门户，疏通堵塞之处，畅通关塞障碍，让万物优游自在；抛弃怨恨和憎恶，解除劳役和罪行，免除忧烦和祸患，停止惩处和刑罚；开放关卡和津梁，散发库内财物，缓和周边国家的仇怨，安抚好四方的关系，实施柔惠政策，停止恃强凌弱。

南方最远的地方，从北户国之外，穿过颛顼国，向南到委火炎风之野，是赤帝、祝融所管辖的地方，共一万二千里。他们的政令是：赐爵位给有德行的人，奖赏有功之臣，优待贤良之士；救济贫穷百姓，褒奖大力从事农耕的人，关心孤儿寡妇，优待照顾疲弱患病者；施行高俸，执行重政，振兴将被毁灭的宗族，选定将绝后无嗣的国家的继承者，分封建立诸侯国，确定贤能的辅佐大臣。

中央最远的地方，从昆仑山向东越过恒山，到达日月普照地带以及长江与汉水的发源地，这里人口稠密，土地适宜五谷生长,龙门、黄河、济水在这里穿过,是大禹用息壤堵塞洪水的地方。它东到碣石山,是黄帝、后土管辖的地域,共一万二千里。他们的政令是:处事要公正不阿、明察秋毫而不苛求;能包容、庇护万物,关怀备至;博大无私,政治安定平和;要施舍粥饭,赈济贫困,扶养老弱病残,哀悼死者、慰问病者,使万物都有一个好归宿。

西方最远的地方,是从昆仑山穿过流沙、弱水,向西到三危国,那里石头为城、黄金为屋,居民以气为食而长生不死,是少皞、蓐收所管辖的地方,共一万二千里。他们的政令是:谨慎小心使用刑法,诛杀者必是死有余辜者,防备盗贼,禁绝奸邪,整治地方不正官员,慎重积聚收藏;修建城郭,填补河道决口和堤防漏洞,堵塞旁径小道,遏阻泛滥洪水,控制沟渠水量,止住泛滥流水,加固山涧堤岸;防守城门,陈列各种兵器,选任百官,严惩不法之徒。

北方最远的地方,是从九泽一直走到幽深昏暗的边际,向北到达令正国,那里长年冰天雪地,雪雹霜霰不断,为滋润群水的水源之处,是颛顼、玄冥所管辖的地域,共一万二千里。他们的政令是:重申各种禁令,坚固收藏之物,修筑关卡障碍,修整关卡桥梁,杜绝居民流徙,处理判定刑罚,处决死刑囚犯,关闭城门,大力搜捕犯罪分子,禁止交往游玩,不准夜间娱乐活动,提早关闭门户,以便搜寻奸邪之徒,如抓获这些奸邪之徒,要严加看管、拘押。这时一年的节令将结束,执行刑罚要严厉,对死刑不能宽赦,即使是势力庞大、地位尊贵的亲族犯罪,也要依法判决。不可搅动水源,不要打开封藏之物,不要释放罪犯。

六合[①]:孟春与孟秋为合,仲春与仲秋为合,季春与季秋为合,孟夏与孟冬为合,仲夏与仲冬为合,季夏与季冬为合。孟春始嬴,孟秋始缩;仲春始出,仲秋始内[②];季春大出,季秋大内;孟夏始缓,孟冬始急;仲夏至修,仲冬至短[③];季夏德毕,季冬刑毕。故正月失政,七月凉风不至;二月失政,八月雷不藏;三月失政,九月不下霜;四月失政,十月不冻;五月失政,十一月蛰虫冬出其乡[④];六月失政,十二月草木不脱[⑤];七月失政,正月大寒不解;八月失政,二月雷不发;九月失政,三月春风不济[⑥];十月失政,四月草木不实;十一月失政,五月下雹霜;十二月失政,六月五谷疾狂[⑦]。

〔注释〕

①六合:一年十二月分成相互配合对应的六组。

②嬴:生长。缩:衰败。嬴与缩是一组相对应关系。内:通“纳”,指收纳、收藏,与“出”构成相对应的关系。

③缓:舒缓。急:急迫。缓与急是一组相对应的关系。修:长,指夏至白天最长。短:指冬至白天最短。

④乡:居所。

⑤脱:凋零。

⑥济:停止。

⑦疾狂:指庄稼因气候反常不结实而疯长。

〔译文〕

六合是说一年十二个月,总有两个相对应的月份互相影响、互相制约并产生变化。孟春(正月)与孟秋(七月)相对应,仲春(二月)与仲秋(八月)相合并对应,季春(三月)与季秋(九月)相合并对应,孟夏(四月)与孟冬(十月)相合并对应,仲夏(五月)与仲冬(十一月)相合并对应,季夏(六月)与季冬(十二月)相合并对应。孟春万物生长,孟秋万物衰败;仲春开始播种,仲秋开始纳藏;季春是春耕大忙之节,季秋是全面收割之节;孟夏平和舒缓,孟冬肃杀急迫;仲夏日最长,仲冬日最短;季夏阳气将穷尽,季冬阴气将结束。所以,正月政令不当,七月凉风就不来;二月政令不当,八月雷鸣就不停;三月政令不当,九月就不下霜;四月政令不当,十月天无冰冻;五月政令不当,十一月冬眠动物就会钻出洞穴;六月政令不当,十二月草木就不适时凋落;七月政令不当,正月则严寒不散;八月政令不当,二月则春雷不响;九月政令不当,三月则春风不止;十月政令不当,四月则草木不实;十一月政令不当,五月则雹霜降落;十二月政令不当,六月则五谷不结实而疯长。

春行夏令,泄[①];行秋令,水;行冬令,肃。夏行春令,风;行秋令,芜;行冬令,格[②]。秋行夏令,华;行春令,荣;行冬令,耗[③]。冬行春令,泄;行夏令,旱;行秋令,雾。

〔注释〕

①泄:阳气失散。

②格:草木零落。

③耗:零落。

〔译文〕

如果春季实施夏季的政令,春气就发泄失散;如果春季实施秋季的政令,就会有水灾发生;如果春季实施冬季的政令,就会充斥肃杀之气。如果夏季实施春季的政令,就会刮风不止;如果夏季实施秋季的政令,就会田野荒芜;如果夏季实施冬季的政令,就会草木零落。如果秋季实施夏季的政令,草木会开花繁茂;如果秋季实施春季的政令,草木持续茂盛;如果秋季实施冬季的政令,树木就过早衰落。如果冬季实施春季的政令,阴气就会布散发泄;如果冬季实施夏季的政令,便会出现旱灾;如果冬季实施秋季的政令,就会雾气弥漫。

制度:阴阳大制有六度①:天为绳,地为准,春为规,夏为衡,秋为矩,冬为权。

绳者,所以绳万物也;准者,所以准万物也;规者,所以员万物也②;衡者,所以平万物也;矩者,所以方万物也;权者,所以权万物也。

绳之为度也,直而不争,修而不穷,久而不弊,远而不忘;与天合德,与神合明;所欲则得,所恶则亡;自古及今,不可移匡;厥德孔密,广大以容③。是故上帝以为物宗④。

准之为度也,平而不险,均而不阿;广大以容,宽裕以和;柔而不刚,锐而不挫;流而不滞,易而不秽;发通而有纪⑤,周密而不泄,准平而不失。万物皆平,民无险谋，怨恶不生。是故上帝以为物平。

规之为度也，转而不复，员而不垸；优而不纵，广大以宽；感动有理，发通有纪；优优简简[6]，百怨不起。规度不失，生气乃理。

衡之为度也，缓而不后，平而不怨；施而不德，吊而不责；当平民禄，以继不足；勃勃阳阳[7]，唯德是行；养长化育，万物蕃昌；以成五谷，以实封疆。其政不失，天地乃明。

矩之为度也，肃而不悖，刚而不愦；取而无怨，内而无害；威厉而不慑，令行而不废；杀伐既得，仇敌乃克。矩正不失，百诛乃服[8]。

权之为度也，急而不赢，杀而不割；充满以实，周密而不泄；败物而弗取，罪杀而不赦；诚信以必，坚悫以固；粪除苛慝，不可以曲。故冬正将行[9]，必弱以强，必柔以刚。权正而不失，万物乃藏。

明堂之制[10]，静而法准，动而法绳；春治以规，秋治以矩，冬治以权，夏治以衡。是故燥、湿、寒、暑以节至，甘雨膏露以时降。

〔注释〕

①制度：规定。大制：基本的规定、法则。

②员：通"圆"。

③争：弯曲。移：改变。匡：扭曲的意思。厥：其。孔：大、甚，表示

程度。

④宗：根本。

⑤险：险要，引申为起伏不平。阿：偏袒。易：简易。秽：通“刿”，割伤的意思。纪：规律、法度。

⑥复：来回重复。垸（yuàn）：转动。优优简简：宽舒的样子。

⑦不德：不图回报。吊：恤问。勃：蓬勃。阳：和阳、清阳。

⑧愦：昏乱。百诛：诸多受惩罚者。

⑨不赢：不过分。剖：割取、剥夺。悫（què）：诚实、朴实。粪：扫除。慝（tè）：奸邪、邪恶。正：政。

⑩明堂之制：古代帝王布政施教皆在明堂，随四时变化而分别在明堂的不同厅室举行。

〔译文〕

规定天地自然和阴阳二气的基本规则有六种：天是绳，地是准，春天为规，夏天为衡，秋天为矩，冬天为权。

“绳”用来度量万物曲直；“准”用来衡量万物平正；“规”用来衡量万物圆曲；“衡”用来度量万物均衡；“矩”用来度量万物方正；“权”用来衡量万物权变。

“绳”作为一种量具制度，正直而不弯曲，修长而没有尽头，经久而不弊坏，久远而不遗忘；它与天合德，与神合明；它所喜爱的则存在，它所厌恶的则消亡；从古到今，都改变不了它的框架尺度；它的功用德行十分周全缜密，广大而兼容。所以上帝把它作为万物的根本。

“准”作为一种量具制度，平整而不起伏，平均而不偏袒；广大兼容，宽裕平和；柔顺而不刚强，锐利而不挫折；流畅而不停滞，简易而不伤害；开通而有律度，周密而不泄散，平稳而不偏失。万物公正平准，人们就没有险恶心机，怨恨也就无从生起。所以上帝把它作为事物的标准。

“规”作为一种量具制度，转运而不重复，圆滚而不乱转；优游而不放纵，广大而兼容；感奋万物而秩序井然，发动万物而开通有序；宽容平和、简约舒缓而使怨恨无从生起。有这种“规”度存在，事物就能气顺理当而通畅顺达。

“衡”作为一种量具制度，缓顺而不居后，公平而不怨悔；给予而不图回报，恤问而不责备；它公平恰当地平衡人们的收入，救济那些收入不足的人；它清阳蓬勃、施行善德；养育生长，使万物繁荣昌盛；让五谷丰收，使国家强盛。它公正无偏，天地万事万物得以彰显明亮。

“矩”作为一种量具制度，肃重而不乖悖，刚正而不昏愦；它拿取而不生怨恨，收纳而不会有害；威严而不可怕，令行而不废弛；征伐无不成功，仇敌必定制服。有这种“矩”平正不失的存在，诸多受惩罚者才能够信服认罪。

“权”作为一种量具制度，急迫而不浮躁，杀伐而不剥夺；充满而诚实，周密而不疏散；毁物而不索取，诛杀罪犯而不宽赦；诚实守信决不含糊，坚定谨慎决不动摇；清除奸邪暴虐而不容歪曲。所以冬季的政令一旦实施推行，弱小事物必定逐渐变强，柔弱事物必定变得刚强。有这种“权”度的存在，万物得以收纳隐藏。

明堂的制度，静则以“准”为法则制度，动则以“绳”为法则制度；春天用“规”来治理，秋天用“矩”来治理，冬天用“权”来治理，夏天用“衡”来治理。这样，干燥、潮湿、寒冷、暑热都会按季节适时出现，甘甜雨露也会按时节降落。

卷六　览冥训

〔题解〕

所谓“览冥”，直观地说，就是要观察自然界中幽冥玄妙的变化。其方法是要“消知能”“绌聪明”，保存人性中的“至精”部分，这样才能上通于天，天才能感应人，人才能览冥观玄。本卷重点论析人道，可视作由论述天道到人道的过渡。本卷内容以天人感应、物类相感为主题，从自然界中存在的大量幽冥玄妙现象入手，注重发明天人之间以及万事万物之间相互感通、相互影响的微妙关系。

《要略》:《览冥》者，所以言至精之通九天也，至微之沦无形也①；纯粹之入至清也，昭昭之通冥冥也。乃始揽物引类，览取挢掇，浸想宵类②。物之可以喻意象形者，乃以穿通窘滞，决渎壅塞③，引人之意，系之无极，乃以明物类之感，同气之应，阴阳之合，形埒之朕④，所以令人远观博见者也。

〔注释〕

①沦：陷没。

②挢(jiǎo)掇:收集。浸想:仔细思考。宵:通"肖",相似。
③窘滞:阻滞不通。决渎:疏通。壅塞:阻塞。
④形埒(liè):界域。朕:征兆。

〔译文〕

《览冥》的内容,是用来说明最精纯的内心上通九天,最微妙的事物隐含在无形之中;最纯粹的道德可以进入最洁净的境地,光明的东西可以通向黑暗之中。这样就可以总揽万物,招引同类,广泛搜集,仔细思考相类似的事物的微妙之处。其中可以被人理喻并能用形象摹画出来的事物,可以用来贯通阻滞,疏通阻塞,引导人们的思想意识,同无穷无尽的事物联系起来,以明了万物种类之间的互相感应关系,说明相同之气互相应和,阴阳二气互相融合,从而能使天地之间的征兆显露出来,以便人们观察更为遥远和更加广博的事物。

〔原文〕

昔者,师旷奏《白雪》之音,而神物为之下降,风雨暴至,平公癃病,晋国赤地[①]。庶女叫天,雷电下击,景公台陨,支体伤折[②],海水大出。夫瞽师、庶女,位贱尚菓,权轻飞羽,然而专精厉意,委务积神,上通九天,激厉至精[③]。由此观之,上天之诛也,虽在圹虚幽闲,辽远隐匿,重袭石室[④],界障险阻,其无所逃之亦明矣。

〔注释〕

①师旷:春秋时期晋国的乐师,生而目盲。白雪:古琴曲名,是当时流

行于上层社会的高雅音乐。神物:祥瑞之物,如鸾凤、仙鹤之类。平公:姬姓,名彪,春秋时期晋国国君。癃病:衰弱疲病。赤地:指虫、旱灾害之后地上寸草不生。

②庶女:贫贱的寡妇。景公:姜姓,吕氏,名杵臼,春秋时期齐国国君。支:通"肢"。

③瞽(gǔ):眼瞎。瞽师:盲人乐师。尚枲(xǐ):周代主管麻草之物的小官。厉意:坚强的意志。委务:意思是不受外界干扰。激厉至精:意思是精诚感天。

④诛:惩罚。圹(kuàng)虚:荒野。重袭:重叠。

〔译文〕

以前师旷不得已而为晋平公演奏《白雪》乐曲,鸾凤、仙鹤等受感召而从天降临,狂风暴雨骤然发作,晋平公也得了重病,晋国还因此大旱,连着三年寸草不生。同样,齐国一位贫贱的寡妇含冤泣告苍天,引起电闪雷鸣,击中齐景公的高台,坠落物砸伤景公的肢体,海水也随之汹涌漫溢到陆上。盲人乐师、贫贱寡妇的地位和尚枲一样低微,权势比羽毛还轻,但是他们精神专一、意志坚定,不受外物干扰而全神贯注,所以最终上通九天,以诚以精感动神灵。由此看来,当上天要惩罚那些逆天意的人时,即使这些人身处荒野幽僻之所,躲藏在遥远的地方,或钻入层层重叠的石室,相隔成百上千的关隘险阻,也无法逃避上天的惩罚,这是再清楚不过的了。

夫物类之相应,玄妙深微,知不能论,辩不能解[①]。故东风至而酒湛溢,蚕咡丝而商弦绝[②],或感之也。画随灰而月运阙③，鲸鱼死而彗星出，或动之也。故圣人在位，怀道而不言，泽及万民。君臣乖心，则背谲见于天，神气相应征矣④。故山云草莽，水云鱼鳞，旱云烟火，涔云波水，各象其形类，所以感之。

〔注释〕

①知：通“智”。解：明白。

②酒湛溢：春季气温逐渐升高，酒因体积增大而漫溢。呭(èr)：蚕吐丝，引申为以丝做琴弦。商弦绝：五声中商音最细而急，而做弦的故丝因较脆而易断，所以说“商弦绝”。

③画随：画圆圈。灰：芦苇的灰。月运：月晕。

④乖：背离。背谲(jué)：太阳周围的五色云气。征：预兆。

〔译文〕

万物种类之间的互相感应，玄妙而深微，靠智慧无法讲清，用辩解不能说明。所以东风吹来则酒满溢出，蚕吐丝而商弦断绝，这或许就是事物间的互相感应。用芦苇灰在月光照射的地面上画圆留缺，那么月晕也会随之缺损；鲸鱼死于岸边，那么彗星会随之出现，这或许就是事物间的互相触动。所以圣人在位执政，施行自然无为之道而不说过多的话，这样反而恩泽百姓。君臣离心离德，太阳旁边就会出现五色云气，这就是神与气互相感应的征兆和应验。所以山中云气像草莽，水上云气如鱼鳞，旱天云气似烟火，雨天云气若水波，各种云气的形状都和它们产生的环境相类似，这都是彼此相互感应形成的。

昔者黄帝治天下，而力牧、太山稽辅之[①]，以治日月之行律[②]，治阴阳之气；节四时之度，正律历之数；别男女，异雌雄；明上下，等贵贱；使强不掩弱，众不暴寡；人民保命而不夭，岁时孰而不凶[③]；百官正而无私，上下调而无尤[④]；法令明而不暗，辅佐公而不阿；田者不侵畔，渔者不争隈[⑤]；道不拾遗，市不豫贾[⑥]；城郭不关，邑无盗贼；鄙旅之人[⑦]，相让以财；狗彘吐菽粟于路，而无忿争之心。于是日月精明，星辰不失其行；风雨时节，五谷登孰；虎狼不妄噬，鸷鸟不妄搏；凤皇翔于庭，麒麟游于郊；青龙进驾，飞黄伏皂[⑧]；诸北、儋耳之国，莫不献其贡职[⑨]。然犹未及虙戏氏之道也[⑩]。

〔**注释**〕

①力牧、太山稽：黄帝之臣。

②律：法度。

③孰：通“熟”。下文“孰”同。不凶：没有灾害。

④尤：怨恨。

⑤畔：田界。隈：水流弯曲处，多鱼。

⑥豫：欺骗。

⑦鄙：边远之地。

⑧青龙：古代神话传说中的天之四灵（青龙、白虎、朱雀、玄鸟）之一，东方之神。驾：古代帝王车乘。飞黄：传说中的神马。皂：通“槽”，马槽。

⑨诸北：中原以北的少数民族。儋（dān）耳：南方国名，在今海南省。

⑩虙（fú）戏：伏羲。

〔译文〕

以前黄帝治理天下,有力牧、太山稽两位贤臣辅佐,所以能顺应日月运行的法度、阴阳变化的规律;调节四季的法度,修正律历的标准;区别男女,辨别雌雄;明确上下之分,确定贵贱等级;使社会上没有恃强凌弱、聚众欺寡的不良现象;人民能保全性命而不夭折,庄稼按时丰收而没有灾害;百官公正无私,上级和下属关系融洽而没有怨恨;法令严明而不昏暗,辅佐大臣公正不阿;耕田者互不侵犯田界,渔民不争夺多鱼的水域;路途无人贪拾失物,市场没有欺骗的商贩;城门昼夜敞开,城镇没有盗贼;穷乡僻壤之处的人互相谦让财物;连猪、狗都将食物吐弃在路旁,而没有怒气相争。这样天下太平,日月明亮,高挂天空,星辰运行不偏轨道;风调雨顺,五谷丰登;虎狼不随意扑咬,猛禽不随便搏击;凤凰飞临庭院,麒麟闲游郊外;青龙进献车驾,神马安伏马槽,诸北、儋耳等边远国家无不奉献贡品。虽然如此,还是比不上伏羲氏治理国家的方法。

往古之时,四极废,九州裂,天不兼覆,地不周载,火爁炎而不灭[①],水浩洋而不息;猛兽食颛民,鸷鸟攫老弱。于是女娲炼五色石以补苍天,断鳌足以立四极[②];杀黑龙以济冀州,积芦灰以止淫水[③]。苍天补,四极正,淫水涸,冀州平,狡虫死[④],颛民生。背方州,抱圆天,和春阳夏,杀秋约冬,枕方寝绳[⑤]。阴阳之所壅沉不通者,窍理之;逆气戾物[⑥]、伤民厚积者,绝止之。当此之时,卧倨倨,兴眄眄;一自以为马,一自以为牛;其行蹎蹎,其视瞑瞑;侗然皆得其和⑦,莫知所由生;浮游不知所求,魍魉不知所往⑧。当此之时,禽兽蝮蛇,无不匿其爪牙,藏其螫毒,无有攫噬之心。考其功烈,上际九天,下契黄垆,名声被后世,光晖重万物⑨。乘雷车,服驾应龙,骖青虬,援绝瑞,席萝图⑩,黄云络,前白螭,后奔蛇,浮游消摇,道鬼神,登九天,朝帝于灵门,宓穆休于太祖之下⑪。然而不彰其功,不扬其声,隐真人之道,以从天地之固然。何则?道德上通,而智故消灭也。

〔注释〕

①废:断。兼:全。周:遍。爁(làn)炎:火势蔓延的样子。

②颛:善良。攫(jué):抓取。女娲:传说中的华夏人类的始祖,捏土造人。鳌(áo):传说中海里的巨龟。

③黑龙:传说中的水精。济:救助。冀州:古代九州之一,这里泛指九州四海之内。淫水:泛滥的洪水。

④狡虫:毒虫猛兽。

⑤方州:大地。圆天:上天。古人认为天圆地方,所以说“方州”“圆天”。阳:炙烤。约:使敛藏。方:指矩。绳:准绳。

⑥窍:贯通。理:疏理。戾:暴虐。

⑦倨倨:无所思虑的样子。眄眄:眼睛斜视的样子。王念孙认为当作“盱盱”,表无知的样子。一:有时。蹎蹎(diān):稳重的样子。瞑瞑:若明若暗。侗(tóng)然:无知的样子。

⑧浮游:随意游玩。魍魉(wǎngliǎng):飘忽不定的样子。

⑨功烈:功绩。契:合。黄垆(lú):黄泉下的垆土。重:层加。

⑩服、骖(cān):都指驾车的马。居中为服,两侧为骖。应龙:传说长有翅膀的龙。援:执。绝瑞:最珍奇的祥瑞之物。萝图:车上铺的席子,一说指图谶(chèn)符命之书。

⑪络:缠绕,笼罩。螭(chī):传说一种无角的龙。奔蛇:传说一种会飞的蛇。道:同“导”,引导。宓(mì)穆:安宁。太祖:道之本宗。

〔译文〕

远古时代,四根擎天大柱倾倒,九州大地裂开,天不能覆盖大地,大地无法承载万物,大火蔓延不熄,洪水泛滥不止,猛兽吞食良民,凶禽捕击老弱。于是女娲冶炼五色石来修补苍天,砍下鳌足当擎天大柱,堆积芦灰来制止洪水,斩杀黑龙来平息冀州。苍天补好,四柱擎立,洪水消退,冀州平定,毒虫猛兽被杀死,善良百姓得以生存。女娲背靠大地,怀抱青天,让春天温暖,夏天炽热,秋天肃杀,冬天寒冷。她头枕着方尺,身躺着准绳,当阴阳之气阻塞不通时,便给予疏理贯通;当恶逆之气危害百姓积聚财物时,便予以禁止消除。这个时候,天地安定,人们睡时无忧无虑,醒时弃智无谋;或以为牛,或以为马;行动舒缓沉稳,走路漫无目的,视物若明若暗;无知天真却得到平静和谐,谁也不知其产生的缘由;随意闲荡不知所需,飘忽不定没有目标。此时,野兽毒蛇全都藏匿爪牙、毒刺,没有捕捉吞食的欲念。考察女娲的丰功伟绩,上可通达九天,下可合于黄泉下的垆土,名声流传后世,光辉普照万物。她以雷电为车,中间应龙驾驭,青虬在两侧,手持珍稀的瑞物,车上铺着五彩席垫,上有黄色的祥云缭绕,前面由白螭开道,后有腾蛇追随,悠闲遨游,鬼神为之引导,上登九天,于灵门朝见天帝,安详静穆地在大道太祖那里休息。她从来不标榜、炫耀自己的功绩，从来不张扬彰显自己的名声，隐藏真人之道，以遵从天地自然。为何会这样？因为她的道德与上天相通，所以智巧奸诈就无法生存。

逮至夏桀之时，主暗晦而不明，道澜漫而不修，弃捐五帝之恩刑，推蹶三王之法籍[①]，是以至德灭而不扬，帝道掩而不兴；举事戾苍天[②]，发号逆四时；春秋缩其和，天地除其德[③]；仁君处位而不安，大夫隐道而不言；群臣准上意而怀当，疏骨肉而自容[④]；邪人参耦比周而阴谋，居君臣父子之间而竞载，骄主而像其意[⑤]，乱人以成其事。是故君臣乖而不亲，骨肉疏而不附；植社槁而罅裂，容台振而掩覆[⑥]；犬群嗥而入渊，豕衔蓐而席澳[⑦]；美人挐首墨面而不容，曼声吞炭内闭而不歌[⑧]；丧不尽其哀，猎不听其乐；西老折胜，黄神啸吟[⑨]；飞鸟铩翼，走兽废脚；山无峻干，泽无洼水[⑩]；狐狸首穴，马牛放失[⑪]；田无立禾，路无莎薠[⑫]；金积折廉，璧袭无理[⑬]；磬龟无腹，蓍策日施[⑭]。

〔注释〕

①澜漫：杂乱。五帝：传说中的上古五个帝王，说法不一。或指黄帝、颛顼、帝喾（kù）、尧、舜，或指伏羲、神农、黄帝、尧、舜。推蹶（jué）：推倒、践踏。三王：夏禹、商汤、周文王。

②戾：违反。

③缩：伏藏。除：去除。

④准：揣摩、迎合。怀：思虑。当：恰当。自容：自保，即明哲保身的意思。

⑤参耦：叁耦，意思是三三两两。比周：结党营私。竞载：争逐权利。骄主：使君主骄纵。像：随。

⑥植社：立土地神的牌位。罅（xià）：裂缝。容台：古代行礼之台。振：震动。

⑦蓐：草垫。席：卧。澳：水边。这两句的意思是，因为君主倒行逆施，家畜受到感应而出现反常行为。

⑧挐（rú）首墨面：蓬头垢面。容：打扮。曼声：美妙的歌声，这里是指擅长唱歌者。吞炭：吞炭可致哑。

⑨西老：西王母。胜：女人头饰。黄神：黄帝之神。啸吟：长啸而叹息。

⑩峻干：高大的树木。洼水：停积的水。

⑪首穴：传说狐狸死的时候，头朝着巢穴。放失：走失。

⑫莎：莎草，其根称“香附子”，是中药。薠（fán）：古书上说的一种似莎而比莎大的草。

⑬积：堆积。廉：边角。璧：中间有圆孔的平圆形玉器。袭：积聚。理：纹理。

⑭磬（qìng）：空。蓍（shī）策：用蓍草占卜。

〔译文〕

到了夏桀统治的时代，君主昏庸不明事理，道德散乱而不加治理，抛弃了五帝恩威并用的施政措施，又推翻了三王治政的正确法规，以至于至高的道德被泯灭而无法弘扬，五帝的道统被遮掩而无法新兴；君主办事背离天意，施政又违逆时令；春秋藏匿起和顺之气，天地也停止了对世间的恩泽；仁义的君主身处君位却心神不宁，胸怀正道的大夫也不敢进谏直言；群臣只能揣测君主的意图而求迎合，疏离骨肉而求自保；奸佞之徒则三三两两结党营私，搞阴谋诡计，奔走于君臣父子之间而竞相惹是生非，骄纵主子以便能得宠，混乱中谋取利益达到自身目的。这样一来，君臣离心离德、尖锐对立，骨肉疏离各奔东西；庙堂社主因无人祭祀而枯朽、破损，礼仪之台受震动而倒塌；成群结队的丧家之犬哀号着跳入深渊，而猪则自衔草垫躺在水边；美女蓬头垢面不梳洗打扮，歌手宁愿吞炭致哑而不肯歌唱；家有丧事不尽情悲哀，田猎游玩也不尽情欢乐；西王母折断玉质头饰，黄帝之神也长啸叹息；飞鸟折断了翅翼，走兽伤残了双腿；山上树干砍尽，湖泽干涸见底；狐狸头朝巢穴而死，牛马走失而无法寻找；田里不见生长的禾苗，路旁也没有茂盛的野草；堆积着的金银因锈蚀而折断棱角，玉璧因积久污垢而不见纹理；占卜的龟壳钻得稀烂，每日都用蓍草占卜求神问鬼。

晚世之时，七国异族，诸侯制法，各殊习俗，纵横间之，举兵而相角[①]。攻城滥杀，覆高危安；掘坟墓，扬人骸；大冲车，高重京[②]；除战道，便死路[③]；犯严敌，残不义[④]。百往一反，名声苟盛也[⑤]。是故质壮轻足者为甲卒千里之外，家老羸弱，凄怆于内。厮徒马圉，軵车奉饷，道路辽远，霜雪亟集，短褐不完，人羸车弊[⑥]，泥涂至膝，相携于道，奋首于路，身枕格而死[⑦]。所谓兼国有地者，伏尸数十万，破车以千百数；伤弓弩、矛戟、矢石之创者，扶举于路。故世至于枕人头，食人肉，菹人肝，饮人血，甘之于刍豢[⑧]。故自三代以后者[⑨]，天下未尝得安其情性，而乐其习俗，保其修命，天而不夭于人虐也[⑩]。所以然者何也？诸侯力征，天下不合而为一家。

〔注释〕

①晚世：战国末期。七国：战国末期的齐、秦、燕、韩、赵、魏、楚。纵横：合纵连横，南北联合为纵，苏秦为代表；东西联合为横，张仪为代表。间：离间。角：争斗。

②大：加大。冲车：古代攻城用的战车。高：增高。重京：当作"重垒"，多层的军垒。

③除：清除。便：使便利。死路：道路堵塞不通。

④严敌：劲敌。不义：意思是指不应该被残杀的人。义，通"宜"。

⑤百往一反：百人征战，一人生还。形容战争惨烈。苟：姑且。

⑥厮徒：服役之人。马圉(yǔ)：马夫。辀(rǒng)：推。短褐：古代下层人民穿的粗布上衣。弊：破败。

⑦奋首：伸颈奋力拉车的样子。格：通"辂"，绑在车辕上用来牵引车子的横木。

⑧菹(zū)：肉酱。刍豢(chúhuàn)：泛指牛羊猪犬等家畜。

⑨三代：夏、商、周。

⑩天：享尽天年。

〔译文〕

到了晚近的战国末期，天下分成七个不同姓氏的国家，各诸侯国制定的法令制度不同，各自的风俗习惯也互异，再加上合纵连横两派从中离间，因此各国兴兵而互相争斗。他们攻略城市，滥杀无辜，高城夷为平地，平安化作危险；挖掘坟墓，抛撒尸骨；攻城的战车越造越大，防御的城墙越垒越高；清除战争通道，疏通堵塞道路；进犯强劲对手，残杀无辜百姓。百人征战，一人生还，换来所谓的盛名。那些体质强壮、行动敏捷的人被征为兵卒，在千里之外拼杀，而家中的老弱病残悲怆凄凉。那些服役的兵卒、马夫，推拉着车子运送粮饷，道路遥远，风雪交加，破衣烂衫难以御寒，身体疲弱、车辆破损；遇到深达膝盖的泥泞道路，人们只能互相搀扶拉扯，奋力向前，许多人累、冻而死，倒在挽车的横木上。所谓兼并别国领土，要付出横尸几十万人、毁坏千百辆战车的代价；还有无数被弓箭、矛戟、滚石致伤、致残者，被扶、被搀、被抬着，一路可见。因此世间百姓竟然凄惨到枕骷髅、吃人肉，酱人肝、喝人血，却觉得比吃牛肉、猪肉都甜美的地步。所以从三代以后的年代，天下的人们再也不能安定他们的性情，无法享乐到纯朴的风俗民情、保全自己珍贵的生命以享天年，而不夭折于战争人祸之中。造成这种现状的原因是什么呢？就是因为诸侯间长年征战，天下不能统一的缘故。

逮至当今之时，天子在上位①，持以道德，辅以仁义，近者献其智，远者怀其德，拱揖指麾而四海宾服，春秋冬夏皆献其贡职②，天下混而为一，子孙相代。此五帝之所以迎天德也③。

〔注释〕

①天子：汉武帝。

②拱揖指麾：形容轻松自如，指挥若定。贡职：贡品。

③迎：顺应。天德：上天的旨意。

〔译文〕

到了当今时代，天子处最高地位，以道德治理天下，用仁义作为辅助，身边的大臣奉献出他们的智慧，广大百姓则感怀天子的恩德，天子从容指挥，天下便会归服，春夏秋冬四季都会按时节献上各自的贡品，天下一统，子孙代代相传。这就是五帝顺从天意的结果。

夫圣人者，不能生时，时至而弗失也①。辅佐有能，黜谗佞之端，息巧辩之说，除刻削之法，去烦苛之事，屏流言之迹②，塞朋党之门；消知能，修太常，隳肢体，绌聪明③，大通混冥，解意释神，漠然若无魂魄，使万物各复归其根。则是所修伏牺氏之迹，而反五帝之道也④。

〔注释〕

①生：创造。时：时运。

②黜（chù）：贬退。端：歪门邪道。刻削：严酷苛刻。屏：排除。

③修：遵循。太常：国家大的礼法规则。隳（huī）：毁坏。绌（chù）：革除。

④修：修复。反：通“返”。

〔译文〕

即使圣人也无法创造时运，但当时运来临时他能及时抓住而不会让它溜走。有贤德的臣子辅佐君主，就能贬斥谗佞之徒的歪门邪道，平息巧辩之人的胡说八道，废除严酷苛刻的刑法，抛开繁杂的事务，排除流言蜚语的大肆传播，阻塞结党营私的门路；消除智巧之能，遵循国家重大的礼法规则，禁绝各种情欲贪念，革除小聪明，持守纯朴本性与混沌初始状态相通，解除意念，放松精神，淡泊茫然如同没有魂魄一样，不主动干涉从而使万物都能归复其根本。这样就踏上了伏羲氏走过的道路，重返五帝所遵循的大道。

夫钳且、大丙不施辔衔而以善御闻于天下①，伏戏、女娲不设法度而以至德遗于后世。何则？至虚无、纯一，而不嚃喋苛事也②。

〔注释〕

①钳且、大丙：传说中的善御马者。辔：缰绳。衔：嚼子。
②嚃(zá)喋：多言烦琐之貌。

〔译文〕

钳且、大丙不用缰绳、马衔却以善于驾驭而闻名天下，伏羲、女娲不设法律制度却以最高德行而流传后世。为什么呢？是因为他们达到了虚静无为、纯粹专一的境界，而不是喋喋不休地论说琐碎的政事。

卷七　精神训

〔题解〕

本卷主要内容是养生，是汉初的阴阳五行思想和道家养生论的杂糅。作者在论述生命及精神的根源的基础上，强调对形体和精神要加以节制，以保持长久。心与神是人的精神，形与气是人的肉体，精神和气血相互依赖，如果形、气、神三者相宜，就能耳聪目明。为此，人们必须遵循清静无为之道，克制欲望，这样才能使五脏安宁，气血充盈，精神稳固，从而达到养生的目的。

《要略》：《精神》者，所以原本人之所由生，而晓寤其形骸九窍取象与天①；合同其血气，与雷霆风雨；比类其喜怒，与昼宵寒暑并明②。审死生之分，别同异之迹，节动静之机，以反其性命之宗，所以使人爱养其精神，抚静其魂魄，不以物易己，而紧守虚无之宅者也。

〔注释〕

①原本：探究本质。晓寤：领会。取象：仿效。

②并明：据前"合同其血气，与雷霆风雨"句式，疑此二字为衍文。

〔译文〕

《精神》的内容,用来探讨人类产生的本源,明白人的形骸、九窍的形象都是仿效和对应上天的;人体的血气,是和自然界的雷霆风雨相比照的;人的喜怒哀乐,是和白天黑夜、严寒酷暑一样的。审查死生的分别,区别事物的异同迹象,调节动静的机关,返回到性命的根本之处,用来使人爱护保养他的精神,抚慰宁静的魂魄,不因为外物而改变自己的天性,而坚守虚无本性而不动摇。

〔原文〕

古未有天地之时,惟像无形,窈窈冥冥,芒芠漠闵,澒濛鸿洞,莫知其门[①]。有二神混生,经天营地,孔乎莫知其所终极,滔乎莫知其所止息[②]。于是乃别为阴阳,离为八极,刚柔相成,万物乃形。烦气为虫,精气为人[③]。

〔注释〕

①像:形象。窈窈冥冥:幽深不明。芒芠(wén)漠闵:广大无边的样子。澒(hòng)濛鸿洞:混沌不清的样子。门:门道、原委。

②二神:阴、阳。经、营:都是治理之意。孔:深远。滔:广大。

③烦气:杂乱之气。精气:精纯之气。

〔译文〕

上古还没有形成天地的时候,只有模糊不清的形象而无具体形状,这种状态昏暗幽深、混沌不清,无法知道它的门道。这时有阴阳二神同时产生,共同治天理地,其深远得不知尽头,宽广得不知边缘。这时便分出天地阴阳,散离成四方八极,阴阳二气互相作用,万物才得以形成。其中的杂乱之气产生了禽兽和昆虫等动物,而精纯之气则产生了人类。

是故精神,天之有也;而骨骸者,地之有也。精神入其门,而骨骸反其根[①],我尚何存?是故圣人法天顺情[②],不拘于俗,不诱于人,以天为父,以地为母,阴阳为纲,四时为纪。天静以清,地定以宁,万物失之者死,法之者生。

〔注释〕

①门:归宿,指天。反:通"返"。根:根本,指地。

②情:天性。

〔译文〕

因此,人的精神归属于上天,而形骸归属于大地。精神无形,归属于上天;形骸有形,归属于大地,那"我"还剩下什么呢?所以圣人遵循天道规则、顺应人的本性,不为世俗所拘束、不被人欲所诱惑,以天为父,以地为母,以阴阳变化、四时运行为准则。天清澈而洁静,地平定而安宁,万物离开它就死亡,依附它就生存。

夫静漠者,神明之宅也;虚无者,道之所居也[①]。是故或求之于外者,失之于内;有守之于内者,失之于外[②]。譬犹本与末也,从本引之,千枝万叶莫不随也。

〔注释〕

①宅、居:处所。

②外:身外。内:内心。

〔译文〕

安静淡漠,是神明的住宅;寂静虚无,是道的居所。因此,一味追求身外之物,就会失去内心的精神修养;专注于内心求索的人,又会失去外形的健康。这就好比树根与树梢的关系,从根本上牵引着树根主干,树的千枝万叶也就无不随之摇动。

是故血气者,人之华也,而五藏者,人之精也。夫血气能专于五藏而不外越,则胸腹充而嗜欲省矣。胸腹充而嗜欲省,则耳目清、听视达矣。耳目清、听视达,谓之明。五藏能属于心而无乖,则教志胜而行不僻矣[①];教志胜而行之不僻,则精神盛而气不散矣。精神盛而气不散则理,理则均,均则通,通则神;神则以视无不见,以听无不闻也,以为无不成也。是故忧患不能入也,而邪气不能袭。故事有求之于四海之外而不能遇[②],或守之于形骸之内而不见也。故所求多者所得少,所见大者所知小。

〔注释〕

①教(bó)志:旺盛之气。僻:邪。

②故:所以。事:事情。

〔译文〕

所以说血气是人的精华，而五脏又是人的精粹。血气如能专注聚集在五脏之内而不外溢，那么胸腹就会充实而嗜欲也随之减少。五脏充实而嗜欲减少，就能使耳目清明、视听畅达。耳目清明、视听畅达，叫作“明”。五脏能归属于心而不与心违逆，那么旺盛之气就占优势，人就不会有乖悖的行为，也会因此精神旺盛而精气不散泄。精神旺盛而精气不散泄则顺畅，顺畅就调匀，调匀则通达无阻，通达无阻就能产生神奇的能力；这种能力能使人视无不见、听无不闻，没有什么事办不成的。这样，忧患祸害就不会侵入，邪气歪风也无法侵扰。所以有些事情到四海之外去追寻却不能得到，有些持守在身体之内却不能发现。因此贪多反而得少，见大反而知少。

夫孔窍者，精神之户牖也，而气志者，五藏之使候也[①]。耳目淫于声色之乐，则五藏摇动而不定矣；五藏摇动而不定，则血气滔荡而不休矣；血气滔荡而不休，则精神驰骋于外而不守矣；精神驰骋于外而不守，则祸福之至，虽如丘山，无由识之矣。使耳目精明玄达而无诱慕[②]，气志虚静恬愉而省嗜欲，五藏定宁充盈而不泄，精神内守形骸而不外越，则望于往世之前，而视于来事之后，犹未足为也，岂直祸福之间哉？故曰：“其出弥远者，其知弥少。”以言夫精神之不可使外淫也[③]。

〔注释〕

①牖(yǒu):窗户。气志:气血。使候:出使瞭望,这里指沟通与保护。

②玄达:通达。

③外淫:向外散泄。

〔译文〕

人的五官七窍是精神的门窗,而气血则是五脏的使者。如果耳目沉溺于声色之乐,那么五脏就会动荡不安;五脏动荡不安,那么血气就会激荡不止;血气激荡不止,那么精神就会驰骋在外而不能内守;精神驰骋在外而不能内守,那么祸福虽然如山丘一样来临,你也没法察觉得到。如果让耳目清明、通畅而不受外界的诱惑,血气虚静、恬淡而没有嗜欲,五脏安宁充盈而不外泄,精神持守于内心而不外散,那么就可以望见往世之前,看到来世之后,即便如此,这些还远远不能满足你的认识范围,何况只是觉察眼前一些祸福之间的小事呢?所以说"精神逸出内心越远,所知道的就越少"。这就充分说明精神是不能外泄、散失的。

是故五色乱目,使目不明;五声哗耳,使耳不聪;五味乱口,使口爽伤;趣舍滑心,使行飞扬①。此四者,天下之所养性也②,然皆人累也。故曰:嗜欲者,使人之气越;而好憎者,使人之心劳;弗疾去,则志气日耗。夫人之所以不能终其寿命,而中道夭于刑戮者,何也?以其生生之厚③。夫惟能无以生为者,则所以修得生也④。

〔注释〕

①口爽伤:指口的味觉受到损伤。趣舍:取舍。滑:扰乱。行飞扬:指行为放纵,不合常规。

②养性:养生。

③生生之厚:指生活条件优越。

④修得生:长生。

〔译文〕

所以,五色迷乱眼睛,使双目昏暗不明;五声喧哗耳朵,使双耳堵塞不聪;五味扰乱口舌,使口舌麻木无味;追逐名利而惑乱心性,使人行为放荡不羁。这四样东西,天下之人都用来养生,但实际上却是人生的累赘。所以说,过多贪欲,会使人精气散逸;爱憎之情使人心力疲惫;假如不赶快清除它们,就会使人气血日日耗损。人之所以不能享尽天年长寿而死,却往往尚在青壮年就因刑戮而夭折,这是什么原因呢?就是因为这些人养生的条件过于优越了。那些不追求优越生活条件的人,反而能够长生。

夫悲乐者,德之邪也;而喜怒者,道之过也;好憎者,心之累也[①]。故曰:“其生也天行,其死也物化[②],静则与阴俱闭,动则与阳俱开。”精神澹然无极,不与物散,而天下自服。故心者,形之主也;而神者,心之宝也。形劳而不休则蹶[③],精用而不已则竭。是故圣人贵而尊之,不敢越也。

〔注释〕

①累:原作“暴”,据王念孙说改。

②天行:自然的运行。物化:事物的变化。

③蹶(jué):跌倒。

〔译文〕

悲与乐,是对德的偏离;喜与怒,是对道的损坏;好与恶,是对心的劳累。所以说:“生就像天地自然运行,死就像物质自然变化,静时和阴气一同闭藏,动时和阳气一起开启。”精神淡泊而无穷,不随物质世界散逸,这样天下就会自然归服。所以心是形体的主宰,精神则是心的珍宝。形体劳累还不休息就会眩晕摔倒,精神一直使用而不停止就会衰竭。因此圣人珍视并遵循这一原则,不敢违背它。

夫有夏后氏之璜者,匣匮而藏之[1],宝之至也。夫精神之可宝也,非直夏后氏之璜也[2]。是故圣人以无应有,必究其理;以虚受实,必穷其节[3];恬愉虚静,以终其命。是故无所甚疏,而无所甚亲。抱德炀和[4],以顺于天;与道为际,与德为邻;不为福始,不为祸先;魂魄处其宅,而精神守其根,死生无变于己,故曰至神。

〔注释〕

①夏后氏:指禹建立的夏王朝。璜(huáng):半璧形的玉。匮:箱子。

②直:通“值”,价值。

③节：细节。

④炀和：温和。

〔译文〕

有人得到夏后氏的璜玉，就会用匣子或箱子来珍藏它，因为璜玉是最珍贵的珍宝。而精神的珍贵，远非夏后氏的璜玉能比。所以圣人用虚无来应对有形，必定能穷究其中的道理；以虚无接纳实有，必定能探清其中的真相细节；圣人恬淡虚静，以尽天年。因此他对外界事物没有什么特别的疏远，也没有什么特别的亲近。他只是持守德行，怀拥温和，以顺随天性，与"道"一体，和"德"相伴；不为福始，不为祸先；魂魄安处于形骸之内，精神持守着它的根本，死生都无法扰乱他的精神，这样他就达到了精神的最高境界。

所谓真人者也，性合于道也。故有而若无，实而若虚；处其一不知其二①，治其内不识其外。明白太素，无为复朴，体本抱神，以游于天地之樊②，芒然仿佯于尘垢之外，而消摇于无事之业③；浩浩荡荡乎，机械之巧弗载于心。是故死生亦大矣，而不为变；虽天地覆育，亦不与之抮抱矣④。审乎无瑕而不与物糅，见事之乱而能守其宗。若然者，忘肝胆，遗耳目，心志专于内，通达耦于一⑤。居不知所为，行不知所之，浑然而往，逯然而来⑥。形若槁木，心若死灰；忘其五藏，损其形骸；不学而知，不视而见；不为而成，不治而辩⑦。感而应，迫而动，不得已而往，如光之耀，如景之放[8]。以道为紃，有待而然[9]。抱其太清之本，而无所容与，而物无能营[10]。廓惝而虚，清靖而无思虑[11]。大泽焚而不能热，河、汉涸而不能寒也[12]，大雷毁山而不能惊也，大风晦日而不能伤也。是故视珍宝珠玉，犹石砾也；视至尊穷宠，犹行客也；视毛嫱、西施，犹颃丑也[13]。以死生为一化，以万物为一方，同精于太清之本，而游于忽区之旁[14]。有精而不使，有神而不行，契大浑之朴，而立至清之中[15]。

〔注释〕

①一：专一。二：其他。

②明白：洁白。太素：朴素。樊：樊篱，这里指界限。

③仿佯：徘徊、流连。尘垢：尘世。消摇：逍遥。

④覆育：覆坠。天地覆育：天翻地覆的意思。抮（zhěn）抱：转变。

⑤遗：忘。耦：合。一：指“道”。

⑥逯（lù）然：任意。

⑦治：言辞。辩：辩论。

⑧景：通“影”。放：仿效。

⑨紃（xún）：法则。待：依凭。

⑩太清：天道、自然。容与：放纵。营：惑乱。

⑪廓惝（chǎng）：广阔。靖：安宁。

⑫涸：通“冱（hù）”，冰冻。

⑬砾：小石头。穷：最。毛嫱、西施：春秋时期的美女。颃（qī）丑：极其丑陋。王引之认为当作“倛魌”，意谓请雨的土偶人。

⑭方：类。忽区：恍惚无际的样子。

⑮契:合。大浑:混沌未分的状态。

〔译文〕

所谓真人,其本性与道融合一体。所以他虽有形却像无形,虽实有却像虚无;他精神专一而不问其他,注重内心修养而不受外物诱惑。他明洁纯素,无为而归返朴质,体察真性坚守精神,遨游于天地之间,茫然徘徊于尘世之外,逍遥于宇宙初始混沌状态;他心胸浩荡,任何机巧奸诈不藏心内。所以就是生死这样的大事都不能使他有所变化,就算天翻地覆也不能使他有所变动。他审慎看待无瑕的本性,不与外物杂糅,面对纷乱的世事而持守根本。就是这样,他忘了自己的肝胆、耳目,心志专于内心修养,使自己的精神和道融为一体。他居住时不知自己在做什么,行动时不知自己所往何处,浑然而去,恍惚而来。他形如槁木,心如死灰;忘其五脏,损其形骸;不用学就能懂,不用看就能见;不用做就能成,不用管就能治。他受感触才反应,受逼迫才行动,不得已才前往,如光之闪耀,像影随物形。他以道为准绳,依凭"道体"才有如此表现。他抱守天道根本而不放纵,因而外物无法扰乱他的心神。他开阔虚空,清静安宁而无思无虑。所以大泽焚烧而不能使他感到热气,河水冰冻而不能使他感到寒冷,雷炸山峰而不能使他受惊,天昏地暗的狂风也不能使他受伤害。因此,他视珍宝珠玉如石块,看至尊帝王像过客,视毛嫱、西施似土偶人。他将死生视为一种变化,将万物看作同一物类,将精神同合于天道根本而遨游在恍惚无际的区域里。他有精气而不使用,有神功而不显示,与浑然质朴大道融合一体,立足于清静太虚之境地。

是故其寝不梦，其智不萌，其魄不抑，其魂不腾。反覆终始，不知其端绪。甘暝太宵之宅，而觉视于昭昭之宇；休息于无委曲之隅，而游敖于无形埒之野[①]。居而无容，处而无所；其动无形，其静无体；存而若亡，生而若死；出入无间，役使鬼神；沦于不测，入于无间。以不同形相嬗也，终始若环，莫得其伦[②]。此精神之所以能登假于道也[③]。是故真人之所游。

〔注释〕

①甘暝：酣睡。太宵：长夜。昭昭：光明。无委曲之隅、无形埒(liè)之野：没有边际的广远区域。

②嬗(shàn)：更替。伦：道理。

③假：通"格"，至。

〔译文〕

所以真人睡时不做梦，智巧不萌生，阴魄不抑制，阳魂不腾升。周而复始，不知开端和终结。他酣睡于漫漫黑夜，却能明察光明世界的一切；他能够在没有边涯的广远区域里休息和遨游。他停下时没有具体的形貌，住下时没有具体的居所；他行动不留痕迹，静止不见形体；存在着却像消失，生活着却像死亡；他能出入于没有间隙的地方，也能役使鬼神；他既能进入不可测度的地方，也能进入没有空间的地方。真人就是以这样不同的形态幻化更替，从开始到结束像圆环转圈，没有谁能弄清这其中的道理。这就是真人精神能够通达于"道"的奥秘所在。以上这些就是真人的行为表现。

夫木之死也,青青去之也。夫使木生者岂木也?犹充形者之非形也[①]。故生生者未尝死也[②],其所生则死矣;化物者未尝化也,其所化则化矣。轻天下,则神无累矣;细万物,则心不惑矣;齐死生,则志不慑矣[③];同变化,则明不眩矣。

〔注释〕

①充形者:指气。

②生生者:使万物生长者,指自然。

③慑(shè):惧怕。

〔译文〕

树木死后,其绿色也随之消失。让树木生长的难道是树木本身吗?这就像使形体充实的不是形体本身一样。因此,能使万物生长的东西是不死的,而它所产生的生命则会死去;化育万物的东西是不变的,而它所化育的万物则会变化。所以,看轻天下,你的精神就不会劳累;看小万物,你的心神就不会惑乱;将生死等同,你就会无所畏惧;将变化看成没变化,你的视力就会清晰而不昏花。

尊势厚利,人之所贪也;使之左据天下图[①],而右手刎其喉,愚夫不为。由此观之,生尊于天下也。

〔注释〕

①左据：左手拿着。图：版图。

〔译文〕

尊贵的权势和丰厚的利禄，是一般人所贪求的；假若让一个人左手拿着天下版图，而右手却拿着刀自刎而死，那么就是最愚蠢者也不会这样做。由此可见，生命要比占有天下更重要。

圣人食足以接气，衣足以盖形，适情不求余。无天下不亏其性，有天下不羡其和①，有天下无天下，一实也。今赣人敖仓，予人河水②，饥而餐之，渴而饮之，其入腹者不过箪食瓢浆③，则身饱而敖仓不为之减也，腹满而河水不为之竭也。有之不加饱，无之不为之饥。与守其篅笆④，有其井，一实也。

〔注释〕

①羡：超过。

②赣：赐给。敖仓：古代粮仓名，在今河南荥阳北。予：给。河：黄河。

③箪（dān）：古代盛饭的圆形竹器。浆：水。

④篅笆（chuándùn）：一种盛粮食的圆囤，环绕围以篾席，可随所储粮食的增加而上升高度。

〔译文〕

圣人进食只求维持生命，衣着只求遮蔽身体，满足生存基本需求而不求多余的东西。天下对他来说，不占有也不会亏损他的天性，占有也不会扰乱他的平和本性，占有天下和不占有天下对圣人来说是一样的。现在赐给某人一座粮仓、整个黄河，使他饿时去吃、渴时去喝，但是他吃进肚中、喝入腹内的，只不过一竹筒饭和一瓢水，而粮仓不因他吃饱而减少，黄河也不因他喝足而枯竭。所以有无粮仓和黄河与他的饥饱没有关系，有了粮仓、黄河，他也不会更饱；没了粮仓、黄河，他也不会挨饿。这就如同一个人守着粮仓和水井一样。

人大怒破阴，大喜坠阳，大忧内崩，大怖生狂。除秽去累[①]，莫若未始出其宗，乃为大通。清目而不以视，静耳而不以听，钳口而不以言，委心而不以虑[②]。弃聪明而反太素，休精神而弃知故，觉而若昧[③]，生而若死，终则反本未生之时，而与化为一体。死之与生一体也。

〔注释〕

①秽：杂草，引申为杂念。

②钳：闭。委：放纵。

③昧：昏暗不明。

〔译文〕

人大怒就会破坏阴气，大喜就会损伤阳气，大忧就会摧残内脏，大恐就会发狂。要想消除这些杂念和负担，最好的方法是不偏离“道”这个根本，这样就是最高境界的通达。所以，闭上眼睛而不看五光十色，让耳朵安静而不听喧杂之音，紧闭嘴巴而不说话,放纵本心而不忧虑。抛弃聪明而回归自然纯朴,休养精神而摒弃机智奸诈,醒着如同昏睡,活着就像死去,最终返回到自然初始阶段,与自然造化融为一体。因为生与死原本就是一个相依相随的整体。

故知宇宙之大,则不可劫以死生[①];知养生之和,则不可县以天下[②];知未生之乐,则不可畏以死;知许由之贵于舜,则不贪物。

〔注释〕

①劫:胁迫。

②县:通“悬”,这里是引诱的意思。

〔译文〕

所以,知晓宇宙之广大的人,不能用生死来胁迫他;知道以中和之气来养生的人,不能拿天下权势利禄来引诱他;懂得未降生时的快乐的人,不能以死亡来吓唬他;明白许由比舜帝高贵的人,就不会贪图物质享受。

衰世凑学,不知原心反本,直雕琢其性,矫拂其情[①],以与世交。故目虽欲之,禁之以度;心虽乐之,节之以礼;趋翔周旋,诎节卑拜[②]。肉凝而不食,酒澄而不饮。外束其形,内总其德,钳阴阳之和而迫性命之情,故终身为悲人。达至道者则不然,理情性,治心术,养以和，持以适；乐道而忘贱，安德而忘贫；性有不欲，无欲而得；心有不乐，无乐而不为；益无情者不以累德，不便性者不以滑和。故纵体肆意，而度制可以为天下仪。

〔注释〕

①凑：趋。凑学：舍本逐末之学。原：探究。矫：矫饰。拂：违逆。
②趋翔：趋附行动。诎（qū）节卑拜：卑躬屈膝。

〔译文〕

世道衰败时的舍本逐末之学，不懂得探究天性、返璞根本，只是刻意粉饰其天性，矫饰并违逆其本性，以此与世俗交往。所以，他们眼睛虽然想着五颜六色，却因为有法度禁止而不敢观看；内心虽然爱好声色犬马，却因为有礼节制约而不敢放纵；人们只能趋附应酬，卑躬屈膝。肉凝冻了也不敢食，酒澄清了还不敢喝。束缚了外在的举止，约束了内在的德行，钳制阴阳二气的调和而压抑生命的本性，所以最终成为一个悲剧人物。通达道体的人就不是这样，他们理顺自己的性情，修治好自己的心术；用平和之气来保养心性，以闲适安宁来持守本性；喜欢道术而忘掉贫贱，安于德行而忘记贫穷；生性无贪欲，就没有什么不能实现的；本心不追求声色之乐，也就没有什么不快乐的；不拿无益于本性的事累及德行，也不拿那些不适宜纯洁天性的事来扰乱内心的平和。所以通达道性的人虽然放纵行为、肆意行事，但他们这种修养身性的法则可以成为天下人的示范。

今夫儒者不本其所以欲[1]，而禁其所欲；不原其所以乐，而闭其所乐，是犹决江河之源而障之以手也。夫牧民者[2]，犹畜禽兽也，不塞其囿垣，使有野心，系绊其足，以禁其动；而欲修生寿终，岂可得乎！

〔注释〕

①本：探究本原。下句“原”与此同义。

②牧民：治理百姓。

〔译文〕

现在的儒家不去探究人们产生欲望的根本原因，而只是一味禁止人们的欲望；不探究人们追求享乐的初衷，而只是一味阻止人们享乐，这种做法就像挖开了江河的源头却又用手掌去阻挡。管理百姓就如同畜养禽兽一样，不去堵塞苑囿围墙的缺口，让禽兽产生了逃走的野心，然后又羁绊这些禽兽的腿脚不让它们逃跑；这样想使百姓修身养性以求长寿，怎么能行！

夫颜回、季路、子夏、冉伯牛，孔子之通学也[1]，然颜渊夭死，季路菹于卫，子夏失明，冉伯牛为厉[2]。此皆迫性拂情，而不得其和也。故子夏见曾子，一臞一肥[3]。曾子问其故，曰：“出见富贵之乐而欲之，入见先王之道又说之。两者心战，故臞；先王之道胜，故肥。”推其志，非能贪富贵之位，不便侈靡之乐，直宜迫性闭欲[4]，以义自防也。虽情心郁殪[5]，形性屈竭，犹不得已自强也，故莫能终其天年。

〔注释〕

①颜回:字子渊,鲁国宁阳(今山东泰安市宁阳县鹤山乡)人。季路:字子路,鲁国卞(今山东济宁泗水县泉林镇卞桥村)人。子夏:晋国人。冉伯牛:鲁国陶(今山东菏泽定陶区)人。几位皆位列“孔门十哲”。通学:精通孔子学说。

②菹(zū):剁成肉酱。厉:通“疠”,恶疮。

③臞(qú):瘦。又作“癯”。

④非能贪富贵:王念孙认为“能”下脱“不”字,当作“非能不贪富贵”。直宜:王念孙认为“宜”字属衍文。

⑤郁殪(yì):郁闷压抑。

〔译文〕

颜回、季路、子夏、冉伯牛都是通晓学问的孔子的高足,可是颜回早死,子路在卫国被砍成肉酱,子夏因丧子悲哭导致失明,冉伯牛得了恶疾。这都是因为强迫自己的本性违逆自己的性情,因之失去了中和之气。所以子夏见曾子,一时瘦一时胖。曾子问子夏是什么缘故,子夏回答说:“我外出见富贵之乐而想得到它,回家后学习先王之道又喜欢上它。这二者在我内心世界纠缠争斗,所以被折腾得瘦削不堪;最后先王之道取得胜利,所以又胖了。”从子夏的回答可以推究其志向,他并不是不贪图富贵、不喜欢侈糜之乐,只是在压抑自己的情感、封闭自己的欲望,用“义”来防范自我罢了。有些人一方面压抑性情,使本性扭曲,另一方面又不得不修身自立、奋发图强,所以他们不能享尽天年。

若夫至人，量腹而食，度形而衣，容身而游，适情而行，余天下而不贪，委万物而不利[①]，处大廓之宇，游无极之野，登太皇，冯太一[②]，玩天地于掌握之中；夫岂为贫富肥臞哉！故儒者非能使人弗欲，而能止之；非能使人勿乐，而能禁之。夫使天下畏刑而不敢盗，岂若能使无有盗心哉？

〔注释〕

①余：遗弃。委：抛弃。

②太皇：上天。冯（píng）：依凭。太一：天帝。

〔译文〕

通达大道的至德圣人就不是这样，他们根据饭量进食，度量体形穿衣，到可以安身的地方出游，找到适合自己性情的事才行动，把天下留给别人而不贪得，抛弃万物而不逐利，身处空旷无垠的天宇，遨游无边无际的区域，登临上天，依凭天帝，把玩天地于手掌之中；哪里还会纠结于贫富、肥瘦呢！所以儒家并不能使人没有欲念，而只会禁止人的欲念；不能使人没有享乐的念头，而只会禁止人的享乐。这种做法好比让天下人因畏惧刑罚而不敢偷盗，它哪比得上从根本上使人不萌生偷盗之心呢？

卷八　本经训

〔题解〕

所谓“本经”，意思就是根本性的、常规性的治国策略。本卷实际上是上卷《精神训》的持守精神理论在治国原则上的体现。作者认为儒家倡导的仁义、礼乐、孝悌等都是“背本求末”的东西，不能够使人修养性情、回归自然，因而也不能实现天下大治；而和顺纯朴的大道则是天下长治久安的根本。

《要略》：《本经》者，所以明大圣之德，通维初之道，埒略衰世古今之变，以褒先世之隆盛，而贬末世之曲政也①。所以使人黜耳目之聪明、静精神之感动，樽流遁之观②，节养性之和，分帝王之操，列小大之差者也。

〔注释〕

①维初：最早、开初。埒（liè）略：比较区分。曲政：弊政。

②感动：指精神受到外界刺激而有所反应。樽：通“撙”，抑制。流遁：流荡逃遁。

〔译文〕

《本经》的内容，是用来彰明圣人之德，通达初始之道，比较和区分世道盛衰及古今道德的变化，用来褒扬先世的太平盛世，而贬斥末世的弊政。可以使人废除耳目的聪明及精神因受外界刺激而引起的激动，抑制人的精神使它不能肆意而为，调节用来养性的中和之气，分清帝王的不同操守，罗列并区别出这些操守之间的高低差别。

〔原文〕

太清之治也，和顺以寂漠，质真而素朴，闲静而不躁，推移而无故[①]；在内而合乎道，出外而调于义；发动而成于文[②]，行快而便于物；其言略而循理，其行侻而顺情[③]；其心愉而不伪，其事素而不饰。是以不择时日，不占卦兆，不谋所始，不议所终；安则止，激则行；通体于天地，同精于阴阳，一和于四时，明照于日月，与造化者相雌雄[④]。是以天覆以德，地载以乐，四时不失其叙，风雨不降其虐，日月淑清而扬光，五星循轨而不失其行。当此之时，玄元至砀而运照[⑤]，凤麟至，著龟兆，甘露下，竹实满，流黄出而朱草生[⑥]，机械诈伪莫藏于心。

〔注释〕

①太清：指远古三皇五帝时。治：原作“始”，据王念孙说改。故：常法。

②发动:行为举止。文:这里指规则。

③侻(tuō):简易。

④雌雄:意思是合适、相伴。

⑤玄元:天地未分时的混沌一体之气。原作“玄玄”,据何宁说改。砀(dàng):大。运照:普照。

⑥兆:吉兆。竹实:竹子开花结实,古人认为是吉兆。流黄:玉名。朱草:红色的草。这几种东西都是祥瑞之物。

〔译文〕

远古三皇五帝治理天下,平和随顺事物本性,寂静无为,保持质性纯真而不加雕饰,娴静而不浮躁,任凭事物自然发展而不以规矩去限制;他内在精神与道相符,外在行为与德协调;他行为举动成为法度,处事快捷便利万物;他言论简要而遵循事理,行为简易而随顺常情;他心胸开阔愉悦而不虚伪,行事朴实简约而不巧饰。因此干任何事情都不用选择良时吉日,不必占卦问卜,不必慎重考虑如何开头,也不必仔细计划结果如何;事物安静不动则随之安然停止,事物激发变化则随之行动变化;他形体和天地相通,精神和阴阳同融,中和之气和一年四季相和谐,神明和日月相辉映,整个和自然造化相配合。所以苍天把道德恩泽施与万物,大地承载乐土养育众生;四时不失其次序,风雨不逞暴虐;日月清朗放射光芒,五星循轨不偏方向。在这样的太平盛世,天道光辉浩荡普照,凤凰、麒麟翔临门庭,占蓍、卜龟显示吉兆,甘露降临,竹实饱满,流黄露显,朱草萌生,而机巧伪诈无法隐藏于内心。

逮至衰世，镌山石，锲金玉，擿蚌蜃，消铜铁，而万物不滋[①]。刳胎杀夭[②]，麒麟不游；覆巢毁卵，凤凰不翔；钻燧取火，构木为台；焚林而田[③]，竭泽而渔；人械不足，畜藏有余；而万物不繁兆，萌牙、卵胎而不成者，处之太半矣[④]。积壤而丘处，粪田而种谷，掘地而井饮，疏川而为利，筑城而为固，拘兽以为畜，则阴阳缪戾[⑤]，四时失叙，雷霆毁折，雹霰降虐，氛雾霜雪不霁，而万物燋夭[⑥]。菑榛秽，聚埒亩[⑦]，芟野莼，长苗秀，草木之句萌[⑧]、衔华、戴实而死者，不可胜数。

〔注释〕

①擿（tī）：挑开。消：通“销”，熔化金属。滋：生长。

②刳（kū）：从中间剖开再挖空。

③田：通“畋”，打猎。

④兆：多。萌牙：萌芽。太半：大半。

⑤缪（miù）戾：错乱、违背。

⑥霁（jì）：雨雪停止，天放晴。燋（jiāo）：同“焦”，被火炙烤而焦枯。

⑦菑（zī）：开荒。榛：丛杂的草木。秽：杂草，荒芜。埒（liè）亩：田亩。

⑧芟（shān）：除去。莼（tǎn）：荻草。苗秀：谷类生长为苗，开花为秀。这里泛指禾苗谷物。句萌：草木破土，弯者为句，直者为萌，这里泛指初生植物。

〔译文〕

到了衰败末世，人们开凿山石获取金玉，雕刻金玉做饰品，挑开蚌蛤采取珍珠，熔铸铜铁制造器具，使得自然资源遭受破坏而不得再生。剖开兽胎杀死幼兽，麒麟不敢露面遨游；捣毁鸟巢毁坏鸟卵，凤凰不敢显现飞翔；钻燧取火，架木做高台；焚烧树林，猎取禽兽，放尽池水捕捞鱼虾；人食不足，器具缺乏，而国库内的物资储存却聚积有余；各种物类不能繁衍，草木萌芽、鸟雀下蛋、兽类怀胎却不能正常生长，中途即夭折的情况占了大半。人们积土造山住在山上高处，往田里施肥来播种谷物，往地下深处掘井取水，疏通河川以求水利，修筑城墙以求安全，捕捉野兽以求驯养成家畜，诸如此类便造成自然界阴阳错乱，四季气候失去次序，雷霆毁坏万物，雹霰降落造成灾害，大雾不散霜雪不停，致使万物枯萎夭折。人们铲除丛木杂草，开荒种地，割除野草，栽种禾谷，正处萌芽、绽花和结果的草木因之被毁掉的不计其数。

乃至夏屋宫驾，县联房植、橑檐榱题[①]，雕琢刻镂；乔枝菱阿[②]，夫容芰荷[③]，五采争胜，流漫陆离[④]；修掞曲挍，夭矫曾桡，芒繁纷挐[⑤]，以相交持；公输、王尔无所错其剞劂削锯，然犹未能澹人主之欲也[⑥]。是以松柏箘露夏槁，江河三川，绝而不流[⑦]，夷羊在牧，飞蛩满野[⑧]，天旱地坼；凤凰不下，句爪、居牙、戴角、出距之兽，于是鸷矣[⑨]。民之专室蓬庐，无所归宿，冻饿饥寒死者相枕席也。及至分山川溪谷使有壤界，计人多少众寡使有分数[⑩]，筑城掘池，设机械险阻以为备；饰职事，制服等[⑪]，异贵贱，差贤不肖，经诽誉[⑫]，行赏罚；则兵革兴而分争生，民之灭抑夭隐[⑬]，虐杀不辜而刑诛无罪，于是生矣。

〔注释〕

①夏:大。驾:通“架”。县联:指屋檐板。房植:房屋四角的柱子。橑(liáo)檐:屋檐。榱(cuī)题:屋椽的椽子端头。

②乔:高。菱:通“凌”,向上伸。阿:通“柯”,枝条。乔枝菱阿:指雕刻在房屋上的花草图案。

③夫蓉:芙蓉花。芰(jì)荷:菱叶与荷花。

④流漫:色彩错杂。陆离:光彩绚丽的样子。

⑤掞(shàn):舒展、铺张。挍(jiāo):纷杂。夭矫:形容姿态伸展屈曲而有气势。曾桡(ráo):层叠弯曲。芒繁:众多。纷挐(rú):杂乱。

⑥公输、王尔:都是战国时期的能工巧匠。公输,即鲁班。错:通“措”,处置。剞(jī):雕刻用的曲刀。劂(jué):雕刻用的曲凿。削:雕刻用的刮刀。澹:满足。

⑦箘(jùn)露:箘簬,一种细长节稀的竹子,可做箭杆。三川:三条河流的合称,所指不一,或说是泾水、渭水、洛水,或说是黄河、洛水、伊水;或说是泾水、渭水、汧水。

⑧夷羊:传说中的神兽、怪兽。飞蛩:一说是蝗虫,一说是似蝉的飞虫。

⑨坼(chè):裂开。句爪:尖利钩形的爪,指鹰、雕等飞禽。居牙:锋利的牙齿,指虎、豹等猛兽。出距:突出的利爪,指鹰、隼等猛禽。鸷(zhì):搏杀。

⑩分数:确定的数量。

⑪饰:整治。职事:官吏职责。服等:服饰等级。

⑫肖:贤。经:书写记录。

⑬分争:纷争。灭抑:死亡。夭:夭折。隐:痛苦。

〔译文〕

后来甚至修建高楼宫殿,屋檐、柱子、椽头等处都精雕细刻上草木图案,图案上枝条舒展修长、枝节盘曲婉转;芙蓉、菱叶、荷花五彩争艳,绚丽斑斓;各种装饰参差错落、屈伸叠曲、姿态万千、交相倚立,即使鲁班、王尔这样的能工巧匠,也不知道如何再用刀、凿等去修饰,即便这样还是不能满足君主的贪欲。于是原本长青不衰的松柏、竹子在夏季枯死,原本川流不息的江河竟会干涸断流,神兽、夷羊出现在商都郊外的牧野之地,飞蝗遍野,天旱地裂;凤凰不再翔临,生有利爪、尖牙、长角的凶猛禽兽肆意捕杀猎物。百姓拥挤在狭小的茅屋里,无家可归,受冻挨饿而死的人层叠堆积。接着又划分山川、溪谷以确定国界,计算人口多少,修建城池,设置机关险隘以作防备;整治官吏职责,制订服饰等级,分别贵贱,区分贤奸,记录善恶,实施赏罚;于是战乱兴起纷争产生,百姓频频遭受死亡、夭折的悲痛,滥杀无辜和惩治无罪之人的情况也随之发生了。

天地之合和,阴阳之陶化万物,皆乘人气者也①。是故上下离心,气乃上蒸;君臣不和,五谷不为。距日冬至四十六日,天含和而未降,地怀气而未扬,阴阳储与,呼吸浸潭②,包裹风俗,斟酌万殊,旁薄众宜,以相呕咐酝酿③,而成育群生。是故春肃秋荣,冬雷夏霜,皆贼气之所生④。由此观之,天地宇宙,一人之身也⑤;六合之内,一人之制也。是故明于性者,天地不能胁也;审于符者,怪物不能惑也。

〔注释〕

①陶化:陶冶化育。乘:凭借。人气:当作“一气”,指构成天地万物

之气。

②储与:徘徊不定的样子。浸潭:浸润扩散。

③风俗:指区域。旁薄:靠近。呕咐(xūfù):抚育。酝酿:调和。

④贼气:阴阳失调而产生的邪气。

⑤一:相同。一人之身:与人的形体相同。

［译文］

天地之气互相融汇而产生阴阳二气,阴阳二气陶冶化育万物,全凭借纯一之气。因此,上层和下级如果离心离德,邪气就会上升;君臣不和,五谷就不能生长。从立冬到冬至四十六天,上天含有的阳气还未下降,大地怀有的阴气还未上扬,此时阴阳二气尚处于游离状态,各自在空间游荡徜徉,逐渐互相吸收并浸润扩散成中和之气,包裹着极大区域,比较万物异同,使之各得其宜,阴阳二气不断抚育、调和,最终化育众生。因此,如果春天肃杀而秋天繁荣,冬天响雷而夏天降霜,这些反常气候都是由阴阳之气失调之后产生的邪气造成的。由此看来,天地宇宙的构成原理和人体结构相同,上下四方的运行规则与生命的运动变化法则相同。所以明白天性的人,天地也不能胁迫他;明察征兆符验的人,无论什么样的奇异事物也不能迷惑他。

故圣人者,由近知远,而万殊为一,古之人①,同气于天地,与一世而优游。当此之时,无庆贺之利,刑罚之威,礼义廉耻不设,毁誉仁鄙不立②,而万民莫相侵欺暴虐,犹在于混冥之中。逮至衰世,人众财寡,事力劳而养不足,于是忿争生,是以贵仁。仁鄙不齐,比周朋党,设诈谞[3]，怀机械巧故之心，而性失矣，是以贵义。阴阳之情，莫不有血气之感，男女群居杂处而无别，是以贵礼。性命之情，淫而相胁[4]，以不得已则不和，是以贵乐。是故仁义礼乐者，可以救败，而非通治之至也。

〔注释〕

①殊：不同、差异。古之人：俞樾认为是衍文，当删。其说可从。

②鄙：鄙薄，与仁厚相对。

③比周：结党营私。谞（xū）：阴谋。

④性命之情：指人的喜怒哀乐之情。淫：过度。胁：指威胁生命。

〔译文〕

所以圣明的人能从身边的事推知遥远的事，视千差万别的事物同一，他正气通天地，与整个宇宙一起悠闲遨游。在这个时候，既没有庆功奖赏的诱惑，也没有刑法惩处的威逼，不必设置礼义廉耻，也没有毁谤和赞誉的事情，百姓也不会侵犯欺凌或残害他人，就像生活在混沌社会之中。到了道德衰败的时代，由于人多物少，人们从事繁重的劳动却不足以养家糊口，相互之间就产生了愤恨争斗，这时就要提倡仁爱来制止纷争。同时，社会上有人仁厚，有人鄙薄，社会上还有人结党营私，心怀机巧奸诈，失去了纯朴的天性，这时就提倡道义来制止这种情况。还有社会中男女都有情欲，且异性相吸引起情感冲动，这样男女混杂不加分隔就会引起淫乱，这时就要提倡礼制来规范男女交往。人的喜怒哀乐之情如果过分宣泄就会威胁生命，导致内心不能平和，这时就要提倡乐教来进行调节疏通。由此看来，仁、义、礼、乐都是用来拯救道德品行衰败的,而不能成为治理天下的根本措施。

夫仁者,所以救争也[1];义者,所以救失也;礼者,所以救淫也;乐者,所以救忧也。神明定于天下,而心反其初[2];心反其初,而民心善;民心善而天地阴阳从而包之[3],则财足而人澹矣,贪鄙忿争不得生焉。由此观之,则仁义不用矣。道德定于天下而民纯朴,则目不营于色,耳不淫于声;坐俳而歌谣[4],被发而浮游;虽有毛嫱、西施之色,不知说也;《掉羽》《武象》[5],不知乐也。淫泆无别[6],不得生焉。由此观之,礼乐不用也。是故德衰然后仁生,行沮然后义立,和失然后声调,礼淫然后容饰[7]。是故知神明然后知道德之不足为也[8],知道德然后知仁义之不足行也,知仁义然后知礼乐之不足修也。今背其本而求其末,释其要而索之于详,未可与言至也。

〔注释〕

①救:终止、解除。

②神明:至道、大道。反:通“返”。

③包:融汇。

④营:迷惑。淫:沉溺。坐俳(pái):时坐时起不停走动。

⑤掉羽、武象:周王朝乐舞,主要用于祭祀、朝贺等场合。

⑥淫泆(yì):纵欲放荡。

⑦沮:败坏。淫:繁多。容饰:整治。

⑧道德:这里是偏义复词,仅指“德”。下句“道德”同。

〔译文〕

仁,是用来终止纷争的;义,是用来规范不讲信用的;礼,是用来限制淫乱的;乐,是用来解除忧愁的。大道在天下确立,这样人心就会返回到人类初始的那种清静无欲的质朴境界;人心一旦返回到这种境界,民性就会变善;民性善良就会和天地阴阳融汇一起,这样就会财物充裕、百姓满足,贪婪鄙陋、怨恨争斗也就不易滋生。这样看来,就无须再用仁义了。用"道"和"德"安定天下,百姓就会纯真朴实,那么他们的眼睛就不易受美色迷惑,耳朵就不会沉溺于淫声;人们或坐或立,吟唱歌谣,飘散着长发而游荡;眼前即使有毛嫱、西施这样的美女,也引不起他们的兴趣;即使演奏《掉羽》《武象》这样的乐曲,也引不起他们的快乐。这样,纵欲放荡、男女混杂的事情就不会发生。这样看来,就无须再用礼乐了。所以说,"德"衰以后产生"仁",品行败坏后"义"就建立,性情失去平和才会用乐来调节,淫荡风气盛行才会有法度的整治。因此,懂得了大道的原则,就知道"德"不值得提倡;明白"德"的含义,仁义就不值得实施;懂得仁义的作用,礼乐就不值得修订。现在背弃了大道之根本而去追求仁义礼乐这些末节,放弃了简要的东西而在细节上去求索,这样的人是不值得和他谈论高深的道理的。

故至人之治也,心与神处,形与性调;静而体德,动而理通;随自然之性而缘不得已之化[①];洞然无为而天下自和,憺然无欲而民自朴;无禨祥而民不夭[②],不忿争而养足；兼包海内，泽及后世，不知为之者谁何。是故生无号，死无谥，实不聚而名不立[3]。施者不德，受者不让，德交归焉，而莫之充忍也[4]。故德之所总，道弗能害也；知之所不知，辩弗能解也。

〔注释〕

①体：依照。缘：顺随。

②禨(jī)祥：祈求鬼神赐福。

③实：财物。

④充忍：充满。

〔译文〕

所以至德的人治理天下，内心与精神相依处，形体与性情相谐调；静处时依照"德"，行动时通达"理"；顺随事物的自然本性，遵循事物的自身规律；他虚静无为而天下自然和顺，恬淡无欲而百姓纯朴无华；他不用求神祈福而百姓生命不会夭折，人们没有怨恨纷争而给养充足；他的德泽遍及海内外，并延及后世，但人们却不知道施与恩德的是谁。所以他活着没有名号，死后没有谥号，不聚敛财物，也不追求名誉。他施恩与人却不自以为有恩德而求报答，接受恩惠者也坦然接受不用谦让，美德聚集在他身上，却一点也不张扬显现。所以，德行聚于一身的人，什么毁谤也伤害不了他；智慧所不能明了的事，能说会道也无法解释清楚。

凡乱之所由生者，皆在流遁[1]，流遁之所生者五。大构驾，兴宫室；延楼栈道，鸡栖井干[2]；标株欂栌，以相支持；木巧之饰，盘纡刻俨[3]；嬴镂雕琢，诡文回波，淌游瀷減，菱杼紾抱[4]；芒繁乱泽，巧伪纷挐，以相摧错[5]。此遁于木也。

凿污池之深，肆畛崖之远[6]；来溪谷之流，饰曲岸之际；积牒旋石，以纯修碕；抑減怒濑，以扬激波[7]；曲拂邅回，以像湡浯[8]；益树莲菱[9]，以食鳖鱼；鸿鹄鹔鷞[10]，稻粱饶余；龙舟鹢首[11]，浮吹以娱。此遁于水也。

高筑城郭，设树险阻；崇台榭之隆，侈苑囿之大[12]，以穷要妙之望；魏阙之高，上际青云[13]；大厦曾加[14]，拟于昆仑；修为墙垣，甬道相连[15]；残高增下，积土为山；接径历远，直道夷险[16]；终日驰骛，而无迹蹈之患[17]。此遁于土也。

大钟鼎，美重器；华虫疏镂，以相缪紾[18]；寝兕伏虎，蟠龙连组[19]；焜昱错眩[20]，照耀辉煌；偃蹇寥纠[21]，曲成文章；雕琢之饰，锻锡文铙[22]；乍晦乍明，抑微灭瑕[23]；霜文沉居，若簟籧篨[24]；缠锦经冗，似数而疏[25]。此遁于金也。

煎熬焚炙，调齐和之适，以穷荆、吴甘酸之变；焚林而猎，烧燎大木；鼓橐吹埵[26]，以销铜铁；靡流坚锻，无厌足日[27]；山无峻干，林无柘梓[28]；燎木以为炭，燔草而为灰；野莽白素[29]，不得其时；上掩天光，下殄地财[30]。此遁于火也。

此五者，一足以亡天下矣。

〔注释〕

①流遁：放纵声色。

②构驾：指建造房屋。驾，通“架”。延楼：高楼。栈道：凌空架设的连接楼阁的通道。井干：高楼回廊之围栏。

③标株(mò)：柱子。欂栌(bólú)：斗拱。盘纡：回绕曲折。俨：昂首。

④羸镂：精雕细刻。诡文：奇异的花纹。回波：回旋的水波。淌游、瀷淢(yìyù)：都指水流产生的波纹。菱、杼：都是水草。杼，通“苎(zhù)”。紾抱：扭曲缠绕。

⑤芒：光芒。泽：滋润。巧伪：奇巧。摧错：五彩缤纷的样子。

⑥污池：蓄水池。肆：极。畛(zhěn)崖：界岸。

⑦积牒：堆积。旋：通“璇”，美玉。纯：边缘。碕：曲折的岸。淢(yù)、濑(lài)：都是指急流。

⑧邅(zhān)回：回旋不进。澞(yú)：番禺，即今广州。浯(wú)：苍梧，即今湖南宁远县一带。

⑨树：种植。

⑩鸿鹄：天鹅。鹔鹴(sùshuāng)：雁的一种，长颈绿羽。

⑪鹢(yì)：一种似鹭的水鸟。鹢首：船头。古代画鹢鸟于船头，故称。

⑫崇：增高。隆：高。侈：过分浪费。苑囿：蓄养禽兽的园子，有墙曰苑，无墙曰囿。

⑬魏阙：宫门上巍然高出的观楼。际：连接。

⑭曾：通“层”。

⑮甬道：楼阁之间的通道。

⑯接径：捷径。夷：平坦。

⑰驰骛(wù)：奔走。迹蹈：重复走过的路，意思是道路四通八达。

⑱华虫：指所绘的花草虫鸟图案。缪纱(miùtiǎn)：互相缠结。

⑲兕(sì)：雌犀牛。组：联结。

⑳焜昱(kūnyù):光辉灿烂。昱,同"煜"。

㉑偃蹇(jiǎn):曲折缠绕。寥纠:缭绕纠结。

㉒锻锡:冶炼术语,指将图案铸入器具表面。文铙(náo):刻在铙上的花纹。

㉓微:缝隙。瑕:斑点。

㉔霜文:指器具上的纹饰颜色如霜。沉居:指各种图纹深陷嵌入器具中。簟(diàn):竹席。籧篨(qúchú):粗的竹席。

㉕经冗:如经线一样长。数:密。

㉖橐(tuó):风箱。埵(duǒ):风箱上出风的铁管。

㉗靡流:熔化的钢铁水。厌:满足。

㉘峻干:高大的树木。柘梓:泛指各种可用木材。

㉙野莽:野草。白素:白茫茫。

㉚殄(tiǎn):尽。

〔译文〕

大凡祸乱产生的原因,都在于国君放纵声色,主要表现在五个方面。

大兴土木,修建宫室;高楼栈道相通,栏杆交错连接如鸡舍围栏;梁柱斗拱,相互支撑;木头上雕有奇巧的装饰,有弯曲的盘龙、浮首虎头;雕绘精巧,纹饰奇特,有的像流水回旋,或舒缓或急流;有的如水草,互相纠缠在一起;花纹色彩繁多,细密巧妙,互相交错。这就是沉溺在"木"的方面的淫逸。

挖掘深深的湖池,水面无边无际;接通溪谷的流水,修筑曲曲弯弯的堤岸,堆砌层层的玉石,给曲岸镶边;控制住急流,扬起高高的波澜;水流曲折回旋,就像江河纵横交错的番禺和苍梧地区一样;水中种植大量莲藕和菱角,用来供给鱼鳖的食粮;天鹅、鹈鹕在水面嬉戏，水稻、高粱生长茂盛；乘坐雕刻龙形和鹢首的大舟，浮行水中寻欢作乐。这就是沉溺在“水”的方面的淫逸。

筑起高高的城郭，设立重重险阻；建起雄伟的台榭，圈起巨大的苑囿，以满足自己观赏奇异美景的欲望；宫阙高耸，上接青云；高楼叠加，高比昆仑；修筑墙垣，用栈道相连；削高填低，积土成山；把危道变为平直，使险阻化为坦途，便捷的道路通达到很远的地方；终日四处奔走，不用担心会走重复的道路。这就是沉溺在“土”的方面的淫逸。

铸起大型钟鼎，装饰华美重器；在器具上雕饰花草鸟虫，互相交织在一起；犀牛酣睡，老虎俯伏，苍龙盘曲联结；光彩炫目，灿烂辉煌；回环往复，缠绕交织成华美的纹饰；雕刻精美的纹饰，烙在锡器上的图纹和刻在铙上的图纹，明暗交错，掩饰了器物上的裂缝和微小的斑点；纹色如白霜，如同竹席纹路交错，又似织锦的经线，疏密相宜。这就是沉溺在“金”的方面的淫逸。

煎熬烧烤美味佳肴，调剂合适的口味，吃尽楚国、吴国的各种不同的美食；焚烧树林去围猎，烧掉巨大的树木；鼓动风箱，冶炼铜铁；铁水涌流，日复一日铸造器用，还不满足；山上已没有高大的树木，林中也没有可用的木材；烧木作炭，焚草为灰；原野草木尽无，光秃秃一片白茫茫，草木就不能按时生长；火光蔽日，资财尽败。这就是沉溺在“火”的方面的淫逸。

这五个方面，只要在其中一个方面放纵淫逸，足以使天下灭亡。

卷九　主术训

〔题解〕

主术,就是君主统治天下之道。其原则是以道家的“无为而治”为主,辅以儒家提倡的仁、义、礼、乐的德治,还要推行公正、宽缓的法制,这样才能使天下太平,百姓安居乐业。这就要求君主必须以“道”和“德”来修身养性,清心寡欲,去奢尚俭,为民作则,使臣民仰慕归依,这样才能实现国家大治。

《要略》:《主术》者,君人之事也。所以因作任督责,使群臣各尽其能也。明摄权操柄,以制群下,提名责实,考之参伍,所以使人主秉数持要①,不妄喜怒也。其数直施而正邪,外私而立公,使百官条通而辐辏②,各务其业,人致其功。此主术之明也。

〔注释〕

①摄、操:掌握。提名:举出名目。责实:求实。参:通“叁”。数:方法。

②施:曲。外:扔弃。辐辏:形容人或物聚集,像车辐集中于车轴一样。

〔译文〕

《主术》的内容，是讲国君统治天下之事。国君任命百官，督察他们的职责，使群臣各尽其能。说明国君要执掌权柄，控制臣下，举出其职责名目，督责检查，以求名实相符，并互相参验，以使国君掌握驾驭群臣的方法和要领，不致随意生出喜怒之情。这种方法使邪曲变为正直，排除私欲而能树立公道，使百官有条不紊地如车辐辏聚车轴一样围绕在君主身边，各自干好本职工作，人人建立功业。这就是国君统治术的高明之处。

人主之术，处无为之事[①]，而行不言之教。清静而不动，一度而不摇；因循而任下，责成而不劳[②]。是故心知规而师傅谕导，口能言而行人称辞，足能行而相者先导，耳能听而执正进谏[③]。是故虑无失策，谋无过事，言为文章，行为仪表于天下；进退应时，动静循理，不为丑美好憎，不为赏罚喜怒；名各自名，类各自类[④]，事犹自然，莫出于己。故古之王者，冕而前旒所以蔽明也[⑤]，黈纩塞耳所以掩聪[⑥]，天子外屏所以自障[⑦]。故所理者远，则所在者迩[⑧]；所治者大，则所守者小。

〔注释〕

①处：实施。事：治。

②一度：坚守自然之道。责成：督促完成。

③师傅：指太傅、太师等帝师。行人：掌管朝觐及出使的官员。相者：

指负责司仪、引导宾客的官员。执正:执政。

④名各自名:前一个“名”是动词,意思是命名;后一个“名”是名称。下句“类”同理。

⑤冕(miǎn):古代帝王及地位在大夫以上的官员们戴的礼帽。旒(liú):古代帝王礼帽前后悬垂的玉串。

⑥黈纩(tǒukuàng):黄绵所制的小球,悬于冠冕之上,垂两耳旁,以示不妄听是非。

⑦外屏:设在帝王居处的门外屏风。

⑧迩(ěr):近。

［译文］

君主治理天下,应实施无为而治,推行无须说教就能使人明白的原则。君主自身应清虚安静而不妄动,坚持自然法度而不动摇;沿袭以前的规则来任用群臣百官,督促他们各尽其责而自己不必亲自操劳和费心。所以根据上述原则,君主心里藏有韬略而让国师来晓喻开导,能说会道却让行人去陈说,脚腿灵便却让相者引导宾客,耳朵聪敏却由执政官员进言议政。这样一来,君主考虑问题便不会失策,行动计划便不会失误,言论合理,行为可作天下之表率;进退适合时宜,动静遵循道理,不会因事物的美丑而好恶,也不会因赏罚而喜怒;依据事物的名称来命名,依据事物的类别来分类,事物是什么样子都是自然而然的,并不是由个人意志所决定的。所以,古代帝王戴的冠冕前面装饰一串珠玉用来遮挡视线,冠冕两侧垂悬的黄绵小球用来堵塞耳朵,皇帝宫外设立屏风用来阻隔外界、远离小人。因此君主管辖的范围越远,所明察的范围却越近;治理的事情越大,所操持的事情却越小。

昔者神农之治天下也，神不驰于胸中，智不出于四域，怀其仁诚之心。甘雨时降，五谷蕃植，春生夏长，秋收冬藏。月省时考，岁终献功，以时尝谷[①]，祀于明堂。明堂之制，有盖而无四方[②]，风雨不能袭，寒暑不能伤；迁延而入之[③]，养民以公。其民朴重端悫[④]，不纷争而财足，不劳形而功成。因天地之资而与之和同，是故威厉而不试，刑错而不用，法省而不烦，故其化如神[⑤]。其地南至交趾，北至幽都，东至旸谷，西至三危[⑥]，莫不听从。当此之时，法宽刑缓，囹圄空虚，而天下一俗，莫怀奸心。

〔注释〕

①省：检查。尝谷：古代祭祀后尝食新收获的谷物。

②方：墙壁。

③迁延：自由自在，毫无拘束的样子。

④朴重：朴实厚重。端悫(què)：正直诚实。

⑤试：原作“杀”，据王念孙说改，意思是“用”。错：通“措”，放置。烦：通“繁”，即烦琐。化：感化、教化。

⑥交趾：古代南方地名，大致范围是今两广及越南北部一带。旸(yáng)谷：传说太阳在东方升起之地。幽都：北方地名，在雁门关以北。三危：古代西部边疆山名。

〔译文〕

从前神农氏治理天下，精神沉静而不驰骋于胸中，智慧藏匿而不显露于身外，怀着一颗仁爱真诚之心。因而甘霖应时而降，五谷繁茂生长，春生夏长，秋收冬藏。每月按照时节考察民情，年底向臣民展示功绩，在明堂祭祀祖宗神灵并按时令品尝新谷。明堂的建制式样，有天穹一样的圆形顶盖而无四面墙壁，但风雨不能侵袭，寒暑也不能伤害；每当祭祀祖宗神灵时，神农氏率领随从胸襟坦荡、步履从容地进入明堂，以公平、公正之心抚育万民。因此百姓朴实厚重、正直诚实，不用互相争夺而财物仍然富足，不用过分劳累身体而能大功告成。他凭借着天地的资助而与百姓融会一体，所以，他尽管身处威厉地位却从不逞威逞凶，制定刑法政令却不必动用，法令简略而不烦琐，所以他对民众的教化就如神灵帮助一样神奇。他的管辖范围南到交趾，北到幽都，东到旸谷，西到三危，各处无不听从归附。在这个时候，刑法宽缓，牢狱空空，而天下风俗却纯朴一致，没有人怀奸诈之心。

末世之政则不然。上好取而无量，下贪很而无让[①]，民贫苦而仇争，事力劳而无功；智诈萌兴，盗贼滋彰，上下相怨，号令不行；执政有司，不务反道，矫拂其本，而事修其末；削薄其德，曾累其刑，而欲以为治，无以异于执弹而来鸟，捎梲而狎犬也[②]，乱乃逾甚。

〔注释〕

①贪很：同“贪狠”，贪婪凶暴。

②矫拂：违背。来鸟：招引鸟儿。梲(zhuō)：短木棍。

〔译文〕

末世的政治就不是这样了。君主热衷于索取而没有休止，官吏贪婪凶暴而互不谦让,民众因贫困而互相怨恨争夺,费尽辛劳而没有收获;智巧奸诈萌发兴起,盗贼滋生泛滥,上下互相怨恨,法规、号令不能推行实施;政府各级官员不致力于归依天道,而是违逆治国的根本,只注意末节琐事;德政减少,刑罚却加重,而想这样来治理好天下,无异于手拿弹弓却想招引鸟雀,袖藏木棍却想与狗玩耍一样,只会更加混乱。

夫水浊则鱼噞①,政苛则民乱。故夫养虎豹犀象者,为之圈槛②,供其嗜欲,适其饥饱,违其怒恚③,然而不能终其天年者,形有所劫也。是以上多故则下多诈,上多事则下多态,上烦扰则下不定,上多求则下交争。不直之于本④,而事之于末,譬犹扬堁而弭尘⑤,抱薪以救火也。

〔注释〕

①噞(yǎn):鱼因缺氧而浮出水面用口呼吸。

②圈槛(juànjiàn):关养兽类的栅栏。

③恚(huì):怨恨。

④直:通“植”,立。

⑤堁(kè):灰尘。弭:消除、清理。

〔译文〕

水混浊了,鱼儿就会浮出水面用口呼吸,政令过于苛刻,民众就会暴乱。所以那些驯养虎、豹、犀牛、大象的人,尽管给这些动物修建了栅栏,给它们喜爱吃的食物,适时投放不让它们挨饿，不让它们暴怒、怨恨，但还是不能让它们享尽自然寿命，原因就是这些动物的身体受到了强制的约束和胁迫。因此，君主多智巧，臣民就多奸诈；君主频繁发布政令，臣民就会曲意逢迎、附会；君主好烦扰，臣民必受干扰而不安定；君主多贪欲，臣民就好争斗。不立足根本而去追求末节，就好像扬起尘土去清理灰尘、抱着木柴去救火一样。

故圣人事省而易治，求寡而易澹[①]，不施而仁，不言而信，不求而得，不为而成；块然保真[②]，抱德推诚，天下从之，如响之应声，景之像形；其所修者本也。刑罚不足以移风，杀戮不足以禁奸，唯神化为贵，至精为神[③]。

〔注释〕

①澹：通“赡”，满足。
②块然：安然自得。
③神化：精神感化。

〔译文〕

所以圣人简省事务而容易治理，欲求少而容易满足，不需布施而能赐予仁爱，不须信誓旦旦而能显示诚实，不需索取就能获得，不用做什么反能收到成效；他安然自得保守纯真，怀抱道德以诚待人，天下人都归顺跟随他，如同回音应和响声，物影跟随形体；这些都是因为圣人修养根本的缘故。刑罚不足以移风易俗，杀戮不足以禁绝奸邪，唯有精神感化才是最可贵的，那最精纯的无为之道才有神奇作用。

故民之化也，不从其所言而从所行。故齐庄公好勇，不使斗争，而国家多难，其渐至于崔杼之乱[①]。顷襄好色，不使风议，而民多昏乱，其积至昭奇之难[②]。

〔注释〕

①勇：勇士。齐庄公：春秋时期齐国国君，因与齐国大夫崔杼(zhù)之妻私通，而遭崔杼等人杀害。故下文说“崔杼之乱”。

②顷襄：战国末期楚国国君顷襄王，淫靡奢侈。昭奇：楚国大夫。

〔译文〕

所以国君要感化百姓，人民不是听他说什么而是会跟着他做。所以齐庄公好养勇士，尽管他并不让百姓互相争斗，但国家多灾多难，致使后来自己被崔杼杀死，国家大乱。楚顷襄王荒淫好色，尽管他不让百姓指点议论，许多民众却像他一样淫乱昏昧，最后酿成国土沦丧、大批贵族被杀的灾难。

古圣王至精形于内，而好憎忘于外；出言以副情，发号以明旨；陈之以礼乐，风之以歌谣[①]；业贯万世而不壅，横扃四方而不穷[②]；禽兽昆虫与之陶化[③]，又况于执法施令乎？故太上神化[④]，其次使不得为非，其次赏贤而罚暴。

〔注释〕

①副：符合。风：通“讽”。

②贯：贯通、接续。壅：堵塞、终止。横扃（jiōng）：横贯、充盈。
③陶化：陶冶变化。
④太上：至高无上。

〔译文〕

古代圣王将最精粹的精神保存在内心，而将好憎之情抛掷在外边；他言论符合真情，号令阐明仁慈的旨意；他通过礼乐来陶冶民性，用歌谣来讽喻民风；他的功业持续万代而不会终止、横贯四方而不会穷尽；就连禽兽、昆虫也随之受到陶冶感化，更何况由这样的圣王执法施令，天下谁不听从感化呢？所以治理天下，上策是从精神上感化，其次是用礼制来约束民众，使他们不做错事，而用奖赏贤才、惩罚暴虐的方法来治理天下是下策。

君人之道，其犹零星之尸也，俨然玄默[①]，而吉祥受福。是故得道者不为丑饰，不为伪善，一人被之而不衺，万人蒙之而不褊[②]。是故重为惠，若重为暴[③]，则治道通矣。

〔注释〕

①零星：灵星，星名，主稼穑。尸：古代祭祀时代替神鬼受祭的人。玄默：静默不语。
②被、蒙：受到。衺：宽大。褊（biǎn）：狭小。
③若：同样。重：慎重。

〔译文〕

君主治理天下的方法，应该像祭祀灵星时的尸主那样，庄重端坐、静默不语，却能使祭祀的人吉祥受福。所以，得“道”之君既不掩饰百姓的丑陋，也不隐藏百姓的美善，一人承受君主的恩惠不会觉得太大，万人分享这种恩惠也不会觉得太小。因此君主要慎重实施恩惠，就如同慎重实施惩罚一样，治国之道就会畅通无阻。

为惠者，尚布施也。无功而厚赏，无劳而高爵，则守职者懈于官，而游居者亟于进矣[①]。为暴者，妄诛也。无罪者而死亡，行直而被刑，则修身者不劝善，而为邪者轻犯上矣。故为惠者生奸，而为暴者生乱。奸乱之俗，亡国之风。是故明主之治，国有诛者而主无怒焉，朝有赏者而君无与焉[②]。诛者不怨君，罪之所当也；赏者不德上，功之所致也。民知诛赏之来皆在于身也，故务功修业，不受赣于君[③]。是故朝廷芜而无迹，田野辟而无草。故太上，下知有之[④]。

〔注释〕

①游居者：指投机钻营的人。

②与：赞誉、高兴。

③赣：赐予。

④太上：指远古无为而治之世。

〔译文〕

主张施行惠政的国君，热衷于施舍恩惠给臣下。无功者得到奖赏，无劳者得到爵位，这样就会使百官懈怠职责，而那些投机钻营的人会极力谋取爵位官职。同样，注重施行暴政的国君，就会随意实施诛杀惩罚。无罪者屈死，品行端正的人受到惩罚，这样就会使那些注重自我修身之人不愿再努力为善，而那些行为不轨者敢于犯上作乱。所以轻易广施恩惠容易助长奸邪，而轻易施行惩罚容易滋生动乱。这种奸邪和动乱的习气，就是亡国之风。因此，英明的君主治理天下，他不会因为国家有被诛罚者而恼怒，也不会因为朝廷有被奖赏者而高兴。受诛罚者没有必要怨恨国君，因为这是他们罪有应得；受奖赏者也没必要感谢国君，因为这是他们功劳所得。民众知道赏和罚均取决于自身的表现，就会努力建功立业而不指望君主的恩赐。这样一来，朝廷中因来往的官民稀少而荒草丛生，大家都踏实工作，田野中开辟出来的荒地都无杂草。这就是远古时代的无为而治，臣民都已经知道了。

夫人主之听治也，清明而不暗，虚心而弱志，是故群臣辐凑并进[①]，无愚智、贤不肖，莫不尽其能。于是乃始陈其礼，建以为基。是乘众势以为车，御众智以为马，虽幽野险途，则无由惑矣。人主深居隐处以避燥湿，闺门重袭以避奸贼[②]。内不知闾里之情，外不知山泽之形；帷幕之外，目不能见十里之前，耳不能闻百步之外；天下之物，无不通者，其灌输之者大，而斟酌之者众也[③]。是故不出户而知天下，不窥牖而知天道[④]。乘众人之智，则天下之不足有也；专用其心，则独身不能保也。

［注释］

①听治：治理。辐凑：车轮的辐条聚集于轴心。

②闺门：内室的门。袭：层。

③灌输之者：传递信息之人。斟酌之者：出谋划策的人。

④牖（yǒu）：窗户。

［译文］

君主治理天下，清明而不昏昧，心胸虚静而心志温和，所以群臣就像车辐聚集到车轴一样入朝辅佐他，不管是愚笨的还是聪明的、贤能的还是不才的，无不各尽其能。达到这种地步，就可以陈列君臣之礼，建立起治理天下的基础。于是，君主以众人之力为车来乘坐，以众人智慧为马来驾驭，即使行驶在荒野中幽暗、险要的道路上，也不会迷失方向。君主深居幽深、隐蔽之处以避开燥热寒湿，居住在重重内室以避奸佞之徒。他在国都内不了解里巷民情，在国都外不知道山川湖泽；居室以外的地方，他两眼只能看到十里以内的东西，两耳只能听到百步之内的声音，可是天下事物却无所不知，这是因为向他传输信息的人众多，向他出谋划策的人也很多。所以他足不出户就能知天下事，眼睛不看窗户也能知道天道的运行变化。所以说要充分发挥众人的才智，天下就不够他治理了；假如只凭借一己之力，连自己的命都难保全。

是故人主覆之以德，不行其智，而因万人之所利。夫举踵天下而得所利[①]，故百姓载之上，弗重也，错之前，弗害也；举之而弗高也，推之而弗猒[2]。

〔注释〕

①举踵（zhǒng）：抬起脚跟。比喻做事易如反掌，不费吹灰之力。
②错：通“措”，放置。猒（yàn）：同“厌”，厌烦。

〔译文〕

所以君主用道德来治理天下，不是用个人的才智，而是依照万民的利益来办事。他稍抬脚便能让天下人获得利益，所以百姓将他顶在头上，不会感到压迫，将他放在眼前，也不会造成危害；将他举过头顶不会感到高不可攀，推崇他也不会厌烦。

主道员者[1]，运转而无端，化育如神，虚无因循，常后而不先也。臣道方者[2]，论是而处当，为事先倡，守职分明，以立成功也。是故君臣异道则治，同道则乱。各得其宜，处其当，则上下有以相使也[3]。

〔注释〕

①员：同“圆”。
②臣道方者：原作“臣道员者，运转而无方者”，据王念孙说改。
③相使：互相促进。

〔译文〕

君主治国之道灵活圆通，周而复始运转不停，化育万物神妙无比，虚静无为因循天道，常居后而不争先。臣下办事方正，言论得体处事恰当，遇事先行倡导，职责分明而不推诿，以此来建立功绩。所以君行无为之道，臣行有为之道，君臣异道天下太平，反之君臣同道则天下大乱。君主清静无为，臣下恪守职位，各自处在应处的位置上，这样上下便能默契合作、互相促进。

纣兼天下，朝诸侯①，人迹所及，舟楫所通，莫不宾服。然而武王甲卒三千人，禽之于牧野②，岂周民死节，而殷民背叛哉？其主之义德厚而号令行也。夫疾风而波兴，木茂而鸟集，相生之气也③。是故臣不得其所欲于君者，君亦不能得其所求于臣也。君臣之施者，相报之势也。是故臣尽力死节以与君，君计功垂爵以与臣。是故君不能赏无功之臣，臣亦不能死无德之君。君德不下流于民，而欲用之，如鞭蹄马矣，是犹不待雨而熟稼，必不可之数也④。

〔注释〕

①朝诸侯：使诸侯来朝拜。

②禽：通"擒"。牧野：商都郊野，在今河南淇县南一带。

③相生之气：比喻自然界的现象和趋势。

④蹄马：难驯服的烈马。数：方法。

〔译文〕

纣王占据整个天下，诸侯无不对他朝拜，凡有人迹的地方、车舟相通的区域，无不称臣降服。然而周武王只带领三千甲卒，就在牧野这个地方擒拿住纣王，这难道是周朝百姓愿为君主效死，而殷朝民众背叛纣王所造成的吗？不是这样，而是周武王对民众德义深厚，所以百姓听从他的号令而行事。风疾则波浪涌起，树木枝叶繁茂则鸟雀就会聚集，自然界的现象就是如此。因此，臣下如果不能从君主身上获得自己想要的东西，那么君主也就不可能从官员那里获得自己想要的东西。君臣之间的施与，就是这样有施有报。所以大臣不惧牺牲来报答君主，君主就应该按功劳大小对臣下赐以爵位。因此君主不应该赐赏无功之臣，臣子也不会为无德之君拼命。君主的恩泽如果不能遍洒人民群众，却想要驱使他们，这就像用鞭子去降服烈马一样，也好比不降雨水就希望庄稼成熟、丰收一样，这种方法是根本不可能奏效的。

君人之道，处静以修身，俭约以率下。静则下不扰矣，俭则民不怨矣。下扰则政乱，民怨则德薄。政乱则贤者不为谋，德薄则勇者不为死。

〔译文〕

君主统治人民的方法，应处静以修养身心，以勤俭节约为下属做出表率。君主如果处静以修身，那么民众就不会受到骚扰；君主如果勤俭节约，那么民众就不会抱怨。民众受到骚扰，政局就会混乱；民众怨声载道，说明君主恩德浅薄。政局混乱，那么贤能人士就不会替君主出谋划策；君主恩德浅薄，那么勇武之士就不会为君主拼死卖命。

故古之君人者，其惨怛于民也[①]。国有饥者，食不重味；民有寒者，而冬不被裘；岁登民丰，乃始县钟鼓、陈干戚[②]，君臣上下，同心而乐之，国无哀人。

〔注释〕

①惨怛(dá)：忧伤、悲痛。

②县：通“悬”。干：盾。戚：斧。

〔译文〕

古时候的君主，常常对百姓的痛苦感到忧伤、悲痛。只要国内有挨饿的人，他就不会在饮食上讲排场；只要国内还有挨冻的人，他就不会身穿裘皮；只有当年收成好，百姓富足时，他才会命人悬挂钟鼓、陈设干戚，君臣上下与民同乐，国家因此没有一人悲哀。

及至乱主，取民则不裁其力[①]，求于下则不量其积，男女不得事耕织之业以供上之求，力勤财匮，君臣相疾也[②]。故民至于焦唇沸肝[③]，有今无储。

〔注释〕

①裁：量度。

②疾：怨恨。

③焦唇沸肝：形容生活痛苦难熬。

〔译文〕

到了乱世昏主，搜刮民脂民膏，不顾百姓的承受力，聚敛财富，不看百姓的家底积蓄，男耕女织根本无法供给君王的奢求，这样导致民力疲乏，财源枯竭，君臣互相怨恨。因此人民因生活困顿而愁苦焦灼，吃了上顿没有下顿。

食者，民之本也；民者，国之本也；国者，君之本也。是故人君者，上因天时，下尽地财，中用人力，是以群生遂长①，五谷蕃植。教民养育六畜②，以时种树，务修田畴③，滋植桑麻，肥墝高下④，各因其宜。丘陵阪险不生五谷者，以树竹木，春伐枯槁，夏取果蓏⑤，秋畜疏食，冬伐薪蒸⑥，以为民资。是故生无乏用，死无转尸⑦。

〔注释〕

①群生：指万物。遂：顺利。

②六畜：牛、马、羊、猪、鸡、狗六种牲畜。

③田畴：耕熟的土地。

④肥：肥沃的土地。墝（qiāo）：贫瘠的土地。高：地势高的土地。下：低洼处。

⑤果蓏（luǒ）：草本植物果实。一说有核的为果、无核的为蓏；一说木本植物果实叫果，草本植物果实叫蓏。

⑥疏食：原注“菜蔬曰疏，谷食曰食”。薪蒸：粗柴为薪，细柴为蒸。

⑦转尸：指尸体被弃于荒野，形容死无葬身之地。

〔译文〕

粮食是人民的根本，而人民又是国家的根本，国家则是君主的根本。知道这个道理，治理国家的君主就应当上循天时、下尽地财、中用民力，这样万物就能顺利生长，五谷就能繁茂生长。君主还应指导人民养育六畜，按季节种植各种树木植物，致力于农业耕种，发展桑麻业，按各种不同肥沃、贫瘠的坡地和低洼的田地来种植相宜的农作物。而对那些丘陵险地及不能种植五谷的地域，则种以竹木，春季可以砍伐枯木，夏季可以摘收瓜果，秋季可以积蓄蔬菜、杂粮，冬季可以砍伐薪柴以供民用。因此，人民活着不会缺少用品，死后不至于抛尸荒野。

卷十　缪称训

〔题解〕

“缪称”，即引用异说。具体是指在坚持道家学说的“道”与“德”的前提下，兼用儒家的仁、义、礼、乐之说，对君主的道德修养作了全面具体而又琐细的论述。强调君主在秉承清静无为的天道的同时，还要有仁爱之心，从身边小事做起，持之以恒地积小善而成大德。另外特别强调君主独处时要持守“慎独”精神。

《要略》：《缪称》者，破碎道德之论，差次仁义之分，略杂人间之事，总同乎神明之德①；假象取耦，以相譬喻，断短为节，以应小具②；所以曲说攻论，应感而不匮者也③。

〔注释〕

①破碎：解析。差次：分别等级次序。总同：汇集。

②假象：假借事物的形象。节：符节。具：需要。

③曲说攻论：指用多种说辞艺术进行剖析、论证。匮：缺乏。

〔译文〕

《缪称》的内容，解析“道”“德”的理论，分别儒家的“仁”“义”等次，稍微杂列人世间的事情，全部汇集在变化莫测的大道之中；假借外物的形象来取得耦合的例证，以便用来相互比喻，就像截断小的竹子作为符节，用来阐述细节所需；这样运用多种说辞艺术进行深入细致的剖析论证，就可以使人所感知到的所有现象都能找到相应的解释。

〔原文〕

主者国之心，心治则百节皆安①，心扰则百节皆乱。故其心治者，支体相遗也；其国治者，君臣相忘也。黄帝曰：“芒芒昧昧，从天之道，与元同气②。”故至德者，言同略，事同指③，上下一心，无岐道旁见者，遏障之于邪，开道之于善，而民乡方矣④。故《易》曰：“同人于野，利涉大川。”

〔注释〕

①心治：指心脏健康。节：脉络。
②芒芒昧昧：纯厚广大。元：天。
③略：谋略。指：意图。
④遏障：阻塞。乡：通“向”。方：正道。

〔译文〕

君主是国家的心脏，心脏健康，全身的脉络就畅通安康；心脏功能紊乱，全身的血脉也随之紊乱。所以，一个人的心脏如果健康，肢体就相安无事；同样，一个国家治理得好，君臣之间就各尽其职。黄帝说："至德者纯厚广大，承顺天道，与上天的元气相通。"所以，至德者其谋略与臣民意见相吻合，办事的旨意与臣民意图相一致，这样君主与臣民同心同德，没有意见上的分歧和偏邪见解，就能堵塞歪门邪道，开启行善之道，引导人民走向正道。所以《易经》上说："君主在郊外聚集民众准备出征，由于上下一心，就能跋山涉川渡过难关而取得胜利。"

道者，物之所导也；德者，性之所扶也；仁者，积恩之见证也；义者，比于人心而合于众适者也[①]。故道灭而德用，德衰而仁义生。故上世体道而不德，中世守德而弗怀也，末世绳绳乎唯恐失仁义[②]。君子非仁义无以生，失仁义，则失其所以生；小人非嗜欲无以活，失嗜欲，则失其所以活。故君子惧失仁义，小人惧失利，观其所惧，知各殊矣。《易》曰："即鹿无虞，惟入于林中。君子几不如舍，往吝[③]。"

〔注释〕

①比(bì)：贴近。众适：众人的心意。

②不德：不用德。绳绳乎：小心谨慎。

③即：追逐。鹿：比喻利益。虞：掌管山林的官员。几：追求。舍：放弃。吝：危险。

〔译文〕

道是万物的先导;德是性情的扶持;仁是积累恩德的见证;义是贴近人心、合乎众人的心愿。所以道被泯灭就以德来取代,德衰微了就产生了仁义。因此,远古圣人之治是依靠“道”而不用“德”,中古圣王之治是谨守“德”而不怀仁爱之美,近代君王治国是小心谨慎,抱持仁义而恐怕失去“仁义”。君子没有了仁义就无法生存下去,失去仁义就失去了生存的条件;小人没有了嗜欲就无法生存下去,丧失了嗜欲就等于要了他的命。所以君子害怕失掉仁义,小人则害怕失去利益,观察他们各自害怕什么,就可以知道君子与小人的不同。《周易》说:“追逐鹿而得不到向导的帮助,就是追进深山老林也得不到。君子知道追逐不到手不如放弃,因为继续追逐,就会有危险。”

其施厚者其报美,其怨大者其祸深。薄施而厚望,畜怨而无患者,古今未之有也。是故圣人察其所以往,则知其所以来者。圣人之道,犹中衢而致尊邪①,过者斟酌,多少不同,各得其所宜。是故得一人,所以得百人也。人以其所愿于上以交其下,谁弗戴?以其所欲于下以事其上,谁弗喜?《诗》云:“媚兹一人,应侯慎德②。”慎德大矣,一人小矣。能善小,斯能善大矣。

〔注释〕

①衢(qú):道路四通八达。致:设置。尊:通“樽”,装酒的器具。

②媚:喜爱。兹:此。一人:指天子。侯:只。慎:顺从。

〔译文〕

对别人施与丰厚,那么得到的回报也丰厚;同别人结怨太深,那么招致的祸害也必然深大。施与别人的很少却想得到厚报,同别人积怨深厚却不受祸患,从古到今还没有这样的事。所以圣人知道自己怎样和人交往,也就知道别人将怎样回报自己。圣人为人处世的方法,就像在四通八达的道路中央设置酒樽,路过的行人依自己的酒量大小,各自取饮适量的酒。所以能够赢得一个人的心,也就能得到百人来拥戴。一个人用他希望上司对待他的态度来对待自己的下属,那么下属谁不爱戴他?一个人用他要求下属对待他的态度来对待上司,那么上司又有哪个不喜欢他?《诗经》说:“百姓爱戴天子,言行上应当顺从德行的要求。”言行顺从德行是重要的事,与它相比,天子也是小事。能做小善,日积月累就能形成大的功德。

君子见过忘罚,故能谏;见贤忘贱,故能让;见不足忘贫,故能施。情系于中,行形于外。凡行戴情[①],虽过无怨;不戴其情,虽忠来恶。后稷广利天下,犹不自矜。禹无废功,无废财,自视犹觖如也[②]。满如陷[③],实如虚,尽之者也。

〔注释〕

①戴:通“载”,饱含。
②觖(jué):不满意。

③陷:缺少。

〔译文〕

君子看到他人的过失就忘掉了批评他人可能会招致责罚,所以他敢于直言进谏;君子看到贤才便忘记举荐贤才可能会使别人地位超过自己,所以他乐意让贤;君子看到衣食不足者会忘记救济别人会穷了自己,所以他能慷慨施舍。内心世界维系着真情,就会在外在行动中表现出来。凡是言行饱含真情,即使有过失,别人也不会怨恨;言不由衷、虚情假意,就是装出一副忠诚的样子也会招人厌恶。后稷为天下人谋利,却从来不自我夸耀。夏禹治水没有白费民力,也没有白费钱财,但他从不自满。他们就是这样在完满中看到缺陷,在充实中看到不足,所以能使自己尽善尽美。

凡人各贤其所说,而说其所快[①]。世莫不举贤,或以治,或以乱;非自遁[②],求同乎己者也。己未必得贤,而求与己同者,而欲得贤,亦不几矣[③]!使尧度舜则可,使桀度尧,是犹以升量石也[④]。今谓狐狸[⑤],则必不知狐,又不知狸。非未尝见狐者,必未尝见狸也。狐、狸非异,同类也,而谓狐狸,则不知狐、狸。是故谓不肖者贤,则必不知贤;谓贤者不肖,则必不知不肖者矣。

〔注释〕

①说:同"悦"。快:愉悦、畅快。

②遁：欺骗。

③几(jī)：接近。

④度：鉴识。升、石(dàn)：都是容量单位，十升合一斗，十斗合一石。

⑤狐狸：狐，犬科，即今天所说的狐狸。狸，猫科，指山猫。二者习性相同，所以人们混而称之。

〔译文〕

人们都认为自己所喜欢的人是贤者，从而喜欢他们所喜欢的人和事。世上没有人不举能荐贤的，但所举荐的人，有的能使国家得到治理，有的却使国家产生混乱；这些并不是举荐人自我欺骗，而是因为他们只会举荐与自己志趣相投的人。可是在你自己未必是贤人的情况下，却去推荐与你水平相同的人，被推荐者当然不一定是真正的贤才。让尧去鉴识舜是可行的，但如果让桀去鉴识尧，就好像用升去量石一样，是没法量清的。现在一般人都习惯说"狐狸"，实际上他们既不知道"狐"，也不知道"狸"。他们不是没有见过"狐"，就是一定没有见过"狸"。"狐"与"狸"虽然不是异类，但因习性相近而属同一大类，可是日常中的人混称"狐狸"，可见他们根本不知"狐""狸"之别。所以，把不贤的人称为贤人，他一定不明白什么叫贤；将贤人说成是不贤，那他必定不知道什么样的人是不贤。

圣人在上，则民乐其治；在下，则民慕其意。小人在上位，如寝关曝纩①，不得须臾宁。故《易》曰："乘马班如②，泣血涟如。"言小人处非其位，不可长也。

〔注释〕

①关：墓门。曝(pù)：晒。纩(kuàng)：蚕茧。

②班如：回旋。

〔译文〕

圣人处于统治地位，那么百姓都乐意接受他的管理；圣人不在位上，百姓也会仰慕他的志向。而小人占于统治地位，那么百姓就像睡在墓门上，或像暴晒中的蚕蛹一样，没有片刻安宁。所以《易经》说："骑马遇险徘徊不安，即将面临血泪淋淋的险境。"意思是说小人处在他不该处的位置，就会国运不长。

心之精者，可以神化，而不可以导人；目之精者，可以消泽，而不可以昭诋①。在混冥之中，不可谕于人。故舜不降席而天下治，桀不下陛而天下乱②，盖情甚乎叫呼也。无诸己，求诸人，古今未之闻也。同言而民信，信在言前也；同令而民化，诚在令外也。圣人在上，民迁而化，情以先之也。动于上，不应于下者，情与令殊也。故《易》曰："亢龙有悔③。"三月婴儿，未知利害也，而慈母之爱谕焉者，情也。故言之用者，昭昭乎小哉；不言之用者，旷旷乎大哉。

〔注释〕

①消泽：消散，即可以在无形中感知事物。昭诋：告诫。

②降:这里是起身离开的意思。陛:宫殿的台阶。

③亢龙有悔:比喻君主蛮横无度,在位难以持久,所以产生悔意。

〔译文〕

精诚之心,可以神妙地感化他人,但不可以用来教导他人;明亮的眼睛,可以在无形中察知事物,但无法用它来告诫他人。心和眼的这种功能无形迹可求索,所以无法告诉他人。因此舜不离座席而天下大治,桀不下台阶而天下大乱,这些都是因为感情的影响要远远超过大呼大叫的作用。自己无法做到的事,却要求别人做到,这在古今都是闻所未闻的事。百姓赞同君主的言论并且说话诚实,是由于君主在对百姓说教前一向说话诚实;百姓服从君主的命令并且受到教化,是由于君主的发号施令也同样出于真诚。圣人处于统治地位,百姓归顺并被感化,同样是由于圣人先对百姓动以真情。君王处在高位发布政令,而下面百姓不响应,这是由于君王的真情与政令不一致。所以《易经》说:"君主为自己的蛮横无度产生的恶果而后悔。"三个月大的婴儿,还不知利害关系,但慈母的爱心却能感受到,这是由于母子间的真情相连。所以说言教的作用很小,而不言之教的功效却非常大。

身君子之言[1],信也;中君子之意,忠也。忠信形于内,感动应于外。故禹执干戚舞于两阶之间,而三苗服。鹰翔川,鱼鳖沉,飞鸟扬,必远害也。子之死父也[2],臣之死君也,世有行之者矣,非出死以要名也,恩心之藏于中,而不能违其难也。故人之甘甘,非正为蹠也,而蹠焉往[3]。君子之惨怛[4]，非正为伪形也，谕乎人心。非从外入，自中出者也。义正乎君，仁亲乎父。故君之于臣也，能死生之，不能使为苟简易；父之于子也，能发起之，不能使无忧寻[5]。故义胜君，仁胜父，则君尊而臣忠，父慈而子孝。

〔注释〕

①身：身体力行。

②死父：为父而死。下句"死"字用法相同。

③甘甘：甘其所甘，意思是乐意做喜欢的事情。正：仅。蹠（zhí）：愿望。往：实现。

④惨怛（dá）：悲痛、忧伤。

⑤发起之：使儿子有所作为。忧寻：指子女对父母的忧虑、挂念。

〔译文〕

能够亲身践行君子说的话，这叫"信"；能够符合君子的意向，这叫"忠"。"忠"和"信"在内心形成之后，就会在外部行动上表现出来。所以禹手执盾牌、大斧在宫廷两边的台阶之间舞蹈，表示为德治而武力征讨，作乱的三苗很快就臣服。苍鹰在江河上空盘旋飞翔，鱼鳖沉入水底，鸟儿高飞远走，是因为它们感知到苍鹰有伤害之心，所以远远地躲避起来。儿子能为父亲去死，大臣能为君主拼命，这些事情每个朝代都有，他们不是为了以死来邀取名利，而是内心有感恩之情，所以不怕这种死难。因此，人们乐意去做自己喜欢做的事情，并非为了实现某种愿望，可这种愿望却常常会实现。同样，君子的忧伤、悲痛，也并非只是做做样子，因而能够使人理解通晓。这些都在于他们的这种情感不是迫于外力，而是真的产生于内心。“义”的重要性要超过君王的重要性，同样，“仁”的位置应置于父亲之上。所以，君王对臣下，可以有权决定他们的生死，但不能让重“义”的臣下迎合君主而改变道义；父亲对儿子，可以呼来唤去使唤他们，但不能让讲仁行孝道的儿子不为父母亲忧虑挂念。所以，我们将“义”和“仁”置于君与父之上，那么就可以达到君尊而臣忠、父慈而子孝的目的。

圣人在上，化育如神。太上曰[①]：“我其性与！”其次曰：“微彼，其如此乎[②]？”故《诗》曰：“执辔如组[③]。”《易》曰：“含章可贞[④]。”动于近，成文于远。夫察所夜行，周公不惭乎景。故君子慎其独也。释近期远，塞矣！

〔注释〕

①太上：远古无为而治的时代。

②其次：传说中的三皇五帝时期。微：如果没有。彼：百姓。

③辔：缰绳。组：丝帛。

④含：克。章：通“商”。可贞：占卜预兆吉利，事情可行。原意是武王克商，占卜可行。这里是指怀有美好的情操，行为就能走上正道。

〔译文〕

圣人处于统治地位，他化育万民应验如神灵。远古的明主说：“我只是顺其自然，无为而治。”以后的三皇五帝说：“没有百姓的拥护，天下哪能治理得如此太平？”所以《诗经》说：“手执缰绳，如同丝帛。”《易经》说：“怀有高尚情操，行为就能走上正道。”所以说能够注意自身的修养，就能获得深远的美好结果。周公能在黑夜里省察自己的行为，做到身正影正而无愧色。所以君子注重“慎独”。反过来说，不注意自身的修养，却企盼远大目标的实现，这是行不通的。

积薄为厚，积卑为高，故君子日孳孳以成辉，小人日怏怏以至辱[①]。其消息也，离朱弗能见也[②]。文王闻善如不及，宿不善如不祥[③]，非为日不足也，其忧寻推之也。故《诗》曰：“周虽旧邦，其命维新[④]。”

〔注释〕

①孳孳（zī）：同“孜孜”，勤勉。怏怏：不高兴。

②消息：消长变化。离朱：黄帝时人，视力超乎常人，能于百步之外见秋毫之末。

③宿：止留。这里意谓处于、碰上。

④旧邦：历史悠久的国家。命：天命。维新：指灭商建周。

〔译文〕

薄的积多了可以变厚，低的积多了可以变高，所以君子每天勤勉地行善以成光辉的美德，而小人每天因贪心不足而怏怏不乐，以致品德败坏而受辱。这里面变化的道理，离朱也不明白。周文王听到善事可行，唯恐自己赶不上，而对自己的不善行为，哪怕只留一晚都会感到不吉利，这并非因为他每天都觉得没有做得够好，而是忧虑长此下去将变得不可收拾。所以《诗经》

说:“周国虽然是古老之邦,但它接受天命灭掉商朝,国运新兴。”

怀情抱质,天弗能杀,地弗能霾也[①];声扬天地之间,配日月之光,甘乐之者也。苟乡善[②],虽过无怨;苟不乡善,虽忠来患。故怨人不如自怨,求诸人不如求诸己得也。

〔注释〕

①霾:同“埋”。

②乡:同“向”。

〔译文〕

怀着真情,拥抱质朴,上天不能扼杀,大地无法埋没;声威传播于天地之间,与日月同辉,这是美好而又快乐的事情。如果能向善从善,即使有过错别人也不会埋怨;如果不能向善从善,即使忠诚也会招致祸患。所以埋怨别人不如埋怨自己,要求别人不如要求自己。

生,所假也;死,所归也。故弘演直仁而立死,王子闾张掖而受刃[①],不以所托害所归也。故世治则以义卫身,世乱则以身卫义。死之日,行之终也,故君子慎一用之[②]。无勇者,非先慑也,难至而失其守也;贪婪者,非先欲也,见利而忘其害也。虞公见垂棘之璧,而不知虢祸之及己也[3]。故至道之人，不可遏夺也[4]。

〔注释〕

①弘演：春秋时期卫国忠臣。卫懿公被狄人杀死，食肉舍肝，弘演剖腹纳之。王子闾：春秋时期楚平王之子，白公胜威逼立他为楚王，他坚决不从，后被白公胜杀害。掖：通"腋"。

②慎：通"顺"，遵循。

③虞公：春秋虞国国君。垂棘：春秋晋国之地，盛产美玉。虢：周代国名。

④遏夺：强行剥夺。

〔译文〕

生命只是寄存在人世间的躯壳，死亡才是精神的归宿。所以弘演为了弘扬仁义而毫不犹豫地捐躯，王子闾为扶助正义张开双臂面无惧色地接受刀刃，他们都不为偷生而妨害到死后的归宿。所以处于治世就用"义"来洁身自好，处于乱世就用生命来维护正义。除非是死，这种行为才会终止，所以君子一定要遵循这一原则行事。没有勇气的人，并不是生来就胆怯，而是灾难来临时丧失了应有的操守；贪婪的人，也并不是生来就有贪欲，而是看到了利益就忘掉了贪利的危害。虞国国君看到晋国送来的垂棘玉璧，内心兴奋不已，却不知道虢国亡国的灾难很快就会降临虞国。所以达到"道"的最高境界的人，不可能强行剥夺他秉持的信念。

人之欲荣也，以为己也，于彼何益？圣人之行义也，其忧寻出乎中也，于己何以利？故帝王者多矣，而三王独称[①]；贫贱者多矣，而伯夷独举[②]。以贵为圣乎？则圣者众矣；以贱为仁乎？则贱者多矣[③]。何圣、仁之寡也？独专之意，乐哉忽乎，日滔滔以自新，忘老之及己也。始乎叔季，归乎伯孟[④]，必此积也。

〔注释〕

①三王：夏禹、商汤、周武王（一说为周文王）。

②伯夷：商朝末年孤竹国君的儿子。周武王灭商，伯夷和弟弟叔齐以食周粟为耻，饿死在首阳山（今山西永济市南）。

③贱者：据文意，当作"仁者"。

④叔季：兄弟排行中最小的，这里是少和小的意思。伯孟：兄弟排行中最大的，这里是大和多的意思。

〔译文〕

一般人想得到荣耀，都是为了自己，对别人有什么好处呢？圣人做善事、行义事，忧思出自内心，对他本人有什么好处呢？所以自古以来帝王很多，但只有夏禹、商汤、周武王受人称颂；社会上贫贱的人很多，但只有伯夷被人称颂。把富贵者等同于圣人吗？那么天下的圣人就太多了。将贫贱者等同于仁者吗？那么天下的仁者就太多了。但为何天下的圣人、仁者少之又少呢？这是因为圣人和仁者专心致志地行善、从善，如滔滔奔流的江河，每天都不停地发展和进步，以至于忘记衰老将降临自身。他们开始时收获比较小也比较少，最终的成果则很大很多，这是他们长期坚持不懈积累行善的结果。

素修正者，弗离道也。君子不谓小善不足为也而舍之，小善积而为大善；不谓小不善为无伤也而为之，小不善积而为大不善。是故积羽沉舟，群轻折轴，故君子禁于微①。壹快不足以成善②，积快而为德；壹恨不足以成非，积恨而成怨③。故三代之善，千岁之积誉也；桀、纣之谤，千岁之积毁也。

〔注释〕

①微：指微小的坏事。

②壹快：一件快乐的善事。

③怨：王念孙认为应作“恶”。下句“桀、纣之谤”的“谤”，也应作“恶”。

〔译文〕

平时修身养性保持正直纯洁的人，不会偏离正道。君子不以为小的善事不值得做就舍弃它，因为小善积累起来也就能成为大善；也不以为小的坏事无妨而去做，因为小恶积累起来也就成为大恶。所以羽毛堆积到一定程度能将船只压沉，太多轻东西放在车上也能将车轴压断，所以君子平时谨戒于微细之处。做一件快乐的善事还不足以形成美德，但日积月累做善事就能形成好的品德；做一件令人悔恨的坏事还不足以败坏品德，但天长日久做坏事就会成为恶人。所以夏禹、商汤、周武王的善政美德，是千秋万代人的称誉而成的，夏桀、纣王的恶行暴政则是千年万代人的唾骂而成的。

卷十一　齐俗训

〔题解〕

“齐俗”，即齐同天下各地不同的礼俗。一方面，作者认为不同时代、地区和民族都有各自不同的礼俗，它们都是对一定时代背景、生活环境、社会关系、民族习俗的特定反映，不能用一种标准去衡量某种礼俗的贵贱是非，也不能用某一种礼俗来统一天下，君主应当尊重不同地方礼俗的独特性和差异性，做到入乡随俗，而不能强迫人们接受。但另一方面，作者又提出“以道论者，总而齐者”，人们如果能“返性体道”，全社会就能形成纯美质朴的风俗，天下可以“齐俗”，国家可以大治。

《要略》：《齐俗》者，所以一群生之短修①，同九夷之风气，通古今之论，贯万物之理，财制礼义之宜，擘画人事之终始者也②。

〔注释〕

①一：统一。

②财：通“裁”。擘（bò）画：描绘，这里是规划的意思。

〔译文〕

《齐俗》的内容，是用来统一万物的长短优劣，齐同九夷不同的风气，沟通古今不同的论说，贯通万物生存的道理，裁定礼义的适宜内容，规划世间人和事的终始。

广厦阔屋，连闼通房①，人之所安也；鸟入之而忧。高山险阻，深林丛薄②，虎豹之所乐也；人入之而畏。川谷通原，积水重泉③，鼋鼍之所便也；人入之而死。《咸池》《承云》《九韶》《六英》④，人之所乐也；鸟兽闻之而惊。深溪峭岸，峻木寻枝，猿狖之所乐也⑤；人上之而栗。形殊性诡⑥，所以为乐者，乃所以为哀；所以为安者，乃所以为危也。

〔注释〕

①闼(tà)：小门。

②丛薄：草木丛生。

③川谷通原：深谷。积水重泉：深渊。

④咸池、承云：黄帝所用的乐曲。九韶：舜帝所用乐曲。六英：颛顼帝所用乐曲。

⑤峻木：高大的树木。寻枝：长长的枝条。猿狖(yòu)：古书上一种长尾猴，毛色黄黑。

⑥诡：不同。

〔译文〕

高楼大屋，重门相通、房房相连，是人们安居的地方；鸟儿飞进来就会感到忧惧不安。高山险阻，深林草丛，是虎豹的乐园；人进入却会产生畏惧。深谷深渊，是鼋鼍自由翔游的地方；人跌入其中就会淹死。《咸池》《承云》《九韶》《六英》，是人喜欢的乐曲；鸟兽听了就会受到惊吓。深溪峭岸、大树长枝，是猿猴喜欢的地方；人攀登上去就会感到战栗发抖。这是因为事物之间形体不同、习性差异，人类认为是快乐的，对鸟兽来说却是哀伤的；鸟兽以为是安全的，对人类来说却是危险的。

乃至天地之所覆载，日月之所照诏[①]，使各便其性，安其居，处其宜，为其能。故愚者有所修，智者有所不足。柱不可以摘齿，筐不可以持屋[②]；马不可以服重，牛不可以追速；铅不可以为刀，铜不可以为弩，铁不可以为舟，木不可以为釜。各用之于其所适，施之于其所宜，即万物一齐，而无由相过。夫明镜便于照形，其于以函食，不如箪[③]；牺牛粹毛，宜于庙牲，其于以致雨，不若黑蜧[④]。由此观之，物无贵贱。因其所贵而贵之，物无不贵也；因其所贱而贱之，物无不贱也。

〔注释〕

①照诏（jì）：昭告。

②摘：剔。筳（tíng）：小簪。持：支撑。

③函：匣子。箪（dān）：盛饭的圆竹器。王念孙认为应作“箅”，指蒸物用的炊箅。

④牺牛：祭祀用的毛色纯一的牛。粹：刘文典认为应作“骍（xīng）”，

表纯赤。黑�(lì)：传说中能兴云雨的神蛇。

〔译文〕

好在有上天覆盖、大地承载、日月昭告，才使万物各便其性、各安其居、各处其宜、各为其能。所以愚笨之人也有自身的长处，而聪明的人也有不足之处。木柱不可以用来剔牙齿，发簪不可以用来支撑屋梁；马不可以负载重物，牛不可以快速追赶；铅不可以用来铸刀，铜不可以用来制弩，铁不可以用来造船，木不可以用来制锅。这是因为事物有各自适宜的用处，只有将它们放在适宜的地方，才能发挥它们的作用，这样做万物就达到了整齐划一，没有理由互相指责。明镜适合照人形貌，但如果把它当作小匣子来盛放食物，那它就不如箪；牺牛毛色纯一，适合用来作为祭祀的牺牲，但用它来求雨，就不如神蛇。这样看来，事物无所谓贵贱之分。按照事物的有用性、可贵性这一点来断定它们珍贵，那么就没有什么东西不珍贵；按照事物的无用性、低贱性来断定它们低贱，那么就没有什么东西不低贱。

夫玉璞不厌厚，角觽不厌薄[①]，漆不厌黑，粉不厌白。此四者相反也，所急则均，其用一也。今之裘与蓑孰急？见雨则裘不用，升堂则蓑不御，此代为帝者也[②]。譬若舟、车、楯、肆、穷庐[③]，故有所宜也。故《老子》曰“不上贤”者，言不致鱼于木，沉鸟于渊。

〔注释〕

①角觽(jiǎo)：刀剑鞘外的角质装饰。

②帝:主。

③楯(chūn):同“輴”(輴),泥路上的交通工具。肆(niǎo):沙地上的交通工具。穷庐:也作“穹庐”。轿子。

〔译文〕

玉璞,人们希望它越厚越好;对于角觡,人们希望它越薄越好;对于漆,人们不会嫌它黑;对于粉,人们不会嫌它白。这四样东西性质和用途完全相反,但当人们急需用到它们时,就有用性来说又是一致的。又比如裘和蓑,对人来说哪一件更急需呢?这要看具体情况,下雨了就用不上裘衣,进入室屋就用不到蓑衣,这是因为特定情形决定了它们的更替使用。这也就像船、车、輴、肆、轿子一样,各自有适宜的使用地方。所以《老子》说“不要崇尚贤能”,就是说不要将鱼赶到树上、把鸟沉到深渊。

故尧之治天下也,舜为司徒,契为司马,禹为司空,后稷为大田师,奚仲为工①。其导万民也,水处者渔,山处者木,谷处者牧,陆处者农。地宜其事,事宜其械,械宜其用,用宜其人。泽皋织网,陵阪耕田②,得以所有易所无,以所工易所拙。是故离叛者寡,而听从者众。譬若播棋丸于地③,员者走泽,方者处高,各从其所安,夫有何上下焉?若风之遇箫,忽然感之,各以清浊应矣④。夫猿狖得茂木,不舍而穴,狟狢各得埵防⑤,弗去而缘。物莫避其所利,而就其所害。是故邻国相望,鸡狗之音相闻,而足迹不接诸侯之境,车轨不接千里之外者,皆各得其所安。故乱国若盛,治国若虚,亡国若不足,存国若有余。虚者,非无人也,皆守其职也;盛者,非多人也,皆徼于末也⑥;有余者,非多财也,欲节事寡也;不足者,非无货也,民躁而费多也⑦。故先王之法籍,非所作也,其所因也;其禁诛,非所为也,其所守也。

〔注释〕

①司徒:古代中央政府中掌管土地和人民教化的长官。司马:古代中央政府中掌管军政和军赋的长官。司空:古代中央政府中掌管工程建设的长官。大田师:掌管农业的官员。奚仲:古代传说中车的发明者。工:掌管百工的官员。

②泽皋:沼泽。陵阪:山坡。

③棋丸:棋子和弹丸。

④遇:陈观楼认为应作“过”。

⑤狟(huán):豪猪。狢(hé):古同“貉”,哺乳动物,似狐,皮毛珍贵。埵(duǒ)防:堤防。

⑥徼:谋求。

⑦躁:贪婪多欲。

〔译文〕

所以尧帝治理天下,任命舜为司徒,主管土地和教化;任命契为司马,主管军务;任命禹为司空,主管工程建筑;任命后稷为大田师,主管农业;任命奚仲为工师,掌管百工。尧帝引导百姓,让住水边的从事渔业,住山林的从事林业,住川谷的从事牧业,住平原的从事农业。各种地方均有适合它的行业,各种行业又有适合它的器械工具，各种器械工具又均有它的适当用途，各种用途又有适合使用器械的人。湖泽地区的人织网捕鱼，丘陵地带的人耕田种地，这样就能用自己所有的物品去换回自己没有的物品，用自己擅长制作的物品去换回自己不擅长制作的物品。因此，离叛的人少而听从的人多。这就好像将棋子和弹丸倒撒在地上，圆形的滚入低洼处，方形的停留在高处，各自有了自己的安身之处，这样又有什么高低贵贱之分呢？如同疾风吹过箫管，忽然振动空气，使长短不一的竹管发出高低、清浊不同的乐音。猿猴得到一片茂密的树林，就不愿舍弃再去打洞；豪猪与貉有了在堤防上挖的洞穴，就不愿离开再去攀缘树木搭建巢穴。万物都不会避开对自己有利的，而去接受对自己有害的东西。所以有邻国居民互相张望、鸡犬之声相闻、足迹无须踏进邻国、车辆不必达到千里、人民各自按本性舒适生活的状况。所以混乱的国家好像很兴盛，政治安宁的国家好像很空荡，将灭亡的国家总感不足，长存的国家总觉得有余。空空荡荡，并不是人烟稀少，而是人们都在各自持守着他们的本职；兴盛热闹，并不是人丁兴旺，而是人们都在离开本职追求末业。觉得有余，并不是财富特别多，而是人们的欲望相当有限和节制，浪费的事也很少发生；感到不足，并不是说国家财物匮乏，而是人们的欲望相当大且无法控制，浪费的事也经常发生。所以先王的法典，并不是他们凭主观创造出来的，而是他们因循事物的规律制定出来的；他们的禁止、惩罚的措施，也不是任意编造的，而是严格遵守某种客观实际而设定的。

凡以物治物者不以物[①]，以陆；治陆者不以陆，以人；治人者不以人，以君；治君者不以君，以欲；治欲者不以欲，以性；治性者不以性，以德；治德者不以德，以道。原人之性，芜涉不得清明者，物或堁之也[2]。羌、氐、僰、翟[3]，婴儿生皆同声，及其长也，虽重象、狄騠[4]，不能通其言，教俗殊也。今三月婴儿，生而徙国，则不能知其故俗。由此观之，衣服礼俗者，非人之性也，所受于外也。夫竹之性浮，残以为牒[5]，束而投之水则沉，失其体也；金之性沉，托之于舟上则浮，势有所支也。夫素之质白，染之以涅则黑[6]；缣之性黄[7]，染之以丹则赤。人之性无邪，久湛于俗则易，易而忘本，合于若性[8]。故日月欲明，浮云盖之；河水欲清，沙石濊之；人性欲平，嗜欲害之。惟圣人能遗物而反己。夫乘舟而惑者，不知东西，见斗、极则寤矣[9]。夫性，亦人之斗、极也，有以自见也，则不失物之情；无以自见，则动而惑营。譬若陇西之游[10]，愈躁愈沉。孔子谓颜回曰："吾服汝也忘[11]，而汝服于我也亦忘。虽然，汝虽忘乎，吾犹有不忘者存。"孔子知其本也。

〔注释〕

①凡以物：王念孙认为"以物"为衍文。

②芜涉(huì)：污秽。堁(kè)：尘埃。

③羌、氐：古代西部少数民族。僰(bó)：古代西南地区少数民族。翟：通"狄"，古代北方少数民族。

④重：多次。象、狄騠(tí)：古代翻译官员。

⑤牒：竹简。

⑥素：白色生绢。涅：黑色矿物染料。

⑦缣(jiān)：细绢。

⑧湛(jiān)：浸泡。易：改变。若：别的。

⑨斗：北斗星。极：北极星。寤：通“悟”，明白。

⑩陇西：古郡名，在今甘肃省。

⑪服：这里是动词，让某人信服。

〔译文〕

使万物生长不在于万物，而取决于土地；治理土地不在于土地，而取决于人；治理人民不在于人民，而在于君主；君主要调治的不是自己的身体，而是要克制贪欲；克制贪欲不能一味地压制各种欲念，而在于对性情的修养；修养性情不仅仅在于性情本身，而是要靠修“德”来实现；修“德”不能仅仅局限于“德”，而是要靠修“道”来实现。探究人的本性可以知道，那些人性变得污浊而不纯净的人，是由于受到了外界灰尘的掩蔽。羌、氐、僰、翟，这些不同民族出生的婴儿哭声都相同，但等到他们长大以后，即使多次翻译也不能帮助他们相互熟练地用语言交流，这是因为他们从小受的教养和习俗不同。由此看来，衣饰、礼仪、风俗等都不是生来就有的，而是受到外界的影响后形成的。竹子的特性是能浮于水面，但一旦被砍削成竹简，捆成一束扔入水中，就会沉下去，这是因为成捆的竹简已经失去了竹子中空的本性。金属入水便沉，但将它们放在船上，就会靠船的依托而漂浮于水面，这是因为它们有了船的依托所致。原本洁白的丝绢，用涅染过便变黑；原本黄色的细绢，用朱砂一染就变成红色。人的本性清正无邪，但长期处于坏的习俗中就会受到浸染而改变，一旦改变就会忘掉本性，从而和周围的人群融合在一起。所以说，日月想要发光，浮云却遮盖住它；河水原本应是清澈的，但泥沙污浊了它；人的天性应是平和的，但欲念扰乱了它。只有圣人能抛开外物的诱惑而回归本性。乘船夜航迷失方向而不辨东西南北时，当看到北斗星和北极星后就会幡然醒悟。人的本性，就是人心中的北斗星和北极星，能够发现自己平和淡泊的本性，就不会丧失万物的情理；不能发现自己平和淡泊的本性，就会在外物的诱惑下迷乱。就好像到陇西游历，越急躁就会越沉重。孔子对颜回说："我以前的那些令你信服的言行，你可以忘掉；你向我学到的那些令人信服的言行，我也要忘掉。虽然这样，你忘掉以前的我，我还有可值得记取的精神保存着！"这说明孔子是一个懂得返璞归真的人。

故胡人弹骨，越人契臂，中国歃血也[①]；所由各异，其于信，一也。三苗髽首，羌人括领，中国冠笄，越人鬋鬋[②]；其于服，一也。帝颛顼之法，妇人不辟男子于路者，拂之于四达之衢[③]；今之国都，男女切踦[④]，肩摩于道；其于俗，一也。故四夷之礼不同，皆尊其主而爱其亲，敬其兄。猃狁之俗相反[⑤]，皆慈其子而严其上。夫鸟飞成行，兽处成群，有孰教之？故鲁国服儒者之礼，行孔子之术，地削名卑，不能亲近来远。越王勾践鬋发文身，无皮弁搢笏之服[⑥]，拘罢拒折之容，然而胜夫差于五湖，南面而霸天下，泗上十二诸侯皆率九夷以朝[⑦]。胡、貉、匈奴之国，纵体拖发，箕倨反言[8]，而国不亡者，未必无礼也。楚庄王裾衣博袍[9]，令行乎天下，遂霸诸侯。晋文君大布之衣，牂羊之裘，韦以带剑[10]，威立于海内。岂必邹、鲁之礼之谓礼乎[11]？是故入其国者从其俗，入其家者避其讳[12]；不犯禁而入，不忤逆而进，虽之夷狄徒倮之国，结轨乎远方之外[13]，而无所困矣。

〔注释〕

①胡人弹骨：胡人盟约习俗，置酒于人头骨中而共饮。契臂：刻臂出血。中国：中原地区。歃（shà）血：中原地区会盟习俗，双方以牲畜的血涂于口唇上，以示诚信。

②三苗：古代南方部族的名称。髽（zhuā）首：以麻束发。括领：领口系结。笄（jī）：发簪。鬋鬋（jiǎnjiǎn）：剃发。

③辟：避。拂：《太平御览》引“拂”作“祓”，注“除其不祥”。

④切踦：指男女之间耳鬓厮磨，举止轻浮。

⑤獫狁（xiǎnyǔn）：古代北方少数民族，战国后称匈奴。

⑥勾践：春秋末越国君。皮弁（biàn）：古代用皮革制成的帽子。搢（jìn）：插。笏（hù）：古代官员上朝时所执的手板，有时在笏板上书写记事，以防遗忘。

⑦拘罢：制圆的工具。拒折：做方形的工具。夫差：春秋末吴国末代国君，先败越，后被越国灭亡，自杀而死。五湖：指江苏太湖一带的湖泊。泗上十二诸侯：泛指泗水之滨各诸侯国。九夷：指中原以外受各诸侯国控制的边远部落。

⑧貉：通“貊”，古代东北部的少数民族。纵体：指衣不束体。拖发：长发披散。箕倨：叉腿而坐，如箕形。按中原礼节，认为是一种傲慢无礼的姿势。反言：因听不懂边远地区的少数民族语言，故中原地区称此为“反

言”。

⑨楚庄王:春秋五霸之一,楚国国君。裾衣:宽大的衣服。博袍:宽大的长袍。

⑩晋文君:晋文公,春秋五霸之一。大布:粗布。牂(zāng)羊:母羊。韦:经过加工的熟皮。带:系。

⑪邹、鲁:今山东邹县、曲阜。邹是孟子的故乡,鲁是孔子的故乡,故这里指孔孟儒学。

⑫避其讳:封建君主或尊亲为了显示威严,规定人们在说话中避免直呼其名或在行文中直写其名,在书写时规定本字缺笔或用其他的字代替。

⑬之:往。徒倮(luǒ):赤身裸体,不穿衣服。倮,同“裸”。结轨:轨迹交结,形容车辆络绎不绝。

〔译文〕

所以胡人盟誓用头骨装酒,越人盟誓刺臂流血,中原人是歃血而盟;他们所用的形式各异,但在表现真诚信义上是一致的。三苗人束发,羌人领口系结,中原人插簪戴冠,而越人剪发;他们装饰打扮各异,但服饰和装扮的实用性是一致的。古代颛顼帝时规定,如果妇女在路上不回避男子,就要在四通八达的道口驱除邪气;如今的大都市里,男女耳鬓厮磨、大街上男女之间摩肩接踵也不算伤风败俗;这说明古今礼俗尽管不同,但其体现风俗习惯则是一致的。所以四夷的礼俗尽管不同,但都是为了尊崇君王、爱护亲人、敬重兄长。而猃狁的风俗则相反,表现在对子孙慈爱而对父辈威严。飞鸟成行、兽类群处,难道是有谁教它们吗?所以鲁国采用儒家礼节,施行孔子学说,结果国土被侵吞,名望被削弱,不能使近者亲附、远者归服。越王勾践剃发文身,没有皮帽和插笏板的朝服,也没有规矩庄重的仪态,但在太湖一带战胜吴王夫差后，就南面而坐，称霸天下，使泗水之滨的各诸侯小国都来朝拜。北方的胡、貉和匈奴，衣服乱裹，头发披散，席地叉腿而坐，说话用中原人听不懂的卷舌音，但国家却没有灭亡，看来不一定是因为他们没有礼节。楚庄王身穿宽衣长袍，照样发号施令于天下，并终于称霸诸侯。晋文公衣着粗布，身披羊皮，皮带系宝剑，但照样威名天下。由此看来，哪能说只有邹鲁的儒家礼节才算是礼节呢？所以到了别的国家就该遵从当地的礼俗，到别人家里就应回避主人的家讳；不违反当地的禁令，也不触犯当地的习俗，这样即使到了像夷狄这样赤身裸体的落后国家和荒远异域，也不会有窘困。

礼者，实之文也；仁者，恩之效也。故礼因人情而为之节文，而仁发怿以见容①。礼不过实，仁不溢恩也，治世之道也。夫三年之丧，是强人所不及也，而以伪辅情也。三月之服②，是绝哀而迫切之性也。夫儒、墨不原人情之终始，而务以行相反之制，五缞之服。悲哀抱于情，葬埋称于养③，不强人之所不能为，不绝人之所能已，度量不失于适，诽誉无所由生。

〔注释〕

①节：符合。发：散布。怿(pēng)：流露。见：显现。

②三月之服：夏禹时期推行的一种丧制，要求家人为尊亲服丧三月。

③五缞(cuī)之服：古代丧服制度，以亲疏为等差，分为斩缞、齐缞、大功、小功、缌麻五等。葬埋称于养：是说安葬与育养相对称。

〔译文〕

礼仪是现实生活中人际交往的表现形式,而仁慈的行为则是内心恩德的效验。所以礼仪是依据人的感情而制定并和感情相合,而仁慈是内心仁爱在人容颜上的流露。因此,礼仪形式不可能超出实际感情,而仁慈的行为也无法超越内心仁德的范围,这是治世的一般道理。规定子女为父母服三年之丧,这是勉强人们去做难以做到的事,所以人们用虚假的感情来应付这种礼仪。而服丧三月这一规定,是为了断绝人们的哀思并且能让人们充分表达哀情。这说明,儒、墨两家不研究人的感情活动的规律,硬是制定出违反人之常情的礼节,并硬性规定丧服等差和期限。表达悲哀的仪式要合乎实情,安葬父母的葬礼要对得起养育之恩,不强求人们做不能做到的事,也不强行阻绝人们所不能停止的事,所有礼仪形式的规定要节度和适当,这样就不会受到人们的非议。

古者非不知繁升降槃还之礼也,蹀《采齐》《肆夏》之容也①,以为旷日烦民而无所用,故制礼足以佐实喻意而已矣。古者非不能陈钟鼓,盛管箫,扬干戚,奋羽旄,以为费财乱政,制乐足以合欢宣意而已,喜不羡于音②。非不能竭国麋民,虚府殚财,含珠鳞施,纶组节束③,追送死也,以为穷民绝业而无益于槁骨腐肉也,故葬埋足以收敛盖藏而已。昔舜葬苍梧,市不变其肆④;禹葬会稽之山,农不易其亩。明乎生死之分,通乎侈俭之适者也。

〔注释〕

①槃还：盘旋、周旋。蹀(dié)：顿足。采齐、肆夏：皆是古乐曲名。

②干戚：乐舞时所持的盾和斧。羽旄：乐舞时所执的雉羽和牦牛尾。羡：滥。

③含珠：古代贵族葬礼，将珠玉放在死者口中。鳞施：用玉片编成玉衣，穿着于死者身上。纶组：丝绳纽带。节束：捆缚、捆束。

④肆：集市贸易处、店铺。

〔译文〕

古人并不是不知道烦琐的尊卑谒见礼节，跳《采齐》《肆夏》那样的舞蹈，而是认识到用这种繁文缛节耗费时日地烦民，实在毫无意义，所以制定礼仪只要能表达真情实意就行。古人也并不是不会陈设钟鼓、吹奏管箫、舞动干戚、挥动羽旄来纵情欢乐，而是认识到这样浪费财物且扰乱政事，所以制定礼乐只要能抒发感情就行，而不至于喜庆得沉溺于歌舞之中不能自拔。古人也并不是不会竭尽国力、劳民伤财，使府库空虚、财物用尽，为达官贵人举行葬礼，让死者口含珠玉、衣着玉衣，用锦丝裹束，以追悼死者，而是认识到这样做只能使百姓穷困、国家基业受到破坏，却对死者的枯骨腐肉毫无益处，所以安葬只求能够收埋掩盖就行。过去舜死葬苍梧，都市商铺照常营业；禹死葬会稽山，农民照常在田间耕作。这些人是真的懂得生死之分的道理，也通晓奢侈和节俭之间的界限。

乱国则不然，言与行相悖，情与貌相反；礼饰以烦，乐优以淫[1]；崇死以害生，久丧以招行，是以风俗浊于世，而诽誉萌于朝[2]。是故圣人废而不用也。

〔注释〕

①饰：修饰，指花样多。

②招行：束缚行为。萌：发生。

〔译文〕

混乱的国家就不是这样了，人们说的和做的不一样，内心想的和外表表现得不一样；礼仪形式花样繁多，音乐花俏而失去节度；看重死者而损害活人，服丧三年以彰显孝行的规定束缚了人的行为。因此世风混浊，诽谤朝政的事时有发生。所以英明的君主就废除这一套繁文缛节而不用。

义者，循理而行宜也；礼者，体情制文者也。义者，宜也；礼者，体也。昔有扈氏为义而亡[1]，知义而不知宜也；鲁治礼而削，知礼而不知体也。有虞氏之祀，其社用土，礼中霤，葬成亩[2]，其乐《咸池》《承云》《九韶》，其服尚黄。夏后氏其社用松，祀户，葬墙置翣[3]，其乐《夏籥》《九成》《六佾》《六列》《六英》，其服尚青。殷人之礼，其社用石，祀门，葬树松，其乐《大濩》《晨露》，其服尚白。周人之礼，其社用栗，祀灶，葬树柏，其乐《大武》《三象》《棘下》，其服尚赤。礼乐相诡，服制相反，然而皆不失亲疏之恩，上下之伦。今握一君之法籍，以非传代之俗，譬由胶柱而调瑟也[④]。

〔注释〕

①有扈氏：夏启之庶兄，举义伐启，被启杀死。

②有虞氏：古代部落名。社：社神。用土：用土堆成社神。中霤（liù）：室内中央，指宅神。葬成亩：指尸体埋葬在耕地下面，以不影响生产。

③夏后氏：夏朝，即禹建立的夏朝。墙：装饰灵柩的帐幔。翣（shà）：古代棺木的饰物，垂于棺的两旁，形似扇。

④胶柱而调瑟：成语“胶柱鼓瑟”，意思是说用胶粘住弦柱而无法调整瑟音。比喻固执拘泥而不知变通。

〔译文〕

所谓“义”，就是遵循事理而又行为适宜。所谓“礼”，就是为体现真实感情而制定的仪式。“义”本来的含义就叫“宜”（适宜），“礼”本来的含义就是体现情感。过去有扈氏因为坚持道义而被夏启杀害，这是因为他只知道“义”而不知道“义”还要适合时宜；鲁国以儒家的礼法治国，但国力却日益衰弱，这是因为鲁国国君不知道“礼”要体现真情实意。有虞氏的祭礼是用土堆成社神，祭祀宅神，人死后埋于耕地下面，音乐有《咸池》《承云》和《九韶》，服饰崇尚黄色。夏后氏的祭礼是用松木做成社神，祭祀户神，丧葬时灵车棺柩四周围上帐幔，并装饰着扇状饰物，音乐有《夏龠》《九成》《六佾》《六列》和《六英》，服饰崇尚青色。殷人的祭礼是用石头做成社神，祭祀门神，在坟墓上种植松树，音乐有《大濩》和《晨露》，服饰崇尚白色。周人的祭礼是用栗木做成社神，祭祀灶神，在坟墓上种植柏树，音乐有《大武》《三象》和《棘下》，服饰崇尚赤色。上述四代的礼乐习俗各异，服饰也各不相同，但都体现了亲疏的感情和上下的人伦。现在如果强行以某一国君的礼法典籍来否定世代相传的不同礼俗，这就好像用胶粘住弦柱而想调瑟一样。

故明主制礼义而为衣，分节行而为带。衣足以覆形，从典坟，虚循挠①，便身体，适行步，不务于奇丽之容，隅眦之削②。带足以结纽收衽，束牢连固，不亟于为文句疏短之鞵③。故制礼义，行至德，而不拘于儒、墨。

〔注释〕

①典坟：指三皇五帝时期的古籍，这里指规则。虚：宽大。循挠：遵行。

②隅眦之削：指刻意裁剪，变新出奇。

③衽：衣襟。文句(gōu)：圆曲花纹。鞵(xié)："鞋"的古字。"鞵"字应为"鞼(guì)"字形误，鞼，有花纹的皮革。

〔译文〕

所以英明的君主制定礼仪就像做衣服，规定节行就像做衣带。衣能遮身就行，合乎常规即可，能宽松舒适、行走方便就更好，不必追求奇异的花色和裁剪上的花哨。衣带能够打成纽结、束紧衣襟就行，不必讲究绣上什么别致的花纹图案。因此制定礼义准则，推行最高的道德，要灵活而定，不必严格拘泥于儒家和墨家的规定。

夫一仪不可以百发[①]，一衣不可以出岁。仪必应乎高下，衣必适乎寒暑。是故世异则事变，时移则俗易。故圣人论世而立法，随时而举事。

〔注释〕

①仪：弓弩上安装的瞄准器。

〔译文〕

调整一次弓弩上的瞄准器不可能发射一百次箭，一件衣服也不可能一年穿到头。这是因为瞄准器必须根据目标的高低不断调整，而人穿的衣服也必须根据气候的变化不断更换。所以说世道变了，做事也要改变；时代变迁了，礼俗也要改变。因此，圣人是研究世道的变化来制定法规，随时代变迁而采取不同的治国策略。

夫重生者不以利害己，立节者见难不苟免，贪禄者见利不顾身，而好名者非义不苟得。此相为论，譬犹冰炭、钩绳也[①]，何时而合？若以圣人为之中，则兼覆而并之，未有可是非者也。夫飞鸟主巢，狐狸主穴。巢者，巢成而得栖焉；穴者，穴成而得宿焉。趋舍行义，亦人之所栖宿也。各乐其所安，致其所蹠，谓之成人[②]。故以道论者，总而齐之。

〔注释〕

①冰炭、钩绳:冰寒而炭热,钩曲而绳直,比喻互相对立。

②蹠(zhí):愿望。成人:完美无缺陷之人。

〔译文〕

看重生命的人,不会为了利益而损害自己;树立名节的人,看到危难不会逃避;贪图利禄的人,看到利益就会不顾一切;珍爱名声的人,不会获取不合道义的东西。将这些人相较而论,就好像冰与炭、钩和绳一样,什么时候才能使他们的价值追求相合呢?假使让圣人来仲裁,就能够将他们全部包容为一体,就没有谁是谁非的对立了。飞鸟擅长筑巢,狐狸擅长挖洞。选择巢居的,巢成可以栖息;选择穴处的,洞成可以歇宿。人们不同的取舍、行止和道义,都像是巢穴一样供自己栖宿。人们各自喜欢自己的选择,能够实现自己的愿望,这就是完人。所以,从"道"的角度来看万事万物,就会总括而齐同它们。

卷十二　道应训

〔题解〕

本卷讲述了“道”在自然界和人类社会中的具体应验，所以称为“道应”。作者通过五十六则历史故事和寓言故事，从效验的角度证明“道”的哲学本体论、生命哲学论、君主修养论、君主统御术、政治哲学等思想观点的合理性，并在每则故事之末，引老子、庄子等哲人语录。所征引的历史故事和寓言故事以出自《老子》和《庄子》为最多，其他分别出自《晏子春秋》《韩非子》和《荀子》等，从中可见《淮南子》和《老子》《庄子》等典籍的道家渊源关系。

《要略》：《道应》者，揽掇遂事之踪①，追观往古之迹，察祸福利害之反②，考验乎老庄之术，而以合得失之势者也。

〔注释〕

①揽掇：拾取。遂：成功。

②反：转换。

〔译文〕

《道应》的内容,拾取成功之事的原因,追溯观察往古之时的人和事,考察祸福利害之间的转换关系,以老子、庄子的学说相验证,以符合得失的趋势。

〔原文〕

惠子为惠王为国法[①],已成而示诸先生,先生皆善之,奏之惠王。惠王甚说之,以示翟煎[②],曰:"善!"惠王曰:"善,可行乎?"翟煎曰:"不可。"惠王曰:"善而不可行,何也?"翟煎对曰:"今夫举大木者,前呼邪许,后亦应之。此举重劝力之歌也,岂无郑、卫激楚之音哉[③]?然而不用者,不若此其宜也。治国有礼,不在文辩。"故《老子》曰:"法令滋彰[④],盗贼多有。"此之谓也。

〔注释〕

①惠子:姓惠名施,战国中期宋国人,名家学派创始人。惠王:魏惠王,在位期间将国都迁至大梁(今河南开封西北),魏国亦称梁国,惠王也称为梁惠王。为国法:制定国家法令。

②翟煎:魏国大臣。

③邪许:号子声。郑、卫:郑国、卫国,这两个地方的民间音乐被认为是格调低俗的淫声。激楚:高亢凄清。

④滋:越。彰:详明。

〔译文〕

惠施为魏惠王制定国家法令,制定出来后拿给德高望重的年长儒生征求意见,儒生们都称赞法令制定得好,惠施于是将法令上呈给魏惠王。惠王十分高兴,拿去给翟煎看。翟煎说:“很好!”惠王说:“既然法令制定得好,那么就拿出去颁布实行了吧?”翟煎说:“不行。”惠王说:“好却不能颁布实行,这是为什么?”翟煎回答:“如今那些扛大木头的人,前面的呼喊‘邪许’,后面的也同声应和。这是人们在扛举重物时为鼓劲而唱喊的歌声。现在难道没有郑国、卫国那样高亢激越的乐曲吗?有,但他们就是不用它,这是因为它不如那种号子更适用。同样,治理国家所用的礼法,只在于其实际内容,而不在乎其文辞修饰。”所以《老子》说:“法令越详明,盗贼就越多。”说的就是这种情况。

赵简子以襄子为后,董阏于曰[①]:“无恤贱,今以为后,何也?”简子曰:“是为人也,能为社稷忍羞。”异日,知伯与襄子饮,而批襄子之首[②]。大夫请杀之,襄子曰:“先君之立我也,曰:‘能为社稷忍羞。’岂曰能刺人哉!”处十月,知伯围襄子于晋阳[③],襄子疏队而击之,大败知伯,破其首以为饮器。故《老子》曰:“知其雄,守其雌,其为天下溪[④]。”

〔注释〕

①赵简子:嬴姓,赵氏,名鞅,春秋后期晋国著名的政治家,赵国基业的开创者。襄子:赵襄子,名无恤,赵简子之庶子,战国时期赵国的创始人。董阏于:赵简子的谋臣。

②知伯:智伯,春秋末期晋国权臣。批:用手掌扇。

③晋阳:在今山西太原。

④雄：比喻刚劲、强大。雌：比喻柔静、谦下。

〔译文〕

赵简子选其庶子无恤，即以后的赵襄子作为继承人，董阏于说："无恤低贱，现在选立他为继承人，这是为什么呢？"赵简子回答说："无恤这个人，以后一定能为国家忍辱负重。"后来有一次，智伯与赵襄子一起饮酒时，无缘无故地用手掌猛击赵襄子的头。赵襄子手下的人请求杀了智伯，赵襄子却说："先君立我为继承人，说我将会为国家社稷忍辱负重，却未曾说过我可以杀人啊！"过了十个月，智伯举兵将赵襄子包围在晋阳，赵襄子分兵出击，大败智伯，并剖开智伯的头颅做饮器。所以《老子》说："虽然知道什么是刚强，但却谨守柔弱，甘心处于天下的低卑处。"

楚庄王问詹何曰[①]："治国奈何？"对曰："何明于治身[②]，而不明于治国？"楚王曰："寡人得立宗庙社稷，愿学所以守之。"詹何对曰："臣未尝闻身治而国乱者也，未尝闻身乱而国治者也。故本任于身，不敢对以末。"楚王曰："善。"故《老子》曰："修之身，其德乃真也。"

〔注释〕

①詹何：战国时楚国术士，反对纵欲自恣的行为。
②何明：这里的"何"，是詹何的自称。明，明白。

〔译文〕

楚庄王问詹何："怎样才能治理好国家？"詹何回答："我只

明白修养自身，而不知道怎样治理国家。”楚庄王又说：“我现在能够登位为君，执掌朝政，希望学习一些持守国家的方法。”詹何回答：“我还没有听说过自身修养得很好而国家却混乱的例子，也没有听说过自身不修养而国家治理得很好的例子。所以治国之本在于自身修养，我不敢以一些枝末的内容来回答您。”楚庄王听后说：“说得好。”所以《老子》说：“修养好自身，他的‘德’就会纯真。”

昔者，司城子罕相宋[①]，谓宋君曰[②]：“夫国家之安危，百姓之治乱，在君行赏罚。夫爵赏赐予，民之所好也，君自行之；杀戮刑罚，民之所怨也，臣请当之。”宋君曰：“善。寡人当其美，子受其怨，寡人自知不为诸侯笑矣。”国人皆知杀戮之专，制在子罕也，大臣亲之，百姓畏之，居不至期年，子罕遂却宋君而专其政[③]。故《老子》曰：“鱼不可脱于渊，国之利器，不可以示人。”

〔注释〕

①司城：官名，掌管土木建筑。子罕：战国时宋国人，姓戴氏，名皇喜，字子罕。任司城，杀宋君而篡位。

②宋君：宋国国君宋桓侯。

③期年：一年。却宋君：《韩非子·外储说右篇》作“劫宋君”。

〔译文〕

从前，司城子罕辅佐宋桓侯，对桓侯说：“国家的安危，百姓的治理，均取决于君王施行赏罚。赏赐爵禄，是人民所喜爱的，就请您亲自执掌；诛杀刑罚，是人民所怨恨的，就由我来担当这个责任吧。”宋桓侯听后说：“好。我受百姓赞美，你受百姓怨恨，这样一来我知道诸侯们就不会嘲笑我了。”但实际上宋国人都知道生杀大权掌握在子罕手里，大臣们就亲附子罕，百姓们都畏惧子罕，不到一年时间，子罕就将大权旁落的宋桓侯杀掉而篡夺了宋国的政权。所以《老子》说：“鱼不可脱离池渊，国家的‘利器’不可以随便展示给别人看。”

赵简子死，未葬，中牟入齐[①]。已葬五日，襄子起兵攻围之，未合而城自坏者十丈，襄子击金而退之。军吏谏曰：“君诛中牟之罪，而城自坏，是天助我，何故去之？”襄子曰：“吾闻之叔向曰：‘君子不乘人于利，不迫人于险。’使之治城，城治而后攻之。”中牟闻其义，乃请降。故《老子》曰：“夫唯不争，故天下莫能与之争。”

〔注释〕

①中牟：今河南省中部。

〔译文〕

赵简子死后还没下葬，中牟的守将就叛变投靠齐国了。赵襄子安葬父亲五天后，发兵征伐中牟城，但包围还没完全合拢，中牟城的城墙突然自行倒塌十来丈，赵襄子下令鸣金收兵。军吏们劝谏说：“您亲率兵马征讨中牟守将的罪行，城墙自行倒塌，这说明老天爷是在帮助我们，现在为什么要撤退呢？”赵襄子解释:"我听叔向说过:'君子不会乘自己有利的形势去欺凌别人,也不会在别人处险境时去逼迫他。'所以让他们将城墙修好后我们再进攻吧。"中牟城内的将士听到赵襄子这番仁义的讲话,便请求投降。所以《老子》说:"正因为不与别人争,所以天下也没有人能争得过他。"

跖之徒问跖曰[①]:"盗亦有道乎?"跖曰:"奚适其无道也!夫意而中藏者[②],圣也;入先者,勇也;出后者,义也;分均者,仁也;知可否者,智也。五者不备,而能成大盗者,天下无之。"由此观之,盗贼之心,必托圣人之道而后可行。故《老子》曰:"绝圣弃智,民利百倍。"

〔注释〕

①跖:春秋时期著名的盗贼。

②奚适:到哪里。适,往。意:猜测。中:相合。藏:指事主家中所藏财物。

〔译文〕

盗跖的门徒问盗跖:"强盗也有道吗?"盗跖说:"到哪里会没有道呢!能够猜中人家家中有什么财物,就是圣明;带头进入人家,就是勇敢;最后一个离开现场,就是有义气;分赃平均,就是仁爱;知道是否可以采取行动,就是智慧。这五条不具备而能成为大盗的,天底下还没有。"由此看来,盗贼的用心必定依托圣人之道才能实行。所以《老子》说:"抛弃聪明和智巧,人民才能获得百倍的利益。"

齐王后死[①]，王欲置后而未定，使群臣议。薛公欲中王之意，因献十珥而美其一[②]。旦日，因问美珥之所在，因劝立以为王后。齐王大说，遂尊重薛公。故人主之意欲见于外，则为人臣之所制。故《老子》曰："塞其兑，闭其门，终身不勤[③]。"

〔注释〕

①齐王：战国时期齐威王。

②薛公：齐威王之子，封于薛地，故称薛公。珥(ěr)：用珠子或玉石做的耳环。

③兑：孔穴，这里指通道。勤：劳累。

〔译文〕

齐威王的王后死了，威王想再立一位新王后，但一直无法确定，于是便让群臣来商议此事。薛公很想迎合威王的心意，于是献上十枚玉珥，并特意说明其中哪一枚是最好的。第二天，薛公问威王把最好的玉珥赐予了哪一位嫔妃，于是就劝威王立她为王后。威王十分高兴，从此就更加看重薛公了。所以，君王的意图和欲望轻易流露在外，就容易被大臣所挟制。所以《老子》说："堵塞泄露欲念的通道，关闭接触外物的门户，便能终身不受劳累困扰。"

魏文侯觞诸大夫于曲阳[①]，饮酒酣，文侯喟然叹曰："吾独无豫让以为臣乎[②]？"蹇重举白而进之[③]，曰："请浮君[4]。”君曰：“何也？”对曰：“臣闻之，有命之父母[5]，不知孝子；有道之君，不知忠臣。夫豫让之君，亦何如哉？”文侯受觞而饮，釂而不献[6]，曰：“无管仲、鲍叔以为臣[7]，故有豫让之功。”故《老子》曰：“国家昏乱，有忠臣。”

〔注释〕

①魏文侯：战国时期魏国开国君主。曲阳：魏国地名，一说在今河北保定，一说在今河南济源。觞（shāng）：这里指设酒招待。下文的觞指酒。

②豫让：姬姓，毕氏，战国初期晋国人，是晋国正卿智伯的家臣。智伯被韩、赵、魏三家联兵打败，被杀。豫让为了替智伯报仇，以漆涂身，吞炭使哑，却失败被赵襄子所捕，自杀而死。

③蹇（jiǎn）重：魏国大夫。白：古代罚酒用的酒杯。

④浮：罚酒。

⑤有命之父母：父母生活好。

⑥釂（jiào）：饮酒干杯。

⑦管仲：名夷吾，字仲，世人尊称为管子，春秋时期法家代表人物。鲍叔：鲍叔牙的略称，春秋时齐国大夫，以知人并笃于友谊称于世。

〔译文〕

魏文侯在曲阳设酒宴招待诸位大夫。酒兴正浓时，魏文侯深深叹息道：“偏偏我就没有像豫让这样的忠烈之士做大臣么？”这时蹇重捧着一杯罚酒敬给魏文侯，说：“请罚君王一杯。”魏文侯不解地问：“为什么罚我？”蹇重回答：“我听说，生活好的父母不知道什么是孝子，有道的国君不知道什么是忠臣。那豫让的君主又怎么样呢？”文侯接过罚酒一饮而尽，表示认罚，说：

“这是因为智伯没有管仲、鲍叔那样的贤才辅佐，所以才有了豫让誓死为他报仇的功名。”所以这也如《老子》说的：“国家昏乱，才会有忠臣。”

武王问太公曰：“寡人伐纣天下，是臣杀其主而下伐其上也。吾恐后世之用兵不休，斗争不已，为之奈何？”太公曰：“甚善，王之问也！夫未得兽者，唯恐其创之小也；已得之，唯恐伤肉之多也。王若欲久持之，则塞民于兑，道令为无用之事[①]，烦扰之教，彼皆乐其业，佚其情[②]，昭昭而道冥冥。于是乃去其瞀而载之术[③]，解其剑而带之笏。为三年之丧，令类不蕃，高辞卑让，使民不争；酒肉以通之，竽瑟以娱之，鬼神以畏之；繁文滋礼以弇其质，厚葬久丧以亶其家[④]；含珠、鳞施、纶组以贫其财[⑤]，深凿高垄以尽其力。家贫族少，虑患者贫。以此移风，可以持天下弗失。”故《老子》曰：“化而欲作，吾将镇之以无名之朴也[⑥]。”

〔注释〕

①兑：指耳目鼻口。道：通“导”。令：原作“全”，据俞樾说改。

②佚：原作“供”，据王念孙说改。

③瞀（mào）：通“鍪”，头盔。术：通“鹬（yù）”，古人以其羽为帽饰。

④弇（yǎn）：遮掩。亶（dǎn）：通“殚”，耗尽。

⑤含珠：古代葬礼，将珠玉放入死者口中。鳞施：死者所穿的用玉片连缀而成的玉衣，似鱼鳞。纶组：丝绳纽带，这里指死者所穿的华丽葬服。

⑥欲:欲望。作:兴起。无名之朴:指大道。

〔译文〕

周武王问姜太公:“我兴兵讨伐纣王,这是臣杀君、下伐上的事情。我担心以后这类战争将会继续下去,人们相互间的斗争不会停止,该怎么办呢?”太公说:“大王您提的问题非常好!人们没有获得猎物时,唯恐射杀野兽不力;但一旦获得猎物,又唯恐野兽的伤口太大,影响食材的质量。大王如果想长久地持有天下,唯一的办法是堵塞人民的眼耳口鼻,不使他们产生任何欲望,引导他们做些无用的事情,并施以烦琐纷扰的说教,让他们乐于本业,安逸于现实生活,使他们由清醒明白转向糊涂愚昧。这样就可能摘下他们的头盔,给他们戴上鹬冠;解下他们的宝剑,让他们带笏板上朝。制定守丧三年的礼制,让他们不能繁衍后代;提倡推崇人们之间的互相谦让,使之不争斗;用酒肉使他们心情舒畅,用音乐让他们自娱自乐,用鬼神使他们敬畏;用繁文缛节来掩盖他们的本质,用厚葬服丧来耗尽他们的家财;用一些贵重的随葬物使他们贫穷,用深挖墓穴、高筑坟地来耗尽他们的体力。这样家族贫穷、部族衰弱,图谋作乱的人便少了。用上述这些方法来改变世风,就可以保住天下而不丧失。”所以《老子》说:“自然变化到贪欲萌发时,我就用‘道’来镇服它。”

卷十三 氾论训

〔题解〕

氾论，大意就是广泛论说。作者在本卷中广泛论说世间古今之得失，其内涵宗旨是“以道为化，大归于一”。人应遵“道”而行、顺“善”以动，但并不是说要人们固定不变地遵循某种规则或教条，而是要随着具体的世事、情理、天地万物的改变而“与世推移”。在是非的评判上，作者认为是非评判的标准随时空变化而变化，无绝对的是与非。

《要略》：《氾论》者，所以箴缕縩緞之间①，攕揳唲齵之郄也②。接径直施，以推本朴，而兆见得失之变③，利病之反，所以使人不妄没于势利，不诱惑于事态，有符曮晲④，兼稽时势之变，而与化推移者也。

〔注释〕

①箴：同“针”。箴缕：这里用作动词，缝缀的意思。縩緞（càishā）：缝隙，指衣帛缝制中的接线口处，或指衣物破损。

②攕（jiān）：通“櫼”，楔子。揳（xiē）：填塞。唲齵（éryú）：指牙齿参差

不齐，多缝隙。攕揳呡齵：是指用楔子等东西填塞牙齿间的缝隙，引申为填补人们思想心灵上的缺陷和不足。郄：同“隙”。

③兆见：预见。

④符：符合、应验。曮晲（yǎnnì）：太阳运行的轨道，这里指天道。

〔译文〕

《氾论》的内容，就像用针线穿插在衣缝之间，木楔填塞于齿缝之隙。通过捷径使曲道变成正直，以便推论事物的本来面目，而预见得失的变化和利害的转换关系，以便用来使人不盲目沉沦在势利之中，不被事态的变化所迷惑，符合天道运行规律，并且考察时势的变化，而能够与自然一起转移变迁。

〔原文〕

古之制，婚礼不称主人①，舜不告而娶②，非礼也。立子以长，文王舍伯邑考而用武王③，非制也。礼三十而娶④，文王十五而生武王，非法也。夏后氏殡于阼阶之上，殷人殡于两楹之间，周人殡于西阶之上⑤，此礼之不同者也。有虞氏用瓦棺，夏后氏堲周，殷人用椁，周人墙置翣⑥，此葬之不同者也。夏后氏祭于暗，殷人祭于阳，周人祭于日出以朝⑦，此祭之不同者也。尧《大章》，舜《九韶》，禹《大夏》，汤《大濩》，周《武象》，此乐之不同者也。故五帝异道，而德覆天下；三王殊事，而名施后世⑧。此皆因时变而制礼乐者。譬犹师旷之施瑟柱也⑨，所推移上下者，无寸尺之度，而靡不中音。故通于礼乐之情者能作，音有本，主于中，而以知榘彟之所周者也⑩。

〔注释〕

①主人：父母。不称主人：指不经过父母之命、媒妁之言而私自做主的婚姻，不合礼制。

②舜不告而娶：原注“尧知舜贤，以二女妻舜。不告父，父顽，常欲杀舜，舜知告则不得娶也”。

③伯邑考：文王长子、武王之兄。古代君主立长不立幼，故下文说文王此举“非制也”。

④礼三十而娶：古礼规定男三十而娶，女二十而嫁。

⑤殡：停放灵柩。阼（zuò）阶、西阶：厅堂前的两排台阶，东面为“阼阶”，西面为“西阶”。阼阶为主人之位，西阶为宾客之位。楹：厅堂前面的柱子。

⑥堲（jí）周：是说用烧成的砖块砌成的棺椁。堲，烧成的土块或土砖。周，覆盖。墙：装饰灵柩的布帐。翣（shà）：一种插置棺车上的类似扇状的装饰物。

⑦暗：黄昏。阳：白天中午。朝：日出时分，指早晨。

⑧道：治理天下的方法、制度。事：治理政事的方法、制度。

⑨师旷：春秋时晋国乐师。施：调整。瑟：古代一种拨弦乐器，形似琴。

⑩榘彟（jǔhuò）：规矩、法度。周：合。

〔译文〕

按照古代礼制，子女婚姻必须由父母做主、媒人牵合，舜不请示父母就娶了娥皇和女英，不合古礼。确立嗣子要立长子，文王不立长子伯邑考而立伯邑考的弟弟武王为嗣子，不合古制。

古代礼俗规定男子三十岁才能娶妻，文王十五岁就生下武王，不合古法。夏后氏时代的人死后将灵柩停放在堂屋的东阶上，而殷朝人死后将灵柩停放在厅堂的楹柱之间，周朝人死后则将灵柩停放在西阶上，这是殡礼的不同。有虞氏时人死后用瓦棺，夏后氏时代人死后用土棺，而殷朝人死后用椁，周朝人死后用的灵柩上还要用布帐装饰成扇形，这是葬礼的不同。夏后氏时代人在黄昏祭祀，殷朝人在中午祭祀，而周朝人则在早晨祭祀，这是祭祀习俗的不同。尧帝时用《大章》，舜帝时用《九韶》，夏禹时用《大夏》，商汤时用《大濩》，武王时用《武象》，这是乐曲上的不同。所以五帝治理天下的方法、制度各异，但他们的德泽都能遍及天下；三王治理政事的方法、制度各异，但他们都能名扬四海、流传百世。这些都是因为他们能够根据时势的变化来制定礼乐。就好像师旷调整瑟柱一样，虽然上下移动时没有尺度来衡量，却无不符合音律。所以能通达礼乐情理的人，能制作出恰当的礼乐，这是因为音乐有根本的规律，内心掌握了它的规律，就能对规矩法度掌握得恰如其分。

鲁昭公有慈母而爱之，死，为之练冠，故有慈母之服[①]。阳侯杀蓼侯而窃其夫人，故大飨废夫人之礼[②]。先王之制，不宜则废之；末世之事，善则著之。是故礼乐未始有常也。故圣人制礼乐，而不制于礼乐。治国有常，而利民为本；政教有经[③]，而令行为上。苟利于民，不必法古；苟周于事，不必循旧。夫夏、商之衰也，不变法而亡；三代之起也，不相袭而王。故圣人法与时变，礼与俗化;衣服器械,各便其用;法度制令,各因其宜。故变古未可非,而循俗未足多也[4]。

〔注释〕

①鲁昭公:春秋末期鲁国国君。练冠:古代祭礼所戴的一种帽子,用粗布制作,在父母去世一周年时戴。慈母:乳母、奶妈。服:丧服。

②阳侯:阳陵国诸侯。蓼侯:皋陶之后,偃姓诸侯国君主。大飨(xiǎng):古代合祀先王的祭礼。

③经:常法、常规。

④多:赞美。

〔译文〕

鲁昭公有位奶妈,昭公十分敬爱她,奶妈去世以后,昭公为她守孝一年,所以就有了为奶妈守孝的礼节。阳陵国侯杀死蓼侯,抢走蓼侯的夫人,所以以后举行大飨祭典时废除了由夫人执豆的礼仪。由此看来,先王的制度,不适宜的就废除它;而近代的处事方法,如果是好的,就加以继承发扬。所以礼乐从来就不是一成不变的。礼乐是圣人制定的,但却不会受制于礼乐。治理国家虽有常规,但必须以便利民众为根本;政令教化虽有常法,但必须以切实有效为最好。如果对民众有利,就不必非要效法古制;如果适合实际情况,就不必一定要遵循旧法。夏朝、商朝的衰败,因为没有变法而亡;夏禹、商汤、周武王却不因袭旧法而称王天下。所以圣人的法度随时势的变化而变化,礼节随习俗的不同而改变;衣服、器械各自方便其实用,法令、制度各自适宜。所以改变古法无可非议,而因循守旧不值得赞美。

百川异源，而皆归于海；百家殊业，而皆务于治。王道缺而《诗》作，周室废、礼义坏，而《春秋》作。《诗》《春秋》，学之美者也，皆衰世之造也，儒者循之，以教导于世，岂若三代之盛哉？以《诗》《春秋》为古之道而贵之，又有未作《诗》《春秋》之时。夫道其缺也，不若道其全也[①]。诵先王之《诗》《书》，不若闻得其言；闻得其言，不若得其所以言；得其所以言者，言弗能言也[②]。故"道可道者，非常道"也。

〔注释〕

①"夫道"两句：两个"道"，都指王道。

②言弗能言：原注"圣人所言微妙，凡人虽得之，口不耐以言"。

〔译文〕

百川源头各不相同，但最后都流入大海；百家学说事业各不一样，但都以治理好天下社会为目的。王道衰败而《诗经》产生，周王室衰微、礼义崩溃才有《春秋》产生。《诗经》和《春秋》虽然是学问中的极品，但却都是衰世的产物，儒家用它们来教导世人，哪里比得上用三代盛世的事情来教育世人呢？如果认为《诗经》和《春秋》是讲古代的道理而推崇它们，那么还有没产生《诗经》和《春秋》的远古时代。与其称颂王道衰败时代产生的《诗经》和《春秋》，不如称颂更早的王道完整的时代。与其诵读先王的《诗经》和《尚书》，不如听他们的言论；与其听他们的言论，不如了解他们说这些言论的根据理由；而这些言论的根据和理由，又是难以用言语表达的。所以说可以言传的道，不是永恒的道。

故一人之身而三变者[①]，所以应时矣。何况乎君数易世，国数易君。人以其位达其好憎，以其威势供嗜欲，而欲以一行之礼，一定之法，应时偶变，其所不能中权[②]，亦明矣。故圣人所由曰道，所为曰事。道犹金石，一调不更；事犹琴瑟，每弦改调[③]。故法制礼义者，治人之具也，而非所以为治也。故仁以为经，义以为纪，此万世不更者也。若乃人考其才，而时省其用，虽日变可也，天下岂有常法哉？当于世事，得于人理，顺于天地，祥于鬼神，则可以正治矣。

〔注释〕

①一人：指周公。三变：周公侍奉文王、辅佐成王、归政于成王三个人生阶段的处事变化。

②中：符合。权：权变。

③金石：钟磬等金属乐器。一调不更：指钟磬一旦制成，音调就不可更改。每弦改调：指每根琴弦调整，音调都会随之改变。

〔译文〕

所以周公一人前后三次改变身份和为人作风，这都是为了顺应时势。何况同一君王多次变化治政方法，同一国家多次改换君王。凡人都凭借着他的地位得到自己喜欢做的事，去除自己憎恶做的事，借助自己的威势来满足嗜好、欲望，然而却想用一定的礼俗和法度来应对千变万化的时势，这种不符合权变的原则，是明摆着的。所以圣人所遵循的原则叫道，所做的叫事。道就好比钟磬，一旦制成就无法变化音调；而事就好比琴瑟，调整每根弦的松紧都可以使音调随之改变。所以法制礼义只是治理国家的工具，而不是治理好国家的最终的东西。所以以“仁”为经，以“义”为纪，这是万世不变的原则。至于说考察人才，按时察看他们的行为来决定其升降使用，即使每天有变动也是可以的，天底下哪有一成不变的常规法度呢？只要符合世事，适合情理，顺应天地，对鬼神吉利，就可以治理好天下了。

夫圣人作法，而万物制焉；贤者立礼，而不肖者拘焉。制法之民，不可与远举[①]；拘礼之人，不可使应变。耳不知清浊之分者，不可令调音；心不知治乱之源者，不可令制法。必有独闻之耳，独见之明，然后能擅道而行矣[②]。夫殷变夏，周变殷，春秋变周，三代之礼不同，何古之从？大人作而弟子循。知法治所由生，则应时而变；不知法治之源，虽循古，终乱。今世之法籍与时变，礼义与俗易，为学者循先袭业，据籍守旧教，以为非此不治，是犹持方枘而周员凿也[③]，欲得宜适致固焉，则难矣！

〔注释〕

①制法之民：意思是受法度约束的人民。远举：远大行为。

②擅:随意。

③方枘(ruì):方形的榫头。方枘不能入圆孔,比喻不相投合。周:相合。员:同“圆”。

〔译文〕

圣人制定法令制度,使万物都受到制约;贤人确立礼节,使无能的人拘泥于礼节。受法度制约的人民,不可能有远大行为;拘泥于礼节的人,难以适应各种变化。耳朵分辨不出清音和浊音的人,不可以让他去调整音律;内心不明白国家治乱根源的人,不可以让他制定法令。必须是具有超常的听力和视力的人,才能随心所欲地择道前进。殷朝改变了夏朝的礼法,周朝改变了殷朝的礼法,春秋各国又改变了周朝的礼法,三代的礼法各不相同,哪还有什么古礼、古法可以遵从呢?如果盲目遵从古代礼法,就像长辈立规矩、晚辈完全遵从一样。知道法治产生的缘由,就可以应时而变法;不明白法治产生的根源,即使因循守旧,最终还是导致大乱。现在的法典已经根据时势变化而变化,礼义也随习俗改变而改变,而不少学者还在根据典籍而死守旧教,以为离开这些就无法治理天下,这就像是拿着方榫头往圆孔里装,还想套装牢固适宜,这就太难了!

今儒、墨者称三代、文、武而弗行,是言其所不行也[①];非今时之世而弗改,是行其所非也。称其所是,行其所非,是以尽日极虑而无益于治,劳形竭智而无补于主也。今夫图工而好画鬼魅,而憎图狗马者,何也?鬼魅不世出,而狗马可日见也。夫存危治乱,非智不能;而道先称古,虽愚有余。故不用之法,圣王弗行;不验之言,圣王弗听。

〔注释〕

①言其所不行:指儒、墨学者只是空赞古法,却不实施。

〔译文〕

现在的儒、墨学者言必称三代、文王、武王的礼法可自己又不实施,这就是空谈而不施行;他们非议眼前的现实却不去改变,这实际上是在实施不合理的东西。他们称赞认为是正确的事,做的却是错误的事,因此整天用尽心思、伤透脑筋却对治国毫无益处,劳损形体、竭尽智力却对国君没有任何帮助。如今的画工总爱画鬼怪而讨厌画狗马,为什么呢?这是因为鬼怪不可能在世上出现,狗与马却能天天见到,画鬼容易而画狗、马难。挽回危局、治理乱世,没有聪明才智是无法做到的;但只是称道古代,即使让笨蛋来做也是绰绰有余。所以无用的法规,圣王不会采用;不符合实际的言论,英明的君主不会听取。

是故圣人者,能阴能阳,能弱能强;随时而动静,因资而立功;物动而知其反,事萌而察其变;化则为之象,运则为之应。是以终身行而无所困。

〔译文〕

因此,圣人能阴又能阳,能弱又能强;顺随时势而行止,凭借天资而建功;观察事物运动而能知道它的转向,事物稍有萌芽就能察觉它的变化;变化了的事物能描画出它的形象,运动了的事物有办法去应对。因此圣人是终生顺利而无困窘。

卷十四 诠言训

〔题解〕

所谓“诠言”,是指解释阐明事理的言论。本卷通篇讲的是“无为”之道,其内涵并不是消极的,而是主张人们做任何事都不要妄为、不要不合时宜地去为,这样才能达到“不惑祸福则动静循理,不妄喜怒则赏罚不阿,不贪无用则不以欲用害性,欲不过节则养性知足”的积极效果。而能做到这些,关键需要反求诸已,使自己的精神上升到一定的境界,才能够不为外物所牵累。这样,身亦正、国亦治、道亦通,才算得上是行其当行之道,才能够“无为而无不为”。

《要略》:《诠言》者,所以譬类人事之指①,解喻治乱之体也;差择微言之眇,诠以至理之文②,而补缝过失之阙者也。

〔注释〕

①指:通“旨”。

②差择:选择。眇:同“妙”,微妙、精妙的意思。诠:解释。

〔译文〕

《诠言》的内容，是用来比类人世之事的意旨，解释辨明国家治乱的根本，选择精妙的微言，用最根本的道理加以解释，用来弥补人们思想行为上的过失。

〔原文〕

稽古太初[1]，人生于无，形于有，有形而制于物。能反其所生，故未有形，谓之真人。真人者，未始分于太一者也。圣人不为名尸，不为谋府，不为事任[2]，不为智主。藏无形，行无迹，游无朕[3]。不为福先，不为祸始。保于虚无，动于不得已[4]。欲福者或为祸，欲利者或离害[5]。故无为而宁者，失其所以宁，则危；无事而治者，失其所以治，则乱。

〔注释〕

①稽：考察。太初：天地未分之时。

②尸：主宰、承受。谋府：谋略的聚集处，这里指出谋划策的人。事任：事务的执行者。

③朕：征兆。

④不得已：指自然使然。

⑤离：同“罹”，遭受。

〔译文〕

考察天地未分的时候，人类从无形中产生，表现为有形，一旦有了形体，就要受物质的制约。如果能够再返回到产生人的时空，就像没有形体时那样，这样的人就叫“真人”。真人尚未与“太一”分离。圣人不做名誉的承受者，也不做出谋划策者，不做事情的执行者，更不做智谋的主人。他隐蔽时没有形体，行动时没有影迹，遨游时没有征兆。他不为福先，也不为祸始。他保持着无形状态，行动完全出于自然。想要获得幸福的人有时却获得了灾祸，想要获得利益的人有时却遭受了损害。所以持守“无为”能使人安宁，而一旦丧失“无为”，危险就会来临；自然无事可以治理天下，而一旦丧失这个原则，天下就会混乱。

自信者，不可以诽誉迁也；知足者，不可以势利诱也。故通性之情者，不务性之所无以为；通命之情者，不忧命之所无奈何①；通于道者，物莫足滑其和②。詹何曰③：“未尝闻身治而国乱者也，未尝闻身乱而国治者也。”

〔注释〕

①无奈何：无法左右、支配。
②莫足滑其和：原作“莫不足滑其调”，据王念孙说改。
③詹何：上古有道术的人，据说以善钓闻名。

〔译文〕

自信的人，不能用诽谤和赞誉来改变他的志向；知足的人，不能用权势和利益来诱发他的欲望。所以通达天性的人，不会追求天性所做不到的事情；懂得命运的人，不会担忧命运本身无法左右的事情；通晓道体的人，没有外物能够搅乱他的内心和平。詹何说："还不曾听说过自身修养很好而国家治理得很差的事，也不曾听说过自身修养很差而国家治理得很好的事。"

矩不正，不可以为方；规不正，不可以为员。身者，事之规矩也，未闻枉己而能正人者也。

〔译文〕

矩尺不正，就不能画出方形；圆规不标准，就无法画出圆形。自身的修养就像上面说的矩尺圆规，没听说过自身不正而使别人端正的事。

原天命，治心术，理好憎，适情性，则治道通矣。原天命则不惑祸福，治心术则不妄喜怒，理好憎则不贪无用，适情性则欲不过节。不惑祸福，则动静循理；不妄喜怒，则赏罚不阿①；不贪无用，则不以欲害性②；欲不过节，则养性知足。凡此四者，弗求于外，弗假于人，反己而得矣。

〔注释〕

①阿：这里指偏差。

②欲：原作"欲用"，据王念孙说改。

〔译文〕

探究天性，端正心术，理顺好憎，调适情性，那么治国之道就通畅了。探究天性就不会被祸福迷惑，端正心术就不会喜怒无常，理顺好憎就不会贪求那些于本性无用的东西，调适情性则欲念就不会没有节制。不被祸福所迷惑，行为就能循理；不喜怒无常，赏罚就不会出偏差；不贪求于本性无用的东西，就不会因物欲而伤害本性；欲念有节制，就可颐养天性而内心知足。这四个方面，都不能从外界求得，也不必借助别人的力量，返身自求就可得到。

天下不可以智为也，不可以慧识也，不可以事治也，不可以仁附也，不可以强胜也。五者皆人才也，德不盛，不能成一焉。德立则五无殆，五见则德无位矣[①]。故得道则愚者有余，失道则智者不足。渡水而无游数[②]，虽强必沉；有游数，虽羸必遂[③]，又况托于舟航之上乎？

〔注释〕

①殆：危险。见：表现、突出。
②游数：游泳技术。
③羸：瘦弱。遂：成功。

〔译文〕

天下的事情不能仅凭智力就能做成，不能单靠聪明就能认识清楚，不能只靠人的本事就能办成，不能只以仁术就能使人归顺，不能单凭强力就可以取胜。智力、聪明、本事、仁术、强力这五项都属于人的才能范畴，但如果只有这些才能而德行不高，每一件事情都不能做成。德行修养好了，这五项才能也就能随之发挥作用；反之只强调突出这五项才能，那么德行修养就无法树立了。所以只要获得了“道”,即使愚笨无能的人也会感到力量无穷,而失去了“道”,即使聪明的人也会感到力不从心。这就好像泅渡江河而没有游泳技术,即使身强体壮也一定会沉没;而有了游泳技术,即使身体瘦弱也一定会顺利渡过,更何况托身于舟船之上呢?

为治之本,务在于安民;安民之本,在于足用;足用之本,在于勿夺时[1];勿夺时之本,在于省事;省事之本,在于节欲;节欲之本,在于反性;反性之本,在于去载[2]。去载则虚,虚则平。平者,道之素也;虚者,道之舍也。

〔注释〕

①时:农时。

②载:精神负担。

〔译文〕

治国的根本,务必使人民安定;安定人民的根本,在于衣食充足;衣食充足的根本,在于不失农时;使人民不失农时的根本,在于减少徭役;减少徭役的根本,在于节制贪欲;节制贪欲的根本,在于归返虚静平和的天性;归返天性的根本,在于抛弃内心世界那些多余的精神压力。抛弃了这些精神压力,内心就虚静;内心虚静就会平和。平和是道的本质,虚静则是道的归宿。

能有天下者,必不失其国;能有其国者,必不丧其家；能治其家者，必不遗其身；能修其身者，必不忘其心；能原其心者，必不亏其性；能全其性者，必不惑于道。故广成子曰[①]："慎守而内[②]，周闭而外，多知为败。毋视毋听，抱神以静，形将自正。"不得之己而能知彼者，未之有也。故《易》曰："括囊，无咎无誉[③]。"

〔注释〕

①广成子：上古时候的道家人物，黄帝曾向他请教治国之术。

②而：于。

③括：束结。咎（jiù）：怪罪。此句比喻人遇事缄口不言，塞耳不听，这样既不会被怪罪也不会被称誉。

〔译文〕

能够拥有天下的天子，必定不会失去诸侯国；能够拥有诸侯国的诸侯王，必定不会失去士大夫的封地；能够治理好自己封地的士大夫，必定不会不注意自身的修养；能够修养自身的人，必定不会忘记自身的心性；能够使自己心性返归本原的人，必定不会亏损本性；不亏损本性的人，必定不会迷失于"道"。所以广成子说："谨慎地持守内心，周密地封闭与外界的接触，智慧过多并不是一件好事情；不要看不要听，以虚静平和的心态拥有精神，那么形体自然就会端正。"不能把握自身的虚静平和而能通晓道体，这是从未有过的事情。所以《易经》说："收束口袋，就不会被怪罪，也不会被赞誉。"

能成霸王者，必得胜者也；能胜敌者，必强者也；能强者，必用人力者也；能用人力者，必得人心也；能得人心者，必自得者也；能自得者，必柔弱也。强胜不若己者，至于与同则格[1]。柔胜出于己者，其力不可度。故能以众不胜成大胜者，唯圣人能之。

〔注释〕

①与同：势均力敌。格：争斗。

〔译文〕

能够称霸成王的，一定是获得胜利的人；能够战胜敌人的，一定是力量强大的人；能让自己力量强大的，一定是利用了民众的力量；能利用民众力量的，必定是得到了人心；能得到人心，一定是自身修道所致；能够自身修养而体道，一定是以柔弱来处世的。强大者可以胜过不如自己的人，但如果碰上力量与自己相等的人，就需要奋力争斗以决定胜负。柔弱可以胜过比自己强大的人，它的无形的柔性之力是无法度量的。所以能从多次失败中转变为大胜利者，只有圣人才能做到。

圣人无思虑，无设储；来者弗迎，去者弗将[1]；人虽东西南北，独立中央。故处众枉之中，不失其直；天下皆流，独不离其坛域[2]。故不为善[3]，不避丑，遵天之道；不为始，不专己[4]，循天之理；不豫谋[5]，不弃时，与天为期；不求得，不辞福，从天之则；不求所无，不失所得；内无旁祸，外无旁福；祸福不生，安有人贼[6]？为善则观，为不善则议;观则生责[⑦],议则生患。故道术不可以进而求名,而可以退而修身;不可以得利,而可以离害。故圣人不以行求名,不以智见誉。法修自然,己无所与。虑不胜数,行不胜德,事不胜道。为者有不成,求者有不得。人有穷,而道无不通,与道争则凶。故《诗》曰:"弗识弗知,顺帝之则。"有智而无为,与无智者同道;有能而无事,与无能者同德。其智也,告之者至,然后觉其动也;其能也[⑧],使之者至,然后觉其为也。有智若无智,有能若无能,道理为正也。故功盖天下,不施其美[⑨];泽及后世,不有其名。道理通而人伪灭也。

〔注释〕

①设储:储备、积聚。将:送。

②坛域:范围,这里指立足点。

③不为善:指不有意表现自己的善行。

④专己:独断专行。

⑤豫谋:预谋。

⑥旁:意外的。贼:伤害。

⑦责:原作"贵",据王引之说改。

⑧其能也:原脱,据俞樾说补。

⑨施:通"佟",夸耀。

〔译文〕

圣人没有思虑,没有储备;到来的他不迎接,离开的他不送别;众人处在东南西北四方,他却独立中央。所以他能在大家都曲意逢迎的环境中不丧失其正直品质，能在大家都随波逐流的情形下不偏离其独立立场。所以他不有意表现自己的善行，也不有意回避自己的丑陋，而是遵循着天道自然；他不首先创造，也不独断专行，只是遵循自然之理；他不预先策划，也不错失时机，与自然天道相合；他不求获得，也不辞让幸福，只是顺从自然法则；他不追求自己所没有的，也不失去自己所拥有的，内部没有意外的祸害，外部也没有意外的福气；祸福都不产生，哪会有人来伤害呢？做了善事会被人们看到，做了坏事会引起人们的非议；看到的人必定会有责备的言论，被人们非议就会产生祸患。所以道术是不能用它来进取求名，而只可以用来隐退修身；不能用它来获取利益，而只能用来避害。所以圣人不用言行求得美名，不靠智慧获取赞誉。他遵循自然法理而不妄加干预。思虑不胜术数，行为不胜"德"，行事不胜"道"。做事有不成功的，追求有得不到的。人有走投无路的时候，而"道"却无处不通，与"道"抗争就会有凶险。所以《诗经》说："无知无觉，顺随天帝的法则。"有智慧而无所作为，与无智慧的人的"道"相同；有才能而无所作为，与无才能的人的"德"一样。这样的"智者"，喊他他才过来，这时才感觉出他在活动；这样的"能人"，指使他他才来到，这时才感觉出他在行动。有智慧就像无智慧，有才能好像无才能，这样的"道"理是正确的。所以尽管圣人的功业大得覆盖天下，他却从不夸耀自己的美德；尽管圣人的恩泽传及后代，他却从不拥有名声。所以"道"的无为之理通达了，人为做作的事就灭绝了。

处尊位者，以有公道而无私说[①]，故称尊焉，不称贤也。有大地者，以有常术而无钤谋[2]，故称平焉，不称智也。内无暴事以离怨于百姓[3]，外无贤行以见忌于诸侯，上下之礼袭而不离，而为论者莫然不见所观焉，此所谓藏无形者。非藏无形，孰能形？

〔注释〕

①私说：偏私的主张，这里指“私见”。

②大地：指国土广大。钤（qián）谋：权谋、计谋。

③离：遭受、招来。

〔译文〕

处在尊贵地位的人，因为有公道而没有私见，所以称他为尊，而不称为贤。拥有广阔国土的人，因为遵循常规而不玩权谋，所以说他公平，而不说他聪明。对内没有残暴的事情招来百姓的怨恨，对外不以贤能的行为招致诸侯的猜忌，上下礼节遵循而不偏离，想评说的人因为看不到想看到的形迹而无法评头论足，这就叫作藏匿于无形之中。如果不是藏匿于无形之中，谁能掩饰自己的形迹呢？

三代之所道者，因也[1]。故禹决江河，因水也；后稷播种树谷，因地也；汤、武平暴乱，因时也。故天下可得而不可取也，霸王可受而不可求也。在智，则人与之讼，在力，则人与之争。未有使人无智者，有使人不能用其智于己者也；未有使人无力者，有使人不能施其力于己者也。

此两者,常在久见[②]。故君贤不见,诸侯不备;不肖不见,则百姓不怨。百姓不怨,则民用可得,诸侯弗备,则天下之时可承[③]。事所与众同也,功所与时成也,圣人无焉[④]。故《老子》曰:“虎无所措其爪,兕无所措其角。”盖谓此也。

〔注释〕

①三代:夏、商、周。因:因顺,有“因势利导”的意思。

②常:尚。久:蒋礼鸿认为应作“不”。见:现。

③承:通“乘”,利用。

④无:应理解为“无为”或“无与”。

〔译文〕

夏、商、周三代君王所遵循的道路,就是因顺。所以大禹疏导江河,因顺水性;后稷种植谷物,因顺地力;商汤、周武王平定暴乱,因顺时势。所以天下可以得到,但不是靠强力来夺取,霸王的地位可以接受,但不可强求。任用智慧则容易导致与人争讼,任用武力则容易导致与人竞争。不能使他人没有智慧,但能使他人无法在你身上使用智慧;不能使他人不崇尚武力,但能使他人无法在你身上使用武力。这两种情况崇尚的就是无形不现。所以君王的贤能不显露则使诸侯不戒备;不贤的事情不显露则使百姓怨恨无从产生。百姓不怨恨,那么民众的力量就可以利用,诸侯不戒备,那么夺取天下的时势就可以利用。事情是与众人一起做的,功业是靠时势应运而生的,而圣人却在其中销声匿迹。所以《老子》说:“老虎用不上它的利爪,犀牛用不上它的尖角。”大概说的就是这种情况。

卷十五　兵略训

〔题解〕

本卷是阐述古代兵家思想的军事论著，内容包括战争的起源、战争与政治的关系、战争中的战略战术、将帅的综合素养等。与古代其他军事论著不同的是，本卷不但继承、发扬了先秦兵家军事学说，还在其中融入了“道”的思想，构成了以“道”为中心的军事理论体系，从而使本卷成为继《孙子兵法》之后的又一部相当有特色的，且非常重要的古代军事论著。

《要略》：《兵略》者，所以明战胜攻取之数，形机之势，诈谲之变；体因循之道，操持后之论也①；所以知战阵分争之非道不行也，知攻取坚守之非德不强也。诚明其意，进退左右无所击危②，乘势以为资，清静以为常，避实就虚，若驱群羊。此所以言兵者也。

〔注释〕

①形机之势：形成战机的势态。持后：道家的不敢为先、后发制人的观点。

②击危：进退自由，无所阻碍。

〔译文〕

《兵略》的内容，是用来说明战胜敌人、攻取敌阵的方法，阐明形成战机的势态以及欺诈多变的战术；体察军事斗争的规律，采取后发制人的策略；以此来明白战争的胜负没有大道是行不通的，知道夺取阵地、坚守城池，没有强大的德行是不可能完成的。如果真正明了这个意旨，前进后退、左冲左突都没有什么阻碍；借助有利的形势，以清静作为准则，避实就虚，就像驱赶群羊一样容易。这就是所说的用兵意图。

〔原文〕

夫兵者，所以禁暴讨乱也。炎帝为火灾，故黄帝擒之；共工为水害，故颛顼诛之。教之以道，导之以德而不听，则临之以威武；临之威武而不从，则制之以兵革。故圣人之用兵也，若栉发耨苗①，所去者少，而所利者多。

〔注释〕

①栉（zhì）：梳头。耨（nòu）：锄草。

〔译文〕

战争是用来制止凶暴和讨伐祸乱的。炎帝制造火灾，所以黄帝将他擒获；共工制造水患，所以颛顼将他诛灭。对这些坏人的处理一般是这样：先用道理教育，并用德行开导，如果不听，就用武力威势震慑他们；武力威势仍然不足以使他们归顺，就只能兴兵讨伐他们。所以圣人用兵，如同梳头、锄草，清除的是少数的害虫和野草，保护的是多数百姓的利益。

故得道之兵，车不发轫[①]，骑不被鞍，鼓不振尘，旗不解卷，甲不离矢[②]，刃不尝血；朝不易位，贾不去肆[③]，农不离野。招义而责之[④]，大国必朝，小城必下。因民之欲，乘民之力，而为之去残除贼也。故同利相死，同情相成，同欲相助。

〔注释〕

①发轫(rèn)：启动车辆。轫，刹车用的木头。

②离：通“罹”，遭受。

③朝：朝廷，这里指朝廷官员。位：官职。肆：店铺。

④招：举。

〔译文〕

所以得道的军队，战车不用启动，马匹不用套鞍，战鼓不用敲响，军旗不用展开，铠甲不遭箭射，兵刃不沾血腥；朝廷官员不会丢官，商人不会离开店铺，农夫不会离开田地。高举正义之旗而斥责不义，这样大国必定前来归服朝拜，小国必定不战而降。顺应民众的意愿，凭借人民的力量，替他们铲除残暴奸贼。所以利益一致的人就会拼死相报，情感相投的人就会互相成全，愿望相同的人就会互相帮助。

夫兵之所以佐胜者众[①]，而所以必胜者寡。甲坚兵利，车固马良，畜积给足，士卒殷轸，此军之大资也，而胜亡焉[②]。明于星辰日月之运、刑德奇赅之数[③]，背乡左右之便，此战之助也，而全亡焉[④]。良将之所以必胜者，恒有不原之智[⑤]，不道之道，难以众同也。

〔注释〕

①佐胜：取胜的因素。

②殷轸（zhěn）：众多。亡焉：不在于此。

③刑德：古人以刑德来说明阴阳二气在一年四季中的消长变化。冬至为“德”，因为冬至是阴气之末、阳气之初；夏至为“刑”，因为夏至是阳气之末、阴气之初。奇赅（gāi）：也作“奇该”“奇咳”“奇胲”等。阴阳术数。

④乡：同“向”，方向。全：彻底胜利。

⑤不原之智：强调智慧的神奇和莫测。

〔译文〕

战争取胜的因素很多，但战争必胜的决定因素却很少。铠甲坚固、兵器锋利、战车结实、战马精良、储备丰富、给养充足、士卒众多，这些都是战争取胜的重要因素，但战争胜利并不取决于这些条件。知晓日月星辰的运行规律、阴阳刑德的变化道理，掌握行军列阵、安营扎寨的方位选择等，这些对战争取胜都有帮助，但战争大获全胜仍然不决定于这些因素。优秀的将帅之所以常常打胜仗，总是因为有不可深究的智谋和不可言传的谋略，是很难和普通人一样的。

夫论除谨，动静时，吏卒辨[①]，兵甲治，正行伍，连什伯[2],明鼓旗,此尉之官也[3]。前后知险易,见敌知难易,发斥不忘遗,此候之官也[4]。隧路亟,行辎治[5],赋丈均,处军辑,井灶通,此司空之官也[6]。收藏于后,迁舍不离,无淫舆,无遗辎,此舆之官也[7]。凡此五官之于将也,犹身之有股肱手足也[8];必择其人,技能其才[9],使官胜其任,人能其事;告之以政,申之以令,使之若虎豹之有爪牙,飞鸟之有六翮[10],莫不为用。然皆佐胜之具也,非所以必胜也。

〔注释〕

①论:通"抡",选择。除:授予官职,任命官吏。辨:整顿、管理。

②兵甲治:王引之认为此下当有"此司马之官也"一句,这样才与下文所说的"五官"之数相符。行伍、什伯:古代军队编制,五人为"伍",十人为"什",二十五人为"行",百人为"佰"。

③尉:古代武官名,管辖八百人。

④发:有所发现。斥:侦察。候:负责侦察的军官。

⑤隧:道。亟:快速,引申为畅通。行辎:部队行动时携带的军用物资。

⑥赋丈均:建造的军垒大小均等。处军辑:营帐搭得安稳。军:古代用兵车围成营垒。司空:负责营建军事工程的官员。

⑦收藏:部队断后收容。淫:过失。舆:装载。舆:古代官名,负责运输及看管军用物资。

⑧股:大腿。肱:手臂。

⑨技能:用作动词,考察、检验人的才能。

⑩翮(hé):鸟类翅膀上粗硬的羽毛。

〔译文〕

选择任命军吏谨慎、行止时机适宜、军吏士卒管理有方、兵器铠甲装备齐全，这是司马的职责。军队行伍、什佰编制齐整、组织严明、战鼓令旗明确，这是尉官的职责。了解部队行军前方是否安全、敌军是否难以对付、始终不忘侦察瞭望敌情，这是候官的职责。保持道路畅通、及时运输辎重并使之安全到达、军垒大小均等、营帐搭扎安稳、军灶水井齐备，这是司空的职责。做到部队收容断后、转移驻扎时保证无人员离散、无流失的军车和无遗失的辎重，这是军舆的职责。这五种官员的职责对于将帅来说，就像身体和手足的关系；一定要挑选恰当的人来担任，考察他的才能，保证他们能做好职责范围内的工作；告诉他们政务，向他们申述军令，使他们像有爪牙的虎豹、有健翅的飞鸟一样，为将帅效力。然而这些仍然只是取得胜利的辅助因素，而不是必胜的决定因素。

兵之胜败，本在于政。政胜其民，下附其上，则兵强矣；民胜其政，下畔其上①，则兵弱矣。故德义足以怀天下之民，事业足以当天下之急，选举足以得贤士之心，谋虑足以知强弱之势，此必胜之本也。

〔注释〕

①畔：通“叛”。

〔译文〕

战争的胜负，根本在于政治。政治能够驾驭民众，人民能亲附君主，那么军队也必然会强大；反之民众反对其现实政治，百姓又背叛君主，那么军队也必然会弱小。所以德政和道义足以感怀天下百姓，其事业足以应对天下的当务之急，选用和推荐的贤才足以得到天下贤士的拥戴，计谋智虑足以掌握敌我双方力量的强弱，这些才是取得胜利的根本因素。

夫有形埒者，天下讼见之①；有篇籍者，世人传学之。此皆以形相胜者也，善形者弗法也。所贵道者，贵其无形也。无形则不可制迫也，不可度量也，不可巧诈也，不可规虑也。

〔注释〕

①形埒（liè）：形迹。讼：公。

〔译文〕

有形迹的东西，天下人都能看得见它；记载在书籍、文章里的内容，世人都能学习并流传它。这些都是以形来取得胜利的，而高明者是不会效仿它们的。人们之所以看重“道”，是在于“道”的无形。因为“无形”，所以难以制迫它，难以度量它，不能用智巧来欺诈它，也无法来规划谋算它。

兵有三势，有二权。有气势，有地势，有因势。将充勇而轻敌，卒果敢而乐战，三军之众，百万之师，志厉青云，气如飘风，声如雷霆，诚积逾而威加敌人，此谓气势。硖路津关[①]，大山名塞，龙蛇蟠，却笠居，羊肠道，发笱门[②]，一人守隘，而千人弗敢过也，此谓地势。因其劳倦、怠乱、饥渴、冻暍，推其摿摿，挤其揭揭[③]，此谓因势。善用间谍，审错规虑，设蔚施伏[④]，隐匿其形，出于不意，敌人之兵，无所适备，此谓知权。陈卒正，前行选[⑤]，进退俱，什伍搏，前后不相撚[⑥]，左右不相干，受刃者少，伤敌者众，此谓事权。权势必形[⑦]，吏卒专精，选良用才，官得其人，计定谋决，明于死生，举错得失，莫不振惊。故攻不待冲隆云梯而城拔[⑧]，战不至交兵接刃而敌破，明于必胜之攻也。

〔注释〕

①硖：通"狭"。这里指山峡。

②却笠：应作"簦(dēng)笠"，斗笠，形容山形如斗笠。发笱(gǒu)：王念孙认为应作"鱼笱"，一种捕鱼用的竹篓，鱼入篓后不能复出。发笱门：形容隘口险要，如张开口的竹篓，能进而不能出。

③暍(yē)：受热中暑。摿(yáo)：古"摇"字。摿摿：摇摇欲坠。挤：推挤。揭揭：动荡不安。

④审错：措施审慎周密。错，通"措"。设蔚：这里指设置疑阵。施伏：布置伏兵。

⑤陈：阵。选：整齐。

⑥搏：刘家立认为应作“抟(tuán)”，集中、积聚的意思。这样“选”“抟”“撚”“干”押韵。撚(niǎn)：践踏。

⑦权势：指本节所说的“二权”“三势”。

⑧冲隆：古代攻城的器械，类似冲车。云梯：攻城用的长梯。

〔译文〕

用兵有“三势”和“二权”。“三势”是气势、地势和因势。将领充满勇气并且藐视敌人，士卒果断勇敢并且乐于参战，三军人马、百万雄师，壮志凌云天，豪气如疾风，号声如雷霆，积聚忠诚之情，在气势上压倒敌军，这就叫“气势”。山峡险道，渡口关卡，大山名塞，如同龙蛇蟠踞，又似斗笠排列；羊肠小道，像鱼笱似的险隘，一人把持隘口，千人不能通过，这就叫“地势”。乘敌军劳累疲倦、松懈混乱、饥饿干渴、挨冻受热之际，将摇摇欲坠、动荡不安的敌军逼到死境，这就叫“因势”。善于使用间谍侦察敌情，使用反间之计，然后措施审慎周密，规划行动慎重，设置疑阵、布置伏兵，隐藏部队的形迹，行动出乎敌人的意料，使敌人的部队难以适应和防范，这就叫“智权”。排兵布阵严整，队列行军整齐，进退步调一致，队伍行距紧凑，前后不互相践踏，左右不互相干扰，受伤的士兵少、杀敌的多，这就叫“事权”。“二权”和“三势”都充分表现出来，军官和士兵都忠诚精悍，选用良才，用人恰当，计划明确，谋划决断，知道如何保护自己避免牺牲，军事行动顺应时势，这样的部队，没有谁不被震撼。所以进攻不一定非要冲车和云梯才能攻下敌方的城池，战斗不一定非要刀剑相接才能击溃敌军，只要掌握上述这些战争要素然后进攻就能必胜。

静以合躁，治以待乱①，无形而制有形，无为而应变，虽未能得胜于敌，敌不可得，胜之道也。敌先我动，则是见其形也；彼躁我静，则是罢其力也②。形见则胜可制也，力罢则威可立也。视其所为，因与之化；观其邪正，以制其命；饵之以所欲，以罢其足；彼若有间，急填其隙；极其变而束之，尽其节而仆之③。敌若反静，为之出奇；彼不吾应，独尽其调④。若动而应，有见所为；彼持后节⑤，与之推移。彼有所积，必有所亏；精若转左，陷其右陂⑥。敌溃而走，后必可移。敌迫而不动，名之曰奄迟⑦，击之如雷霆，斩之若草木，耀之若火电，欲疾以速，人不及步趋，车不及转毂，兵如植木，弩如羊角，人虽众多，势莫敢格。诸有象者，莫不可胜也；诸有形者，莫不可应也。是以圣人藏形于无，而游心于虚。风雨可障蔽，而寒暑不可开闭，以其无形故也。夫能滑淖精微，贯金石，穷至远，放乎九天之上，蟠乎黄卢之下⑧，唯无形者也。

［注释］

①合：对付。待：对待。

②罢：通“疲”。

③仆：扑倒。

④调：调整。

⑤彼：敌方。节：节制。

⑥精：精锐部队。陷：攻击。陂（bēi）：边。

⑦奄迟：意思是静以待变。

⑧淖（nào）：柔和。蟠：盘伏。黄卢：黄泉。

〔译文〕

以静对付躁，以治对待乱，用无形制约有形，用无为应付变化，这样即使不能战胜敌人，但也可使敌人不能取得胜利。敌方先于我方行动，就会暴露他们的形迹；敌方急躁而我方宁静，就会使他们精疲力竭。敌方形迹暴露，我方就能取得战争的主动权；敌方精疲力竭，我方此时就可以树立军威。针对敌方的行动，我方也相应变化；观察敌方的“奇正”形势，来控制他们的命运；用敌方想要得到的东西做诱饵，引诱他们疲于奔命；敌方如露出破绽，就要紧抓时机、乘虚而入；让敌方的变化招数使尽，然后才束缚他们；等敌方精疲力竭之时，才想法将他们扑倒。假如敌方由运动返归宁静，那么我方就要出奇招应对；敌方如对我方不理不睬，那么我方就可趁机完成调整；如果敌方有所反应，那么我们也就能在这当中观察到他们的意图；如果敌方后于我们行动，控制了我方的行动，那么我方就要想尽一切办法在与他们周旋之中摆脱困境。敌方如集聚部队追打我方，那么它的后方必定空虚；敌方的精锐部队在左方，那么我军就可攻击它的右方。如敌方溃败逃走，那么敌方的后阵必定可以击破。敌方如受我方的强大压力而龟缩不动，这就是为了静以待变，我方就要用雷霆之势猛攻，像割草伐木一样毫不留情地消灭他们，像火烧雷电一样毫不留情地烧毁、击穿他们；这时的攻击行动务必神速，要使敌方来不及开拔、战车来不及启动，兵器像插在地上的木头，弓弩像长在羊头上的角，来不及拔和拿，这时敌方即使人多也无法抵挡这样的攻势。只要有动向形迹表现出来的敌人，没有不能战胜的；只要暴露形迹，就有办法对付。所以圣人就将自己隐藏在无形之中，并且让心神处于虚静之中。风雨可以遮挡，是因为它们有形，而寒暑冷热无法开关控制，是因为它们无形。能够薄滑柔和，精细深微，贯穿金石，穷尽最遥远的区域，寄身于九天之上，盘伏在黄泉之下的，只有“无形”的道。

善用兵者，当击其乱，不攻其治，是不袭堂堂之寇，不击填填之旗①。容未可见，以数相持②，彼有死形，因而制之。敌人执数，动则就阴，以虚应实，必为之禽③。虎豹不动，不入陷阱；麋鹿不动，不离罝罘；飞鸟不动，不絓网罗；鱼鳖不动，不擐唇喙④。物未有不以动而制者也。是故圣人贵静。静则能应躁，后则能应先；数则能胜疏，抟则能禽缺⑤。

［注释］

①堂堂：气势威严。填填：阵容整齐。

②容：敌情。数：策略、方法。

③就：接近。阴：凶险。禽：通“擒”。

④罝罘（jūfú）：捕兽所用的网。絓（guà）：绊住。擐（huàn）：穿。喙：口。

⑤数：密，与“疏”相对。抟：原作“博”，据俞樾说改。完整，与“缺”相对。

〔译文〕

善于用兵的人，必定会攻击那些阵脚混乱的敌军，但不会去攻击那些整肃的敌军，也不会去攻击那些气势威严的敌军，更不会去攻击那些阵容整齐的敌军。敌方的情况还未摸清之前，就用各种方法与之相持周旋；敌方一旦露出致命的弱点，就因势消灭他。敌方如果掌握术数、准备周密，我方妄动就是自寻凶险；敌方以“虚”来对付我方的“实”，我军也必定会被敌军擒获。虎豹隐伏不动，就不会跌入陷阱；麋鹿安静不跑，就不会触上罗网；飞鸟不盲目飞翔，就不会被罗网捕获；鱼鳖不乱游动，就不会被钓钩穿过唇口。万物无不因为妄动而被制约。所以圣人贵“静”。因为“静”能制“动”，“后”能制“先”；周密可以胜过疏漏，完备能够制服残缺。

将者必有三隧[①]、四义、五行、十守。所谓三隧者，上知天道，下习地形，中察人情。所谓四义者，便国不负兵[②]，为主不顾身，见难不畏死，决疑不辟罪[③]。所谓五行者，柔而不可卷也，刚而不可折也，仁而不可犯也，信而不可欺也，勇而不可凌也。所谓十守者，神清而不可浊也，谋远而不可慕也[④]，操固而不可迁也，知明而不可蔽也，不贪于货，不淫于物，不嗑于辩[⑤]，不推于方，不可喜也，不可怒也。是谓至于，窈窈冥冥[⑥]，孰知其情！发必中铨，言必合数，动必顺时，解必中揍[⑦]。通动静之机，明开塞之节，审举措之利害，若合符节；疾如彍弩[⑧]，势如发矢；一龙一蛇，动无常体。莫见其所中，莫知其所穷；攻则不可守，守则不可攻。

〔注释〕

①隧：通“达”。“三隧”指知晓三种情况。

②负：依仗、仗恃。

③辟：通“避”，逃避。不辟罪：这里指不怕承担责任。

④慕：仿效。

⑤嚂（làn）：贪求。

⑥窈窈冥冥：渺茫恍惚之貌。

⑦铨：本指秤，引申为标准、法则。揍：通“腠”，肌肉的纹理，引申为事物的条理。

⑧符节：古代朝廷用作凭证的信物，用竹木或金属做成，上书写文字，剖为两半，各执其一，用时，以两半吻合为验。彍（guō）：拉满弓。一说读 kuò。

〔译文〕

将帅必须具备的条件有三隧、四义、五行和十守。所谓“三隧”，是指上知天道、下熟习地形、中体察人情。所谓“四义”，是指为国家利益而不是依仗兵权谋私，为君王尽忠而奋不顾身，面对危难而不怕牺牲，处理疑难问题时不怕承担责任。所谓“五行”，是指能柔软但不卷曲，能刚强但不折断，秉仁慈但不可侵犯，有信誉但不容欺骗，具勇敢但不可凌辱。所谓“十守”，是指神志清澈而不混浊，谋略深远而不易仿效，节操坚定而不迁移，智慧明达而不受蒙蔽，不贪钱财，不沉溺于物欲，不贪求花言巧语，不贪图名声，不能大喜，也不能大怒。将帅如能做到上述这些，也就叫达到了微妙精深的境界，有谁能知道他的真情！行动必定符合明确的目标，言论必定符合道理和规律，行为必定顺应时宜，分析必定有条有理。通晓动和静的奥妙，明白开和闭的时机，审察行动的利和害，如同符节相合；快得像拉满弦的弓箭，气势如同离弦的飞箭；像龙腾飞如蛇游动，行动没有一定的形态。看不清所要攻击什么目标，也不知道最终的归宿是什么；要进攻时敌方就无法防守，要防守时敌方则攻不破。

故前后正齐，四方如绳，出入解续①，不相越凌；翼轻边利②，或前或后，离合散聚，不失行伍，此善修行陈者也。明于奇赅、阴阳、刑德、五行、望气、候星、龟策、禨祥③，此善为天道者也。设规虑，施蔚伏，见用水火，出珍怪，鼓噪军，所以营其耳也④。曳梢肆柴，扬尘起堨⑤，所以营其目者，此善为诈佯者也。錞钺牢重，固植而难恐⑥，势利而不能诱，死亡不能动，此善为充干者也⑦。剽疾轻悍⑧，勇敢轻敌，疾若灭没，此善用轻出奇者也。相地形，处次舍，治壁垒，审烟斥⑨，居高陵，舍出处，此善为地形者也。因其饥渴冻暍，劳倦怠乱，恐惧窘步，乘之以选卒⑩，击之以宵夜，此善因时应变者也。易则用车，险则用骑，涉水多弓，隘则用弩，昼则多旌，夜则多火，晦冥多鼓，此善为设施者也。凡此八者，不可一无也，然而非兵之贵者也。

〔注释〕

①解续：指行军中前后既保持距离又保持联系。

②翼：指军队的两侧。轻：轻捷。利：便利。

③奇赅（gāi）：也作"奇该""奇咳""奇胲"等。兵略。望气：观望云气预测吉凶。候星：观望星象预测吉凶。龟策：龟甲和蓍（shī）草，古代用来占卜吉凶。禨（jī）祥：祭祀鬼神以求福纳祥的活动。

④珍怪：奇异举动。营：惑乱。

⑤曳：拉、拖。梢：小树枝。堨（ài）：尘埃。

⑥錞（duì）：矛戟柄末端的金属护套。钺（yuè）：古代兵器，像斧，比斧大。固植：坚定不移。

⑦充干：充实坚强。

⑧剽（piāo）疾：勇猛敏捷。

⑨次舍：宿营地。烟斥：堵塞。

⑩窘步：因恐惧而不能前行。选卒：精选的精干兵卒。

〔译文〕

所以队伍前后整齐严正，四面像墨线那般笔直，队伍进退自如，互不超越；两翼轻捷，四边便利，或前或后，离合散聚，不乱队形，这就是善于训练管理的行军队列和布阵。明白兵略、阴阳、刑德、五行、望气、占星、龟策、祭祀，这就是善于运用天道。制订计划，布设埋伏，运用水攻、火攻，制造奇异假象，让士兵鼓噪呐喊来搅乱敌人的听觉，拖着树枝扬起尘土来迷乱敌人的视觉，这就是善于运用欺诈佯装战术。意志观念像錞、钺那样坚定厚重，毫不动摇，难以恐吓到，权势利益不能诱惑，死亡威胁吓不退，这就是善于鼓舞士气、坚定信念。作战勇猛，动作迅捷，藐视敌人，行动神速、瞬时一闪即逝，这就是善于运用轻骑兵来出奇制胜。观察选择地形，安排宿营地址，修筑军营围墙，审察查明路障，驻扎高坡山地，营地能进能退，这就是善于利用有利地形。利用敌军饥渴冻热,疲劳困倦,松懈混乱,恐惧困窘之机,派出精锐干练的部队,在深夜对敌人实施偷袭,这就是善于利用时机来应对变化的环境。平坦的地方用战车,险峻的地方用骑兵,渡水时用弓,险隘之处用弩,白天作战用旌旗壮大声势,夜晚作战用篝火营造气氛,阴暗多雾天气多用战鼓,这就是善于利用各种器械装备来为战争服务。以上总共八种战术方法,不能缺少一样,但这些还不是用兵打仗中最重要的方面。

夫将者,必独见独知。独见者,见人所不见也;独知者,知人所不知也。见人所不见,谓之明;知人所不知,谓之神。神明者,先胜者也。先胜者,守不可攻,战不可胜,攻不可守,虚实是也。上下有隙,将吏不相得①,所持不直,卒心积不服,所谓虚也。主明将良,上下同心,气意俱起,所谓实也。若以水投火,所当者陷,所薄者移,牢柔不相通,而胜败相奇者②,虚实之谓也。故善战者不在少,善守者不在小;胜在得威,败在失气。夫实则斗,虚则走,盛则强,衰则北。

〔注释〕

①有隙:相互怨恨。相得:关系融洽。

②薄:靠近。牢:坚固。柔:软弱。

〔译文〕

将帅一定要有独到的见解和胆识。所谓独到见解,是指能够观察到别人观察不到的东西；所谓独到胆识，是指能够知道别人不知道的东西。能够观察到别人观察不到的东西，这叫作“明”；能够知道别人不知道的东西，这叫作“神”。神、明就是取得胜利的先决条件。如能这样，那么防守时就不易被攻破，交战时不易被打败，进攻时就容易取胜，这就是虚和实之间的关系和道理。上下级之间有怨恨，文官武将关系不融洽，处事不公正，士兵内心充满怨气，这就叫“虚”。反之，君王圣明，将领精良，上下同心，心往一处想，劲往一处使，这就叫“实”。如果像泼水灭火，敢抵抗的将他攻陷，敢逼近过来的将他赶走，这样刚柔显示出差别，战争的胜败也表现出来，这就是虚实的不同。所以善于作战的部队不在于人少，善于防守的部队不在于城池狭小；取胜在于有否威势，失败在于丧失了斗志。如果军队实力强就打，实力不济就走；气势旺盛部队战斗力就强，气势低落则必定战败。

卷十六　说山训

〔题解〕

本卷借用大量的故事、寓言来喻说道理，特别是围绕着“不确定中求确定”的思想方法展开细致而深入的分析。由于为了喻说道理而借用的故事和寓言多得“委积如山”，所以本卷名曰《说山训》。

《要略》：《说山》《说林》者，所以窍窕穿凿百事之壅遏，而通行贯扃万物之窒塞者也①。假譬取象，异类殊形，以领理人之意；解堕结细，说捍抟囷，而以明事埒事者也②。

〔注释〕

①窍窕、穿凿：都是贯通的意思。壅遏：阻塞。贯扃（jiōng）：贯穿、打通。

②堕：脱落。细：王念孙认为应作“纽”。说：通“脱”。捍：王念孙认为应是“择”字之误，“择”与“释”同。抟囷（tuánqūn）：捆扎、卷束。事埒（liè）：事物的征兆。明事埒事：王念孙认为第二个“事”字为衍文。

〔译文〕

《说山》《说林》的内容，是用来开通百事的堵塞，而使万物的障碍畅通无阻。借用比喻来选取对象，联系不同的种类和特殊的形体，用来领会人世间事物的要义；解开纽结，解释疑团，而用来阐明事物变化的征兆。

〔原文〕

人不小学①，不大迷；不小慧，不大愚。

人莫鉴于沫雨，而鉴于澄水者②，以其休止不荡也。

〔注释〕

①小学：小的觉悟。王念孙认为应作"觉"，与"迷"相对。

②鉴：照。沫雨：骤雨后地面所积的混浊起沫的雨水。澄水：清澈的水。

〔译文〕

人如果不仅仅具有小觉悟，而且还能大彻大悟，就不会有大的迷惑；人如果不仅仅具有小聪明，而且还具有大智慧，就不会干出大的蠢事。

人不能用混浊起沫的雨水照形，而只能用清澈的河水为镜，这是因为清澈的河水静止而不荡漾。

清之为明，杯水见眸子；浊之为暗，河水不见太山①。

〔注释〕

①河:黄河。太山:泰山。

〔译文〕

清水透明,只需一杯清水就能照见人的眼睛;浊水浑暗,就是整条黄河的水也照映不出泰山。

视日者眩,听雷者聋。人无为则治,有为则伤。无为而治者,载无也;为者,不能无为也[①],不能无为者,不能有为也。人无言而神,有言则伤。无言而神者载无,有言则伤其神。之神者[②],鼻之所以息,耳之所以听,终以其无用者为用矣。物莫不因其所有,而用其所无。以为不信,视籁与竽[③]。

〔注释〕

①不能无为:原作"不能有",据王念孙说改。
②之:此。
③籁、竽:古代吹奏乐器,这里用来说明虚空的作用。

〔译文〕

凝视太阳使人眼花,谛听响雷使人耳聋。人无为则太平无事,有为则易受伤害。无为而治的人,言行举止上奉行"无为";奉行"有为"信条的人,内心不可能没有好憎、情欲,这样一来他就不能持守虚空淡静而有所作为。人沉默不语就能保全精神,多说话就会损伤精神。沉默不语的人可以保全精神，信奉的是“无”；说话多的人会损伤精神而无法通“道”。鼻子之所以能呼吸，耳朵之所以能听声音，在于凭借着它们无用的洞孔来发挥作用。天下事物无不凭借着其中的“无用”空洞来发挥作用，如果认为这种说法不真实，请看看籁和竽是怎样凭借洞孔来发出声音的吧。

圣人终身言治，所用者非其言也，用所以言也[①]。歌者有诗，然使人善之者，非其诗也[②]。鹦鹉能言，而不可使长言[③]，是何则？得其所言，而不得其所以言。故循迹者，非能生迹者也。神蛇能断而复续，而不能使人勿断也；神龟能见梦元王[④]，而不能自出渔者之笼。

〔注释〕

①所以言：指言论所依据的思想和精神。

②非其诗：指人们只是觉得歌唱者的声音动听，而非欣赏诗歌本身。

③长(zhǎng)言：教令法典方面的语言。

④元王：宋元王，春秋时期宋国国君。宋元王夜里梦见神龟而未得，有渔者捕获而献，元王杀之以占卜。

〔译文〕

圣人终身都在谈论治理天下，但他运用的并不是他说的那些言论，而是这些言论所依据的思想和精神。歌唱的人有诗句作歌词，然而使人感到动听的只是歌唱者的嗓音，而并不是诗歌本身。鹦鹉能说话，但是不能让它讲有关教化法典方面的语言，这是为什么呢？这是因为鹦鹉只能学舌模仿人说话，而它自己不具备语言的功能。所以只会循着人家脚印走路的人，不能走出自己的道路。神蛇能够在被砍断后再生，但是不能阻止人砍断它；神龟能在宋元王的梦中显灵而不被捕获，但是它最终却不能逃出渔人的笼子。

四方皆道之门户牖向也①，在所从窥之。故钓可以教骑，骑可以教御，御可以教刺舟②。越人学远射，参天而发，适在五步之内，不易仪也③。世已变矣，而守其故，譬犹越人之射也。

〔注释〕

①牖(yǒu)向：窗户。

②御：驾车。刺舟：撑船。

③参天：向高空。适：仅仅。仪：法则，这里指射箭技术。

〔译文〕

四面八方都是“道”的门和窗，就看你从哪个位置观察“道”。所以善于垂钓者可以教人骑马，善于骑马者可以教人驾驭，善于驾驭者可以教人撑船。越人学习远射技艺，仰头对着天空发射，箭只落在五步之内的地方，这是因为他不懂得改变射术的缘故。世道已经变化，如果还守着老规矩，这就好比越人学射术。

月望，日夺其光，阴不可以乘阳也①。日出，星不见，不能与之争光也。故末不可以强本，指不可以大于臂。下轻上重，其覆必易。一渊不两鲛[②]。

〔注释〕

①望：农历每月十五，叫望。日夺其光：指农历每月十五，日月同处一线，地球在中间遮挡住日光，所以会发生月食现象。乘：驾御。

②鲛：鲨鱼。

〔译文〕

月亮在农历每月十五之夜圆满，和太阳相对成直线，处于其中的地球遮挡住太阳的光芒，这时属阴的月亮不可以凌驾于属阳的太阳。太阳升起而星星就隐匿不见，这是因为星星不能和太阳争光。所以末节不可以强过根本，手指不可以粗过臂膀。下轻上重，必然要倾覆。一个深渊中不能同时存在两条鲨鱼。

水定则清正，动则失平。故惟不动，则所以无不动也。

江河所以能长百谷者，能下之也。夫惟能下之，是以能上之。

〔译文〕

水静止时就清澈平稳，流动起来就失去平和。所以唯有不动，就能无所不动。

江河之水之所以能成为百谷之长，是因为它能处低洼之处。唯有能处低洼之处，所以才能高高在上。

天下莫相憎于胶漆[1]，而莫相爱于冰炭[2]。胶漆相贼，冰炭相息也[3]。墙之坏，愈其立也；冰之泮，愈其凝也，以其反宗[4]。

〔注释〕

①相憎于胶漆：指胶与漆相克。胶与漆混合，二者皆损坏。

②相爱于冰炭：指冰与炭相宜。冰得火炭而为水，火炭得冰则复为炭，各复其本性。

③贼：害。息：生。

④泮（pàn）：融解。宗：根本。

〔译文〕

天下没有比胶和漆更不能相容的了，没有比冰和炭更相爱的了。胶与漆互相败坏，冰和炭互相滋生。墙壁倒塌，比它立着更长久；冰块融解，比它凝固时更好，这是因为都返归它们的根本的缘故。

泰山之容，巍巍然高，去之千里，不见埵堁[1]，远之故也。秋豪之末，沦于不测。是故小不可以为内者，大不可以为外矣[2]。

〔注释〕

①埵堁（duǒkè）：土堆。

②"是故"二句：意思是：事物可以小到没有内部极限，可以大到没有

外部边界。

〔译文〕

泰山的形状，巍巍高耸，但离它千里之远望去，泰山不过是个小土堆，这是因为距离间隔得远的缘故。秋毫之末这样细微的东西，能够深入无法测量的小空间。所以事物小可以小到没有内部极限，大可以大到没有外部边界。

善射者发不失的，善于射矣，而不善所射①；善钓者无所失，善于钓矣，而不善所钓。故有所善，则不善矣。

〔注释〕

①不善所射：是说对所射中的对象来说是不好的。

〔译文〕

善于射箭的人发必中目标，这对于射技来说是好的，但对被射中的对象来说则是不好的；善于钓鱼的人总有收获，这对于钓术来说是好的，但对被钓上的鱼儿来说则是灾难。所以事物总是有所善，有所不善，有其正面也必有其负面。

求美则不得美，不求美则美矣；求丑则不得丑，求不丑则有丑矣；不求美又不求丑，则无美无丑矣。是谓玄同。

〔译文〕

人不美却要追求美是得不到美的，人美不用追求美自然是美的；人不丑却要丑化是丑化不了的，人丑却要说不丑还是丑的；不刻意追求美、也不刻意追求丑，那么就无所谓美和丑。这才叫作与天道相统一。

咼氏之璧，夏后之璜[①]，揖让而进之，以合欢；夜以投人，则为怨，时与不时。

〔注释〕

①咼氏之璧：即和氏之璧，古代楚国卞和所发现的玉璧。咼："和"的古字。夏后：夏后氏。璜：一种形似半边的玉璧。

〔译文〕

和氏之璧、夏后氏的玉璜，恭恭敬敬地献给人家，人家会非常高兴；但如果在黑夜中将璧和玉璜掷抛给人家，人家就会受到惊吓而产生怨恨。这些就是合时和不合时而产生的不同结果。

卷十七　说林训

〔题解〕

本卷在内容和形式上都与上卷《说山训》十分相似，以“若林之聚”的故事、寓言来喻说“道”理、哲理和事理，以解开人们思想上的“结细”和“抟困”，从而使人们的思想得到提升，达到“道”的境界。

《要略》[1]。

〔原文〕

足以蹍者浅矣，然待所不蹍而后行；智所知者褊矣①，然待所不知而后明。游者以足蹶，以手抻②，不得其数，愈蹶愈败；及其能游者，非手足者矣。

〔注释〕

①蹍：踩踏。浅：距离短。褊（biǎn）：狭隘。

---

〔1〕 参见上卷《说山训》的《要略》部分。《说林训》和《说山训》的内容和形式相近，故在总结各卷意旨时，《要略》将这两卷合在一起进行归纳。

②蹶(juě):原意是指骡、马等用后腿向后踢,这里指扑腾。抪(pō):击打。

〔译文〕

人走路时跨出的每一步都是有限的,但只要不停地跨步,踩踏未曾踩踏过的地方就能走向远方;人的智慧每次能掌握的事理也是有限的,但只要不断地认识未曾认识过的事理就能越变越聪明。初学游泳的人用脚乱扑腾、用手乱击打水面,没有掌握游泳的技艺,越乱扑腾越往下沉;而一旦掌握了游泳的技艺,手脚就不会如此慌乱了。

鸟飞反乡,兔走归窟,狐死首丘,寒将翔水①。各哀其所生②。

〔注释〕

①寒将:水鸟名。
②哀:依恋。俞樾认为通"依"。

〔译文〕

鸟儿飞得再远、再高,总得返回鸟巢;兔子跑得再快、再远,总得返回洞穴;狐狸死时,头总朝着巢穴;寒将水鸟总贴着水面飞翔。它们各自依恋着自己生存的环境。

狗彘不择甂瓯而食,偷肥其体,而顾近其死①;凤皇高翔千仞之上,故莫之能致。

〔注释〕

①甂瓯（biānōu）：泛称粗陋的陶质小盆、小瓮。偷：贪。顾：反而。

〔译文〕

猪狗不管装食物的器具怎样粗陋，它们只顾贪食，吃肥了自己，反而接近死亡；凤凰高飞在千仞的高空，不随便栖息进食，所以没有什么办法能诱捕它。

月照天下，蚀于詹诸[①]；腾蛇游雾，而殆于蝍蛆[②]；乌力胜日，而服于鵻礼[③]。能有修短也。

〔注释〕

①詹诸：蟾蜍。古人认为月食的产生是由于月中蟾蜍吃月的缘故。

②腾蛇：传说一种会飞的蛇。殆：畏惧。蝍（jí）蛆：一说蟋蟀，一说蜈蚣。

③乌：传说中的太阳里长有三足的乌鸦。鵻（zhuī）礼：鸟名，乌鸦畏惧它。

〔译文〕

月亮照耀天下，却被蟾蜍所咬缺；腾蛇能够腾云驾雾，却被蝍蛆所制服；乌鸦经得起太阳的灼热，却对付不了鵻礼鸟。这是因为它们各自的能耐有长有短。

短绠不可以汲深[①]，器小不可以盛大，非其任也。

〔注释〕

①绠(gěng):汲水用的绳子。

〔译文〕

短绳不能汲取深井的水,容量小的器皿装不下大的东西,这是因为它们胜任不了。

怒出于不怒,为出于不为。视于无形,则得其所见矣;听于无声,则得其所闻矣。

〔译文〕

愤怒出自不怒之时,有为出于没有作为之前。能看清无形之物,那么就能看清所有物体;能听见无声之声,那么天下就没有什么不能听到的了。

至味不慊①,至言不文,至乐不笑,至音不叫,大匠不斫,大豆不具②,大勇不斗,得道而德从之矣。譬若黄钟之比宫,太簇之比商③,无更调焉。

〔注释〕

①慊(qiè):满足。

②豆:古代食器。

③比:相配。

〔译文〕

最鲜美的味道吃着没有快感，最高深的言辞不讲究文饰，最大的快乐是没有笑容，最美妙的声音不是大声呼叫，最高明的工匠无须砍削，最大的食器无须陈列，最勇敢的人不以打斗取胜，这些都是掌握了“道”，“德”也就随之而来了。就像黄钟配宫音、太簇配商音，不可更改声音的调式。

以瓦鉒者全[①]，以金鉒者跋，以玉鉒者发[②]。是故所重者在外，则内为之掘[③]。逐兽者目不见太山。嗜欲在外，则明所蔽矣。

〔注释〕

①鉒(zhù)：通“注”，赌注。全：心神安定。

②跋：走路不稳，这里指心神不定。发：疾速，这里指内心焦虑。

③内：内心。掘：通“拙”，笨拙。

〔译文〕

用瓦器做赌注的人心神安定，用黄金做赌注的人心神不安，用美玉做赌注的人内心焦虑。这是因为他们过于看重黄金和美玉这样的外物，导致心智变得笨拙。这就好像追逐猎物时，眼里只有猎物，以至于连巍峨的泰山都看不见了。这是因为人们将贪欲全部贯注于外物，眼睛就被蒙蔽了。

听有音之音者聋，听无音之音者聪；不聋不聪，与神明通。

〔译文〕

听有声之声会耳聋，听无声之声会耳灵；耳朵不聋又听不清楚的人，才能和“神明”相通。

冬有雷电，夏有霜雪，然而寒暑之势不易，小变不足以妨大节。

〔译文〕

冬天有时会打雷闪电，夏天有时会降霜下雪，但这种偶然现象无法改变冬寒夏暑的基本规律，这说明小的变化不足以妨碍大的法则。

尝一脔肉而知一镬之味[①]，悬羽与炭而知燥湿之气。以小见大，以近喻远。

〔注释〕

①脔(luán)：切成小块的肉。镬(huò)：古代煮食物的大锅。

〔译文〕

尝一小块肉，便能知道一大锅的肉味；悬挂羽毛和木炭能知道空气的湿度。这是从小可以见大，由近可以知远。

尝被甲而免射者,被而入水;尝抱壶而度水者[①],抱而蒙火。可谓不知类矣。

〔注释〕

①壶:通“瓠”,即葫芦,成熟后晒干可借以浮水。

〔译文〕

曾经穿着铠甲而免遭箭伤,现在还穿着铠甲到水中去游泳;曾经抱着大瓠而可以渡水,现在还抱着大瓠去扑火。这些人真是不懂区分事物的类别。

铜英青[①],金英黄,玉英白;黂烛捔,膏烛泽也[②]。以微知明,以外知内。

〔注释〕

①英:通“瑛”,指光泽。

②黂(fén):麻。捔(jué):昏暗不明。膏:油脂。泽:光明、明亮。

〔译文〕

铜的光泽呈青色,金的光泽呈黄色,玉的光泽呈白色;黂麻火光昏暗,油脂灯光明亮。用微暗可以衬托明亮,由外表可以了解内质。

病热而强之餐,救暍而饮之寒,救经而引其索[①],拯溺而授之石;欲救之,反为恶。

〔注释〕

①经:上吊、自缢。

〔译文〕

患伤寒者却强迫他进食,抢救中暑者却让他饮冷水,搭救自缢者却递给他绳索,拯救溺水者却递给他石头;本身是想救助他,结果却反而害了他。

以诈应诈,以谲应谲,若披蓑而救火,毁渎而止水,乃愈益多。

〔译文〕

用欺诈来对付欺诈,用诡谲来应对诡谲,这就好像披着蓑衣去救火,挖开河渠来堵水一样,只会乱上添乱。

卷十八　人间训

〔题解〕

本卷通过大量人间事象的列举，以人间的祸福、吉凶、得失、存亡等为中心，一方面说明了人应当敬天道、慎人事、节制私欲，行其所当行之道，只有这样才能宁静安定，得其天年；另一方面也提示人们对于世间的险恶要保持警惕戒慎的态度，以免遭遇无妄之灾。因此，本卷可以视作《淮南子》的处世哲学。

《要略》：《人间》者，所以观祸福之变，察利害之反，钻脉得失之迹，标举终始之坛也①；分别百事之微，敷陈存亡之机，使人知祸之为福，亡之为得，成之为败，利之为害也。诚喻至意，则有以倾侧偃仰世俗之间，而无伤乎谗贼螫毒者也②。

〔注释〕

①钻脉：钻研、探索事理。标举：揭示。坛：通"嬗"，演变、变迁。

②倾侧偃仰：俯仰周旋。谗贼：诽谤中伤。

〔译文〕

《人间》的内容，是用来观察祸福的变化，考察利害的互相转换，探索研究得失的踪迹，揭示事物终始的演变关系；区分辨别各种事物的微小差别，陈述生存、灭亡的机变，使人们知道坏事可以变为好事，失去可以变为得到，成功可以变为失败，有利可以变为有害。果真理解了它的深远意义，那么就可以在世俗之间俯仰周旋，而不会因坏人诽谤和毒害而受到伤害。

〔原文〕

清净恬愉，人之性也；仪表规矩，事之制也①。知人之性，其自养不勃；知事之制，其举错不惑②。发一端，散无竟，周八极，总一管③，谓之心。见本而知末，观指而睹归④，执一而应万，握要而治详，谓之术。居知所为，行知所之，事知所秉⑤，动知所由，谓之道。道者，置之前而不挚，错之后而不轩⑥，内之寻常而不塞，布之天下而不窕⑦。是故使人高贤称誉己者⑧，心之力也；使人卑下诽谤己者，心之罪也。

〔注释〕

①制：原则、法度。

②勃：通"悖"，谬乱。错：通"措"。

③竟：尽。管：关键、中枢。

④指：指向、趋向。归：归宿。

⑤所秉:这里指所依原则。

⑥挚:通“轾”,本指车子前低后高,引申为“低”。轩:本指车子前高后低,引申为“高”。

⑦内:通“纳”。寻常:古代长度单位,八尺为寻,二寻为常,这里比喻窄小。窕:细小空隙。

⑧高、贤:这里用作动词,指推崇、赞誉。

〔译文〕

清静恬愉是人的本性,仪表规矩是处事的原则。知道人的本性,那么人自身的修养就不会谬乱;懂得处事的原则,那么人自身的行为就不会惑乱。从一端出发,消散得无穷无尽,周游八方极远之处,然后又回归到中枢,这就叫“心”。看到事物的本原就能推知事物的未来,看到事物的指向就能预见事物的归宿,掌握一个要点而能应对万千变化,把握纲要能治理周详,这种本领叫“术”。静居时知道在做什么,行动时知道该去哪里,办事时知道所依的原则,举动时知道来历缘由,达到这种境界就叫“道”。“道”,放置前边它不会低伏,放在后面它不会翘起,纳入窄处它不会堵塞,散布天下它不留空隙。所以使别人推崇赞誉自己,这是“心”的功力;使人家轻视诽谤自己,这是“心”的罪过。

夫言出于口者,不可止于人;行发于迩者[①],不可禁于远。事者,难成而易败也;名者,难立而易废也。千里之堤,以蝼蚁之穴漏;百寻之屋,以突隙之烟焚[②]。《尧戒》曰:“战战栗栗,日慎一日。人莫蹪于山,而蹪于蛭[3]。”是故人皆轻小害，易微事[4]，以多悔。患至而多后忧之，是犹病者已惓，而索良医也[5]，虽有扁鹊、俞跗之巧[6]，犹不能生也。

〔注释〕

①迩（ěr）：近。

②突：烟囱。

③蹪（tuí）：颠仆、跌倒。蛭：应作“垤”，小土堆。

④易：轻视、忽略。

⑤惓（juàn）：危重。

⑥扁鹊：战国时名医，原名秦越人。俞跗（fú）：传说是黄帝时期的名医。

〔译文〕

话是从你口中说出的，别人无法阻止你；行为发生在你身上，远处的人无法禁止你。事情难以成功却容易失败，名声难以树立却容易毁坏。千里长堤，因为蝼蚁的洞穴而渗漏；百丈高楼，因为烟囱的裂缝冒出的烟火而焚毁。《尧戒》上说：“戒惧谨慎，一天比一天谨慎。人不会被大山绊倒，而往往被小土堆绊倒。”所以，人们往往都轻视小害、忽略小事，以致酿成祸患而为之后悔。灾祸降临后再犯愁，这就好比病危后才去寻找良医，即使有扁鹊、俞跗这样的名医，也无法治好病人的病。

夫祸之来也，人自生之；福之来也，人自成之。祸与福同门，利与害为邻，非神圣人，莫之能分。凡人之举事,莫不先以其知规虑揣度①,而后敢以定谋。其或利或害,此愚智之所以异也。晓自然以为智②,知存亡之枢机,祸福之门户,举而用之,陷溺于难者,不可胜计也。使知所为是者,事必可行,则天下无不达之途矣。是故知虑者,祸福之门户也;动静者,利害之枢机也。百事之变化,国家之治乱,待而后成。是故不溺于难者成③,是故不可不慎也。

〔注释〕

①知:同"智"。揣度:估量、推测。
②晓自然:疑应作"晓然自"。晓然:明白。
③"是故"句:杨树达认为此句为衍文,当删。

〔译文〕

灾祸的降临是自己招引的,幸福的到来是自己促成的。祸与福同出一门,利与害相近为邻,不是圣明的人难以分辨它们。大凡人们要做某件事,都要先用他的智慧思考揣度一番,然后才敢制订计划谋略。实践下来的结果,有的是利有的是害,这就是智者和蠢人的差别所在。然而即使那些自以为聪明,知道存亡之关键、祸福之由来的人,在处事中还是会陷入危难境地,这样的事例数不胜数。假若大家能预先知道自己的主张正确,且行得通,那么天下也就没有什么不通的道路了。由此可见,智虑是祸福的根由,行动举措是利害的关键。百事的变化,国家的治乱,都有待正确的思想和行动来完成。所以对此不可不审慎。

天下有三危：少德而多宠，一危也；才下而位高，二危也；身无大功而受厚禄，三危也。故物或损之而益，或益之而损。

〔译文〕

天下有三种危险：缺少德行而尊宠却多，这是第一种危险；才能低下而地位尊贵，这是第二种危险；没有大的功劳却有丰厚的俸禄，这是第三种危险。所以事物有时候是损减它，结果却是增益它；有时候是增益它，结果却是损减它。

众人皆知利利而病病也[①]，唯圣人知病之为利，知利之为病也。夫再实之木根必伤，掘藏之家必有殃[②]，以言大利而反为害也。

〔注释〕

①利利：前一个“利”为动词，认为利就是利。病病：前一个“病”为动词，认为弊病就是弊病。

②再实：一年两次结果实。藏：通“葬”。掘藏即盗墓。

〔译文〕

人们都只知道利就是利，弊就是弊，而只有圣人懂得弊可以转化为利，利可以转化为弊。两次结果实的树木，它的根必定受损伤；盗人家墓的人也必定有祸殃，这就是说贪大利反而会造成祸害。

物或远之而近，或近之而远；或说听计当而身疏，或言不用、计不行而益亲。

〔译文〕

有些事情疏远它结果却是亲近它，接近它结果却是疏远它；还有些事情是，或者说的话被采纳，而且计谋得当，但自身却反而被疏远；或者说的话不被接受，而且计谋行不通，但自身却反而被亲近。

圣人敬小慎微，动不失时。百射重戒，祸乃不滋①。计福勿及，虑祸过之②。同日被霜，蔽者不伤。愚者有备，与知者同功。

〔注释〕

①射：预备。重：层层。滋：生长。

②勿及：指对“福”不可贪求。过之：超过限度，指对“祸”多加防备。

〔译文〕

圣人谨小慎微，行为举止适合时宜。对于社会纷繁复杂的现象百般预备，重重戒防，这样灾祸就不会产生。对“福”不必想得过多，对“祸”要多加防备。同时受到严霜侵蚀，有遮蔽的就不易受伤。愚钝的人有了防备，就会和聪明人一样建立同等的功业。

夫爝火在缥烟之中也[①],一指所能息也;唐漏若鼷穴,一墣之所能塞也[②]。及至火之燔孟诸而炎云台[③],水决九江而渐荆州[④],虽起三军之众,弗能救也。夫积爱成福,积怨成祸,若痈疽之必溃也,所浼者必多矣[⑤]。诸御鞅复于简公曰[⑥]:“陈成常、宰予二子者[⑦],甚相憎也。臣恐其构难而危国也。君不如去一人。”简公不听。居无几何,陈成常果攻宰予于庭中,而弑简公于朝。此不知敬小之所生也。

〔注释〕

①爝(jué)火:一种用芦苇做成的火把。在缥烟之中:指小火把点燃时,火苗飘忽不定。

②唐:通“塘”,这里指池塘、堤坝。鼷(xī):一种小老鼠。墣(pú):土块。

③燔(fán):烧。孟诸:古代宋国的大泽名。炎:火势蔓延。

④九江:指长江水系的各支流。渐:淹。荆州:古代九州之一。

⑤痈疽:恶疮名。浼(měi):污染。

⑥诸御鞅:春秋时齐国大夫。复:报告。简公:齐简公。

⑦陈成常:田恒,因其家族出自陈国,也称为陈恒。汉朝为避汉文帝刘恒讳,改称“田常”,是齐国田氏家族第八任首领,把持朝政。宰予:字子我,亦称宰我,春秋末期鲁国人。孔门十哲之一,仕于齐。

〔译文〕

刚刚点燃的飘忽不定的火星,只需用一根手指就能按熄;池塘、堤坝的漏洞像老鼠洞那么大时,只需一块土块就可堵塞。但等到火势烧到孟诸泽、上冲蔓延至云台，洪水从九江决口、泛滥淹没整个荆州，那时即使调动全国所有的军队也都无法扑灭和堵塞。积累仁爱则带来福祉，积聚怨恨则酿成祸患，这就如同痈疽必然要溃烂，并污染很多地方一样。诸御鞅向齐简公报告："陈成常和宰予，他们两人互相憎恨，积怨很深，我怕他们两人会作乱而殃及国家。君王你不如除掉他们其中一个。"简公不听。没过多久，陈成常果然在庭院里杀死宰予，并在朝廷上杀死齐简公。这就是不懂得谨慎处理小事而造成的祸害。

鲁季氏与郈氏斗鸡，郈氏介其鸡，而季氏为之金距[①]。季氏之鸡不胜，季平子怒，因侵郈氏之宫而筑之[②]。郈昭伯怒，伤之鲁昭公曰[③]："祷于襄公之庙，舞者二人而已[④]，其余尽舞于季氏。季氏之无道无上久矣。弗诛，必危社稷！"公以告子家驹[⑤]。子家驹曰："季氏之得众，三家为一[⑥]。其德厚，其威强，君胡得之？"昭公弗听，使郈昭伯将卒以攻之。仲孙氏、叔孙氏相与谋曰："无季氏，死亡无日矣。"遂兴兵以救之。郈昭伯不胜而死，鲁昭公出奔齐。故祸之所从生者，始于鸡足[⑦]；及其大也，至于亡社稷。

〔注释〕

①季氏：季平子，春秋时鲁国大夫，时为鲁国执政。郈（hòu）氏：鲁国大夫。介：铠甲。为：装备。金距：装在斗鸡距上的金属装饰。

②宫：宅院。筑：修筑院墙。

③郈(huò)昭伯:郈氏之一。伤:诬陷、中伤。鲁昭公:春秋时鲁国国君。

④襄公:鲁襄公。鲁昭公之父。二人:古代祭祀祖先,天子用六十四人,诸侯用四十八人,大夫用三十二人。祭祀襄公,应用四十八人,但季平子却只用二人(疑为"二八",即十六人),是大不敬。

⑤子家驹:鲁国大夫。

⑥三家:指季孙、仲孙、叔孙。

⑦鸡足:原作"鸡定",据王念孙说改。

〔译文〕

鲁国的季氏和郈氏两家斗鸡,郈氏给鸡披上铠甲,而季氏则给鸡装上金属尖爪。季氏的鸡斗输了,季平子非常恼火,便乘机侵占了郈家的宅院,还修筑了围墙。郈昭伯也怒气冲天,在鲁昭公面前攻击季平子:"祭祀襄公庙堂时,季氏只用两人舞,其余的都去为季氏祖庙起舞了。季氏大逆不道、目无君王的时间已经很长了,如不杀季平子,以后一定会危及国家利益。"鲁昭公将郈昭伯的话告诉了子家驹。子家驹说:"季氏家族深得民众支持,而且季氏三兄弟又联合成一体。他们德高望重,实力强大,大王怎么对付得了?"鲁昭公不听,硬派郈昭伯率军去攻打季氏。仲孙和叔孙一起商量:"如果无季平子,我们两家不用多久就会灭亡。"于是联合发兵去救助季平子。战争的结果是,郈昭公战败被杀死,鲁昭公也被迫出逃到齐国去避难。这场灾难开始于斗鸡之类的小事,祸事闹大以后,竟然会导致国家灭亡。

故蔡女荡舟,齐师大侵楚①。两人构怨,廷杀宰予,简公遇杀,身死无后,陈氏代之,齐乃无吕[②]。两家斗鸡,季氏金距,郈公作难,鲁昭公出走。故师之所处,生以棘楚。祸生而不蚤灭[③],若火之得燥,水之得湿,浸而益大。痈疽发于指,其痛遍于体。故蠹啄剖梁柱,蚊虻走牛羊[④]。此之谓也。

〔注释〕

①蔡女荡舟,齐师大侵楚:《左传》载,齐桓公夫人蔡姬在水池上荡舟,桓公受惊吓,一怒之下将其送回蔡国。蔡侯就将蔡姬改嫁他人。齐桓公发兵攻打蔡国,蔡国溃败;齐军接着又攻打蔡的邻国楚国,打到召陵议和。

②齐乃无吕:指由吕望(姜子牙)开创的齐国政权被陈氏篡夺。

③师:军队。棘楚:荆棘。蚤:通“早”。

④蠹:蠹虫。啄:啄木鸟。走:使奔跑。

〔译文〕

蔡姬在船上摇晃、嬉闹,使齐桓公受了惊吓,由此引起齐国侵略楚国。陈成常和宰予结下怨仇,结果宰予被杀于庭院中,齐简公也因此被杀,且死后无继承者,陈氏取而代之,齐国从此不再为吕氏所有。季氏和郈氏斗鸡,季氏为鸡装上金属尖爪,引起郈昭伯发难,鲁昭公出逃。所以战争中军队所到之处,皆是荆棘杂草、田地荒芜。祸患的苗子不及时扑灭,就会像火碰上干燥物、水遇上低湿处一样,不断蔓延扩散而不可收拾。痈疽虽然长在手指上,但它引起的疼痛却会遍及全身。蛀虫咬啮、啄木鸟会毁坏房梁柱子,蚊虫、牛虻的叮咬会引起牛羊奔跑。说的就是这个道理:小害引起大害。

人皆务于救患之备，而莫能知使患无生。夫使患无生，易于救患，而莫能加务焉，则未可与言术也。

〔译文〕

人们都注重从事解救祸患的防备工作，却没有人懂得怎样使祸患从根本上不发生。使祸患从根本上不发生，要比制止祸患容易，可是没有人在这上面下力气，对这样的人就无法与他们谈论道术。

夫事之所以难知者，以其窜端匿迹[①]，立私于公，倚邪于正，而以胜惑人之心者也。若使人之怀于内者，与所见于外者，若合符节，则天下无亡国败家矣。

〔注释〕

①窜：隐藏。

〔译文〕

事物之所以难以认识清楚，就在于事物的头绪和踪迹总是被藏匿起来，有时又混私于公、倚邪于正，且以胜利来迷惑人心。假若人的内心和外表完全一致，就像符节一样吻合，那么天下就不会常发生国亡家破的悲剧了。

卷十九　修务训

〔题解〕

本卷从遵循规律、顺应自然的积极的“无为”观出发，勉励人们，特别是为政者要奋发进取，为民众谋利益。作者一方面批判了“寂然无声，漠然不动”的消极“无为”观的空想，另一方面从多重角度强调了读书学习对于人的重要作用和意义。

《要略》：《修务》者，所以为人之于道未淹，味论未深[①]，见其文辞，反之以清静为常，恬淡为本，则懈堕分学，纵欲适情，欲以偷自佚[②]，而塞于大道也。今夫狂者无忧，圣人亦无忧。圣人无忧，和以德也；狂者无忧，不知祸福也。故通而无为也，与塞而无为也同，其无为则同，其所以无为则异。故为之浮称流说，其所以能听，所以使学者孳孳以自几也[③]。

〔注释〕

①淹：深入理解。味：体会理解。

②懈堕：懈惰，懈怠、懒惰。分学：脱离学习。偷：苟且。佚：通“逸”，

安逸。

③浮称流说：指深入浅出的解说。孳孳：同“孜孜”。几：接近。

〔译文〕

《修务》的内容，是用来针对有人对“道”没有精深的理解，对旨意、观点没有深入体会，只重视文辞，反而误把清静作为法则，把淡漠作为根本，这样就会因懈怠、懒惰而放弃学业，放纵情欲，想用马马虎虎的安逸生活把大道堵塞。现在疯子是没有忧虑的，圣人也是没有忧虑的。圣人没有忧虑，是用德行来协调；疯子没有忧虑，是不知道祸、福的发生。因此通晓大道的人实行“无为”，和根本不懂的人实行“无为”是相同的，他们所用来实行“无为”的原因则是根本不同的。因此，本卷用深入浅出的言论使人们能够理解和听从，以使求学的人不断勤勉努力，这样自己也就差不多能接近大道。

〔原文〕

或曰：“无为者，寂然无声，漠然不动，引之不来，推之不往。如此者，乃得道之像。”吾以为不然。尝试问之矣：“若夫神农、尧、舜、禹、汤，可谓圣人乎？”有论者必不能废。以五圣观之，则莫得无为，明矣。

〔译文〕

有人说：“所谓无为，就是寂然无声，漠然不动，拉他不来，推他不去。像这样，才是掌握了道的原则。”我则认为不是这样。试问：“像神农、尧、舜、禹、汤，可以称圣人了吧？”明白道理的人肯定不会作否定的回答。从这五位圣人身上,可以看出他们不可能是“无为”的,这是十分清楚的。

古者,民茹草饮水,采树木之实,食蠃蚌之肉[①],时多疾病毒伤之害。于是神农乃始教民播种五谷,相土地宜,燥湿、肥墝[②]、高下;尝百草之滋味,水泉之甘苦,令民知所辟就。当此之时,一日而遇七十毒。尧立孝慈仁爱,使民如子弟。西教沃民,东至黑齿,北抚幽都,南道交趾[③]。放讙兜于崇山,窜三苗于三危,流共工于幽州,殛鲧于羽山[④]。舜作室筑墙茨屋[⑤],辟地树谷,令民皆知去岩穴,各有家室。南征三苗,道死苍梧[⑥]。禹沐浴霪雨,栉扶风[⑦],决江疏河,凿龙门,辟伊阙[⑧],修彭蠡之防[⑨],乘四载,随山栞木[⑩],平治水土,定千八百国。汤夙兴夜寐,以致聪明,轻赋薄敛,以宽民氓[⑪],布德施惠,以振困穷,吊死问疾,以养孤孀[⑫]。百姓亲附,政令流行。乃整兵鸣条,困夏南巢,谯以其过,放之历山[⑬]。

〔注释〕

①茹:吃。蠃:通“螺”。蚌(bàng):同“蚌”。

②相:观察。墝(qiāo):土壤坚硬贫瘠。

③沃民:传说西方富饶吉祥之国。黑齿:传说北方之国,国人黑齿,食稻吃蛇。幽都:雁门以北区域。交趾:泛指南方极远地区。

④讙(huān)兜:尧时佞臣。崇山:传说南极高山。三苗:远古南方部落,与尧、舜发生过战争。三危:传说西方高山。共工:传说为尧臣。殛

(jí):杀死。鲧(gǔn):传说是大禹之父。羽山:传说东方高山。

⑤茨屋:茅草屋。

⑥苍梧:其地不详,一说在今湖南,一说在今江苏。

⑦霪(yín)雨:连绵不停过量的雨。栉(zhì):梳。扶风:疾风。

⑧龙门:山名,在今山西河津西北。伊阙:山名,在今河南洛阳南。

⑨彭蠡(lǐ):泛指长江北岸的大湖,非专指今鄱阳湖。防:堤坝。

⑩四载:古代的四种交通工具——水乘舟,陆乘车,泥乘輴(chūn),山乘檋(léi)。栞(kān):砍伐。

⑪致聪明:用尽智慧。民氓(méng):百姓。

⑫孤:幼儿无父。孀(shuāng):寡妇。

⑬鸣条:在今河南开封市陈留镇。南巢:在今安徽巢湖。谯(qiào):同“诮”,责备。历山:在今山东济南历城县南。

〔译文〕

远古时候,人民吃野草、喝生水,采树上的果实充饥,吃生的螺蚌肉果腹,经常得疾病和受到有毒食物的伤害。在这种情况下,神农便开始教导人民播种五谷,观察土壤的干燥潮湿、肥沃贫瘠、地势高低,看它们各适宜种什么样的农作物;神农还品尝百草的滋味、泉水的甜苦,让人民知道怎样避开有害的东西、趋向有益的事物。这个时候,神农一天之中要遭受七十余次的毒害。尧帝确立奉行孝慈仁爱,对待人民就如同对待自己的子女。他西临沃民国,东至黑齿国,北到幽都,南达交趾。他将讙兜流放到崇山,把三苗迁徙到三危,把共工流放到幽州,又在东方的羽山将鲧杀死。舜帝建造了房屋,修筑了土墙,用茅草、芦苇盖屋顶,使人民不再住野外穴洞,都有了房屋、家室。他又去南方征讨作乱的三苗,死在去苍梧的途中。夏禹冒着暴雨、顶着狂风，疏导江河，凿通龙门，开辟伊阙，修筑彭蠡湖堤防，乘坐四种交通工具，奔忙在河道、平原、丘陵、沼泽，随着山势砍削树木作记号，平整土地、治理水域，这样安定了一千八百个国家。商汤起早贪黑，用尽智慧思考国家大事；减轻赋税，使人民能过得宽松、富裕；布施德惠，以救济贫困；凭吊死者，又宽慰病人，供养孤儿、寡妇。因此人民亲附汤王，使政令能顺利执行。在这样的形势下，商汤在鸣条整治军队，将夏桀围困在南巢，谴责夏桀的罪行，然后把他流放到历山。

此五圣者，天下之盛主，劳形尽虑，为民兴利除害而不懈。奉一爵酒不知于色①，挈一石之尊则白汗交流②，又况赢天下之忧，而任海内事者乎③？其重于尊亦远也！且夫圣人者，不耻身之贱，而愧道之不行；不忧命之短，而忧百姓之穷。是故禹之为水，以身解于阳盱之河④。汤苦旱⑤，以身祷于桑山之林⑥。圣人忧民，如此其明也，而称以“无为”，岂不悖哉！

〔注释〕

①奉：通“捧”。爵：古代一种酒杯。不知于色：指轻松不费力。

②挈：提起。石：古代容量单位，十斗为一石。尊：通“樽”，古代一种大容量的酒器。

③赢：承担。任海内：原作“海内”，据王念孙说补。

④解：指向鬼神祷告以消除灾害。阳盱：河名，其地不详，约在今陕西、甘肃一带。

⑤汤苦旱：原作“汤旱”，据王念孙说补。

⑥桑山之林：原注“桑山之林能兴云致雨，故祷之”。

〔译文〕

这五位圣王，都是天下威望很高的君王，他们劳累身体，绞尽脑汁思虑国事，为人民兴利除害而不敢有丝毫懈怠。捧一爵酒，脸上不会显出吃力的样子，但要提起一石重的酒樽，就会出汗，更何况承担天下的忧虑、担负海内外的大事呢？它远比一樽酒要重得多！而且圣人不以自己低贱为耻辱，而是为不能实行“道”而惭愧；不以自己寿命短而忧虑，而是忧虑百姓穷苦。所以大禹治水，以自己的身体为牺牲，在阳盱河边祈祷神灵消除灾难；商汤时干旱，汤王在桑山之林祈祷，愿意以自己的身体为牺牲求苍天降雨。圣人忧虑人民疾苦的事明摆在那里，还要说他们“无为”，这难道不荒谬吗？

若吾所谓无为者，私志不得入公道，嗜欲不得枉正术，循理而举事，因资而立功①，权自然之势，而曲故不得容者，事成而身弗伐②，功立而名弗有。非谓其感而不应，攻而不动者③。若夫以火熯井④，以淮灌山，此用己而背自然，故谓之有为。若夫水之用舟，沙之用鸠，泥之用輴⑤，山之用蔂，夏渎而冬陂⑥，因高为田，因下为池，此非吾所谓为之。

〔注释〕

①资：凭借，这里指实际情况。立功：原作“立”，据王念孙说补。

②曲故:这里指一种巧伪奸诈的智巧。伐:夸耀功劳。

③敀(pò):同“迫”。原作“攻”,据王念孙说改。

④熯(hàn):用火烘烤。

⑤鸠:一种在沙地上行走的车子。輴(chūn):一种在泥泞沼泽地上行走的工具。

⑥蔂(léi):通“樏”,登山时乘坐的交通工具。渎:这里指疏通沟渠。陂:这里指开挖池塘。

〔译文〕

像我所说的“无为”,是指个人的意志不能掺杂到公理之中,个人的嗜欲不能干扰正确规律,人要遵循事理来做事,根据实际情况来成就事业,权衡依顺自然之势,而巧伪奸诈不得参与其中,事情成功了不夸耀,功业树立了不占为己有。但并不是说有感触却毫无反应,有压力却无动于衷。比如用火去烘烤井水,将淮河水引上山岗浇灌,这些都只是根据自己的意愿而违背自然规律,所以这种现象称为人为做作。而像在水中乘船,在沙地行走用鸠车,在沼泽地行走用輴,在山地行走用蔂,夏天疏通沟渠,冬天开挖池塘,顺高地造田,在低洼处开掘河塘,这些做法就不是我所说的人为做作。

世俗废衰,而非学者多[①]:“人性各有所修短,若鱼之跃,若鹊之驳[②],此自然者,不可损益。”吾以为不然。夫鱼者跃,鹊者驳也,犹人马之为人马,筋骨形体,所受于天,不可变。以此论之,则不类矣[③]。夫马之为草驹之时[④],跳跃扬蹄,翘尾而走,人不能制;龁咋足以噆肌碎骨，蹶蹄足以破卢陷匈[5]。及至圉人扰之，良御教之，掩以衡扼[6]，连以辔衔，则虽历险超堑弗敢辞[7]。故其形之为马，马不可化，其可驾御，教之所为也。马，聋虫也[8]，而可以通气志，犹待教而成，又况人乎？

〔注释〕

①非：非议、责难。

②驳：指羽毛颜色相杂不纯。

③不类：指不属同一范畴。

④草驹：初生的、未加调教的小马。

⑤龁（hé）咋：咬的意思。噆（zǎn）：指咬破、咬穿。蹶（juě）：用蹄子蹬踢。卢：通"颅"，头盖骨。匈："胸"的古字。

⑥圉（yǔ）人：养马人。扰：驯服。掩：套上。衡：车辕前头的横木。扼：通"轭"，搁放在牛马颈上的弯木。

⑦辔（pèi）：驾驭牲口的缰绳。衔：嚼子，放在牛马口中，以制驭行止。堑：壕沟。

⑧聋虫：指无知的动物。

〔译文〕

世俗日益颓废衰败，非议学习的人很多，他们认为："人生性各有长短，就像鱼能腾跃、喜鹊羽毛斑驳一样，这都是自然生成的，不能减少也不能增加。"我认为不是这样。鱼能腾跃、喜鹊羽毛斑驳，就像人是人、马是马，筋骨形体都是天生的，确实无法改变。但以此论证事物不能改变，就有些不伦不类了。当马还是马驹未加调教时，它扬蹄蹦跳，翘起尾巴奔跑，人不能控制；

它用牙咬人足以咬烂人的肌肉、骨头,用蹄踢人足以踢破人的头颅、胸膛。但等到养马人驯服它,优秀驭手调教它,给它套上轭头、放入嚼子、连上缰绳后,那么就是让它经历险途、跨越壕沟,它都无法抗拒。所以它作为马的形状,是无法变成其他牲畜的,但它后来可以被人驾驭,是因为人们调教的缘故。这无意识的马尚且能通达人的意志,经过调教而使之驯服有用,更何况有意识的人呢?

且夫身正性善,发愤而成仁,帽凭而为义,性命可说[①],不待学问而合于道者,尧、舜、文王也。沉湎耽荒[②],不可教以道,不可喻以德,严父弗能正,贤师不能化者,丹朱、商均也[③]。曼颊皓齿,形夸骨佳,不待脂粉芳泽而性可说者,西施、阳文也[④];啳睽哆呅[⑤],籧蒢戚施,虽粉白黛黑弗能为美者,嫫母、仳倠也[⑥]。夫上不及尧、舜,下不及商均,美不及西施,恶不若嫫母,此教训之所谕也,而芳泽之所施[⑦]。

〔注释〕

①帽凭:原注"盈满积思之貌"。说:通"悦"。

②耽荒:沉迷惑乱。

③丹朱:尧之子。商均:舜之子。传说二人都品行恶劣。

④曼:细腻美好。夸:通"姱",美好。西施:越国美女。阳文:楚国美女。

⑤啳(quán):牙齿不整齐。睽(kuí):通"睽",双眼不对称。哆(chǐ):张口的样子。呅(huī):歪嘴。

⑥籧篨(qúchú)：指患有鸡胸、驼背而不能直立的人。嫫母：传说黄帝之妻，貌极丑。仳倠(písuī)：古代丑女。

⑦谕：教化。所施：可以美化的。

〔译文〕

再说那天生正直，本性善良，发愤而成就仁德，慷慨而成全正义，天性令人喜悦，不必学习便可与道相合，这样的人也只是尧、舜、文王少数几位。而那些沉湎于惑乱之中，无法用道德来教化，不可以德仁来晓喻，严父不能使他正派，良师不能使他感化，这样的人也只是丹朱、商均少数几个。肤色细腻，牙齿洁白，体态柔美，骨架匀称，不施粉脂就能让姿态容貌迷人的，也只有西施和阳文这样的美女；而缺牙、斜眼、歪嘴，鸡胸、驼背，即使用白粉扑面、黛青画眉也不能变美的，也只有嫫母和仳倠这样的丑女。而大部分的人是比不上尧、舜那样圣明崇高，又不像商均那样品行恶劣，漂亮比不上西施，丑陋不至于像嫫母的，这些芸芸众生都是能教化、开导的，是可以美化的。

且子有弑父者，然而天下莫疏其子，何也？爱父者众也。儒有邪辟者，而先王之道不废，何也？其行之者多也。今以为学者之有过而非学者，则是以一饱之故[①]，绝谷不食，以一蹪之难[②]，辍足不行，惑也。

〔注释〕

①饱：王念孙认为应作“饲(yē)”，意谓食物噎住喉咙。

②蹪(tuí)：跌倒、摔倒。

〔译文〕

况且虽然有儿子杀父亲的逆子，但天下的父母并不因此疏远自己的孩子，这是为什么呢？大多数子女还是敬爱父母的。儒生中也有邪僻之人，但先王之道却始终不曾废弃，这是为什么呢？因为躬行先王之道的人还是占多数。现在因为学习者有过错就非议求学之人，这就好像一次被饭噎住，就永远拒绝进食，一次跌倒，就一辈子不再走路，这是糊涂的表现。

今有良马，不待策錣而行，驽马虽两錣之不能进[①]，为此不用策錣而御，则愚矣。夫怯夫操利剑，击则不能断，刺则不能入，及至勇武攘捲一捣，则折胁伤干[②]，为此弃干将、镆邪而以手战[③]，则悖矣。所谓言者，齐于众而同于俗。今不称九天之顶，则言黄泉之底，是两末之端议，何可以公论乎？夫橘柚冬生，而人曰冬死，死者众；荠麦夏死，人曰夏生，生者众。江、河之回曲，亦时有南北者，而人谓江、河东流；摄提镇星日月东行，而人谓星辰日月西移者，以大氐为本[④]。胡人有知利者，而人谓之駤；越人有重迟者，而人谓之訬[⑤]，以多者名之。

〔注释〕

①策：马鞭。錣（zhuì）：古代一种末端带铁刺的马鞭。驽马：指资质较差的马。

②攘（rǎng）：捋。捲（quán）：通“拳”。干：躯体。

③干将、镆邪:古代名剑。镆邪,又称莫邪。

④摄提:岁星。镇星:土星。大氐:大概。本:根据。

⑤知:通“智”。利:灵巧。跮(zhì):蛮横无理。重迟:迟钝、迟缓。訬(chāo):矫健敏捷。

〔译文〕

现在对一匹良马,不需马鞭、马刺,它也能行走;而对驽马,你即使用两副马刺它也不前进,但如果因为这样而不用马鞭、马刺来驾驭所有的马匹,那就是愚蠢的行为。懦夫手持利剑,砍也砍不断,刺也刺不深,而等到勇士上阵,只需捋袖挥拳一击,便会将对手打得肋骨折断、身体受伤,但如果就此抛弃干将、镆铘这样的宝剑而空手搏斗,那就荒唐了。上述这些说法,符合大多数人的习俗。现在如果不是说到天上,就是说到地下,这就叫走极端的偏激之言,这样论述问题,哪里还能做到公正公平?橘柚在冬天生长,但人们都说植物冬天枯死,这是因为冬天枯死的植物多;荠麦在夏天枯死,但人们都说植物夏天生长,这是因为夏天生长的植物多。长江、黄河曲曲弯弯,有时向南有时向北,但人们总还是说长江、黄河向东流;摄提(岁星)、镇星(土星)、日、月向东行,但人们总说它们向西移,这是根据大概的情况而说的。胡人也有聪明灵巧的,但人们总说胡人蛮横不讲理;越人也有迟钝的,但人们总说越人灵敏轻巧,这是就大多数而言的。

若夫尧眉八彩,九窍通洞①,而公正无私,一言而万民齐;舜二瞳子,是谓重明②,作事成法,出言成章;禹耳参漏③,是谓大通,兴利除害,疏河决江;文王四乳,是谓大仁,天下所归,百姓所亲;皋陶马喙[④],是谓至信,决狱明白,察于人情;禹生于石;契生于卵;史皇产而能书[⑤];羿左臂修而善射。若此九贤者,千岁而一出,犹继踵而生。今无五圣之天奉,四俊之才难[⑥],欲弃学而循性,是谓犹释船而欲蹍水也。

〔注释〕

①八彩:八种颜色。九窍:指眼耳口鼻及前后阴。洞通:通达圣明。

②重明:视力极佳。

③耳参漏:每个耳朵上有三个耳孔。

④皋陶:舜帝的司法官。

⑤史皇:仓颉。

⑥天奉:天分。才难:才能。

〔译文〕

尧眉间有八种色彩,九窍畅达,公正无私,只需说一句话就能使万民齐心;舜眼中有两个瞳仁,所以叫重明,他做的事成为后世之法,并且出口成章;禹的耳朵有三个耳孔,因而他无所不通,能兴水利除水灾,疏通黄河,引导长江;文王生有四乳,这是仁爱的表现,所以天下归顺他,百姓亲附他;皋陶长着马嘴,这是诚实的象征,所以他判案清楚公正,明察人间真情;启从母亲所化的石头中生出;契从鸟蛋中出生;仓颉生下来就能写字;羿左臂修长而善于射箭。像这九位贤人,隔千年才出现一个,但人们还是希望他们能一个接一个地降生。现在有不少人既无“五圣”那样的天赋,又无“四俊”那样的才能,却想放弃学习而只靠本性天赋，这就好像丢弃船只靠踩水渡江渡河一样。

夫纯钩、鱼肠始下型[①]，击则不能断，刺则不能入，及加之以砥砺，摩其锋锷[②]，则水断龙舟，陆钊犀甲[③]。明镜之始下型，矇然未见形容，及其粉以玄锡，摩以白旃[④]，鬓眉微豪，可得而察。夫学，亦人之砥锡也，而谓学无益者，所以论之过。

〔注释〕

①纯钩、鱼肠：皆宝剑名。纯钩，也作“纯钧”。型：铸造器物的模子。

②砥砺：磨刀石，细者为砥，粗者为砺。摩：磨。锷：刀剑之刃。

③钊(tuán)：割。犀甲：用犀牛皮制成的铠甲。

④粉：王念孙认为应作“扢”。涂抹。玄锡：一说为铅，一说为水银和锡化合而成的液体，今称锡汞合剂，作抛光用。白旃(zhān)：白毡。

〔译文〕

纯钩、鱼肠宝剑刚出模子的时候，砍东西都砍不断，刺东西也刺不进，但等到在磨刀石上磨过之后，宝剑的锋刃就锐利了，可以下水砍断龙舟，上岸刺死犀牛。明镜刚从模子里出来的时候，也朦朦胧胧照不出容貌身影来，但等到用玄锡拭擦，白毡磨亮后，人的鬓发、眉毛、毫发都能照得清清楚楚了。学习，也正是人的细磨石和玄锡，然而有人却说学习无用，这种说法是错误的。

是故生木之长，莫见其益，有时而修；砥砺磏坚[①]，莫见其损，有时而薄。藜藿之生，蠉蠉然日加数寸，不可以为栌栋[2]；楩楠豫章之生也[3]，七年而后知，故可以为棺舟。夫事有易成者名小，难成者功大。君子修美，虽未有利，福将在后至。故《诗》云：“日就月将，学有缉熙于光明[4]。”此之谓也。

〔注释〕

①礳(mó)：同“磨”。

②藜藿(líhuò)：两种野草。蠉蠉然：即“蠕蠕”，虫爬行的样子。这里指野草向上生长。栌(lú)栋：梁上短柱。

③楩(pián)、楠、豫章：皆树名。

④缉熙：光辉。

〔译文〕

所以树木生长时，每天看不出它增高长大，但时间一长就会发现它长高变粗了；磨石能磨砺坚硬的东西，却看不出磨石自身的磨损，但时间一长就会发现磨石变薄了。藜和藿的生长，每天都能看到它像虫子蠕动一样慢慢长高，但却不能用来做栋梁；而那些楩木、楠木、豫章生长非常缓慢，需要七年时间才能发现它们长高变粗了，所以可以用来做棺材和舟船。有些事情容易成功却不易成名，而有些事情难以成功却可出大名立大业。君子每日修养美德和才干，虽然不能马上获利，但日积月累，幸福必将到来。所以《诗经》就说：“天天奋进，月月奉行，坚持学习就会一直通向光明之境。”说的就是这种情况。

卷二十　泰族训

〔题解〕

本卷是全书精要内容和观点的总结。所以在前面各卷中，凡被作者认为需要强调的观点和内容，均在本卷中或多或少地得到再现和重复。然而，作者强调的观点和内容，主要还是治政之道。本卷集中讨论了治政之道的核心原则——“仁”。在作者看来，人性本身即具有“仁义之资”，这是人心向善、社会和谐的基础，因而，无论是社会的制度建设还是对于民众的道德教化，都应当以此为基础；同时，为政者也应当时时反求诸己，以“仁”的标准来要求自己。只有在为政的过程中以“仁”为本，才能够得到民众的拥护，得到民心才算是真正地治理好天下，才算是一位合格的为政者。

《要略》：《泰族》者，横八极，致高崇，上明三光，下和水土。经古今之道，治伦理之序，总万方之指，而归之一本，以经纬治道，纪纲王事[①]。乃原心术，理性情，以馆清平之灵，澄彻神明之精，以与天和相婴薄[②]。所以览五帝三王，怀天气，抱天心，执中含和，德形于内，以莙凝天地[3]，发起阴阳，序四时，正流方。绥之斯宁，推之斯行，乃以陶冶万物[4]，游化群生。唱而和，动而随，四海之内，一心同归。故景星见，祥风至，黄龙下[5]，凤巢列树，麟止郊野。德不内形，而行其法藉，专用制度，神祇弗应，福祥不归；四海弗宾，兆民弗化。故德形于内，治之大本。此《鸿烈》之《泰族》也。

〔注释〕

①指：通“旨”。经纬：规划、筹划。纪纲：治理、整治。

②馆：舍，用作动词，使住宿。婴：原注“婴，绕抱也”。薄：迫近、靠近。

③天气：自然之气。莙（jūn）凝：凝结。

④绥：安抚。斯：则。陶冶：创造化育。

⑤景星：指一种预兆祥瑞的星。祥风：和顺之风。黄龙：传说一种在太平盛世出现的龙。

〔译文〕

《泰族》的内容，是用来阐释“道”充满四方八极，上达至高无上的顶点，上使日、月、星大放光明，下使水土保持和谐。贯穿古今发展演变的全过程，安排确立伦理关系的顺序，总括万方的要旨，最终将它们归向道的本原，以便用来规划治国之道，治理天下万事。于是便要探索思想和意识的源流，理顺人的性情，用来安置清净平正的灵魂，彻底澄清变幻莫测的精神，以便能同自然祥和之气相合。可以用来观览五帝三皇的业绩，怀抱自然之气，拥有自然天性，执掌公正，饱含和气，大德在内心形成，而凝结在天地之中，引发阴、阳二气；规定四季的时序，正气传布四方。用它来安抚天下就会安宁，推广它就能得到施行，于是就用来化育万物，流动感化一切生物。就像唱歌就有和声，活动就有跟随一样，四海之内，万众一心。因此瑞星出现，吉祥之风来临，黄龙随之降下，凤凰在树上筑巢，麒麟在郊野停息。大德没有在内心形成而推行法令，专门使用法制，天地之神不会响应，幸福吉祥不会来临；四海之内不能宾服，万民不能感化。因此，道德在内心形成，这是治国的最大根本。这就是《鸿烈》中的《泰族》所要表达的内容。

故无其性，不可教训；有其性，无其养，不能遵道。茧之性为丝，然非得工女煮以热汤而抽其统纪[①]，则不能成丝；卵之化为雏，非慈雌呕暖覆伏[②]，累日积久，则不能为雏。人之性有仁义之资，非圣人为之法度而教导之，则不可使乡方[③]。故先王之教也，因其所喜以劝善，因其所恶以禁奸。故刑罚不用，而威行如流；政令约省，而化耀如神。故因其性则天下听从，拂其性则法县而不用[④]。

〔注释〕

①统纪：丝绪。

②呕：抚育。

③乡：通“向”，向往、归入。方：正道。

④县：通“悬”，意思是颁布。

〔译文〕

所以如果人没有这方面的本性，就难以加以教导；人有了这方面的本性，但没有对他加以教养引导，也不能使人走上正道。蚕茧有抽丝的特性，但不经过女工的煮熬、牵丝，就不能成为丝线；禽卵转化成雏，如不经过雌禽长时间的孵抱温暖，就不能变成雏。这就说明人具有仁义的天性，如果没有经过圣人制定法度来加以教导，就不能使他们归入正道。所以先王进行教化，依循人们喜善的特点来引导勉励人们向善行善，依循人们厌恶的特点来禁绝奸邪。因此刑罚不动用，威势就能畅行如流水；政令简约，感化照耀如神灵。所以，依循人的天性来治国，那么天下人就都听从，违逆人的本性来治国，那么即使法令颁布也无济于事。

圣人天覆地载，日月照，阴阳调，四时化，万物不同，无故无新，无疏无亲，故能法天。天不一时，地不一利，人不一事，是以绪业不得不多端，趋行不得不殊方[①]。五行异气而皆适调，六艺异科而皆同道[②]。温惠柔良者，《诗》之风也；淳庞敦厚者[③]，《书》之教也；清明条达者，《易》之义也；恭俭尊让者，《礼》之为也；宽裕简易者，《乐》之化也；刺几辩义者，《春秋》之靡也[④]。故《易》之失，鬼；《乐》之失，淫；《诗》之失，愚[⑤]；《书》之失，拘；《礼》之失，忮；《春秋》之失，訾[⑥]。六者，圣人兼用而财制之[⑦]。

〔注释〕

①绪业：事业。趋行：追求。

②六艺：指《诗》《书》《易》《礼》《乐》《春秋》六部儒家典籍。

③淳庞：淳厚。

④几：通“讥”。靡：美好。

⑤鬼：隐秘难测。淫：过分享乐。愚：使人愚蠢。

⑥忮(zhì)：嫉妒。訾(zī)：诋毁。

⑦财：通“裁”，裁决。

〔译文〕

圣人如同天覆地载，日月照耀，阴阳调和，四季变化，对于各种不同的事物，不分新旧、不论亲疏，都能一视同仁、温暖普照，所以圣人是效法天道的。天时不可能只有一个季节，大地不可能只有一种利益，人也不可能只有一种本事，因此圣人的事业不能不是头绪繁多，追求不能不是多方面的。代表着五行的不同气质，尽管相异但都适宜协调；尽管六艺的门类不同但它们的本质却是一致的。温惠柔良，是《诗经》的风格；淳庞敦厚，是《尚书》所教诲的；清明条达，是《易经》的要义；恭俭尊让，是《礼经》的行为准则；宽裕简易，是《乐经》的教化；刺讥辩义，是《春秋》的优点。所以《易经》的过失，是隐秘难测；《乐经》的过失，是导致淫逸；《诗经》的过失，是使人怨愚；《尚书》的过失，是使人拘泥旧法；《礼经》的过失，是使尊卑者互相嫉恨；《春秋》的过失，是使人互相诋毁。但这六种经典，圣人兼取并用，通过裁断取其精华。

失本则乱，得本则治；其美在和，其失在权[①]。水火金木土谷，异物而皆任[②]；规矩权衡准绳，异形而皆施；丹青胶漆[③]，不同而皆用。各有所适，物各有宜。轮圆舆方，辕从衡横[④]，势施便也；骖欲驰，服欲步[⑤]，带不厌新，钩不厌故[⑥]，处地宜也。《关雎》兴于鸟，而君子美之，为其雌雄之不乖居也；《鹿鸣》兴于兽，君子大之[⑦]，取其见食而相呼也。泓之战，军败君获[⑧]，而《春秋》大之，取其不鼓不成列也；宋伯姬坐烧而死[⑨]，《春秋》大之，取其不逾礼而行也。成功立事，岂足多哉？方指所言，而取一概焉尔[⑩]。

〔注释〕

①权：权变。指失去“六艺”的本旨。

②任：利用。

③丹青：丹指丹砂，青指青雘（huò），是两种可做颜料的矿物。

④辕：车前驾牲畜的两根直木。从：通“纵”。衡：车辕前端的横木。

⑤骖欲驰，服欲步：骖，马车两侧的马，不驾辕，因为负担小，所以说“骖欲驰”；服，马车中间驾辕的马，因为负担重，所以说“服欲步”。

⑥钩不厌故：钩子多用金属制成，经久耐用，且越用越亮，所以说“钩不厌故”。

⑦乖：背离。大：尊崇。

⑧泓：水名，在今河南柘城县北。泓之战：公元前638年，宋襄公与楚军战于泓水，兵败身伤。

⑨宋伯姬：宋共公夫人。夜间失火，待保姆不至，不出屋门，被烧死。

⑩方：简策，指古代典籍。指：意旨。一概：一个方面。

〔译文〕

失去“六艺”的本旨就会混乱，掌握其本旨就能治理好天下；其中的精华就在于协调好各种关系，而失误在于随意改变

“六艺”的本旨和要义。水火金木土和谷,属于不同的物类,但都可被利用;规矩权衡和准绳,形制各异而都有适用的对象;丹青和胶漆性质不同,但各有各的用途。这说明事物均有它适用的范围和对象。车轮是圆的,车厢是方的,车辕是直的,车衡是横的,它们形状不同但都是为了使用方便。骖马喜欢奔跑,服马喜爱缓行,带不厌新,钩不厌旧,这是因为它们所处的环境和地位不同的缘故。《关雎》篇以鸟鸣起兴,君子从中得到美感,这是因为雎鸠鸟雌雄有别不杂居;《鹿鸣》篇用鹿鸣起兴,君子从中得到尊崇,这是因为鹿群有发现食物互相呼唤共同享用的美德。在泓水之战中,宋军惨败,宋襄公伤股,但《春秋》却尊崇宋襄公,这是因为看重宋襄公不攻击还没排好阵列的军队的仁义思想;宋伯姬坐在堂前不下堂而被火活活烧死,《春秋》仍然尊崇宋伯姬,这是因为看重宋伯姬不超越礼节行事的品行。成就事业,建立功名,哪里用得着做很多事情?只需抓住本旨根本就行。典籍所记载的,也只是某人某事的一个方面而已。

治大者道不可以小,地广者制不可以狭;位高者事不可以烦,民众者教不可以苛。夫事碎难治也,法烦难行也,求多难澹也[①]。寸而度之,至丈必差;铢而称之,至石必过[②]。石称丈量,径而寡失;简丝数米[③],烦而不察。故大较易为智[④],曲辩难为慧。故无益于治,而有益于烦者,圣人不为;无益于用,而有益于费者[⑤],智者弗行也。故功不厌约[⑥],事不厌省,求不厌寡。功约,易成也;事省,易治也;求寡,易澹也。众易之,于以任人,易矣。孔子曰:“小辩破言,小利破义,小艺破道,小见不达,必简。”

〔注释〕

①澹:通“赡”,满足。

②铢:古代重量单位,二十四铢等于旧制一两。石(dàn):古代重量单位,一石约等于一百二十斤。过:误差。

③径:直接。简:挑选。

④大较:大的方面。

⑤费者:浪费精力的事情。

⑥约:简约。

〔译文〕

治理大国的治术不能琐碎,国土辽阔的管理制度不能褊狭;处在高位的人处事不能烦琐,百姓众多的政治教化不能苛细。事务琐碎就难以治理,法令繁杂就难以推行,欲求多就难以满足。一寸一寸地量,量到一丈时就一定会有误差出现;一铢一铢地称,称到一石时就一定会有差错。反之用石和丈为单位来称量,既简单又少失误;挑选丝头、细数米粒,既麻烦又不精确。所以从大的方面入手就容易运用智慧,纠缠于细枝末节就难以发挥智慧。所以对那些无益于治理,只会增添麻烦的事,圣人是不会去做的;对那些不实用,只会浪费精力的事,聪明人是不会去做的。所以要做成大事只有简约,要做好大事也只有俭省,欲求要得到满足只有减少。功业简约则容易完成,事情俭省容易办到,欲求寡少容易满足。容易办成的事情,拿来交给人家办理,也就容易办成。孔子说："太烦琐的论证辩说只会损害真理，太计较蝇头小利只会妨害大义，太卖弄雕虫小技只会破坏大道术，太小的见识无法产生通达观念；要想通达大度，就必须简约。"

河以逶蛇，故能远；山以陵迟[①]，故能高；阴阳无为，故能和；道以优游，故能化。夫彻于一事，察于一辞，审于一技，可以曲说，而未可广应也[②]。

〔注释〕

①逶蛇（wēiyí）：蜿蜒曲折。陵迟：山坡逐渐延绵倾斜。

②曲说：片面之说。

〔译文〕

黄河因为曲折连绵，所以能流向远方；高山因为绵延深长，所以能高高耸立；阴和阳各自遵循自然规律而运行，所以能和谐包容；大道因为优游，所以能化育万物。只通晓一类事，明了一种说法，掌握一门技艺，可以对某些事物有精到的认识，但不可能广泛应对所有事物。

今夫祭者，屠割烹杀，剥狗烧豕，调平五味者，庖也；陈簠簋，列樽俎[①]，设笾豆者，祝也[②]；齐明盛服，渊默而不言，神之所依者，尸也[③]。宰、祝虽不能，尸不越樽俎而代之。故张瑟者，小弦急而大弦缓；立事者，贱者劳而贵者逸。舜为天子，弹五弦之琴，歌《南风》之诗，而天下治。周公肴臑不收于前[④],钟鼓不解于悬,而四夷服。赵政昼决狱而夜理书[⑤],御史冠盖接于郡县,覆稽趋留[⑥],戍五岭以备越[⑦],筑修城以守胡,然奸邪萌生,盗贼群居,事愈烦而乱愈生。

〔注释〕

①簠(fǔ)、簋(guǐ):古代祭祀时两种盛黍稷、稻粱的礼器。樽(zūn):酒器。俎(zǔ):盛放肉类的器具。

②笾(biān)、豆:古代祭祀用的两种礼器,竹制为笾,木制为豆。祝:祭祀时传达鬼神言辞的巫师。

③齐明:斋戒严整。渊默:深沉不语。尸:祭祀时代表鬼神享受祭品的人。

④肴臑(nào):肉类食品。

⑤赵政:秦始皇嬴政,因生于赵国,所以又称赵政。

⑥御史:秦代官名,主管监察。冠盖:指代官吏。覆稽:反复稽查。趋留:往来停留。

⑦五岭:指在今湖南、江西南部和广西、广东北部交界处的越城岭、都庞岭、萌渚岭、骑田岭、大庾岭。

〔译文〕

现在祭祀的时候,屠宰烹煮、剥狗烧猪、调和五味,这是厨师的职责;陈设簠簋,排列樽俎,放置笾豆,这是巫祝的职责;斋戒严整,穿着庄严隆重的礼服,深沉而不语,神灵以此为依托,这是尸主的职责。厨师和巫祝即使不称职,尸主也不能越过樽俎去代替他们。所以弹瑟的时候,总是小弦急促而大弦舒缓;处理事务则是贱者劳碌而贵者闲逸。舜当天子时，只是弹奏着五弦琴，歌唱着《南风》诗，天下就得到了治理。周公饭菜摆在案前，钟鼓悬挂在架上伴奏，四方异族就归顺降服了。秦始皇白天判断案子，夜里处理文书，还派出御史往来各个郡县反复视察官吏，又派兵戍守五岭以防备越人，修筑长城以防备胡人，但是奸邪还是不断产生，盗贼成群结队，这是因为政务越繁杂混乱就越多。

故法者，治之具也，而非所以为治也，而犹弓矢，中之具，而非所以为中也。黄帝曰："芒芒昧昧[①]，因天之威，与元同气。"故同气者帝，同义者王，同力者霸，无一焉者亡。故人主有伐国之志，邑犬群嗥，雄鸡夜鸣，库兵动而戎马惊。今日解怨偃兵，家老甘卧，巷无聚人，妖菑不生[②]。非法之应也，精气之动也。故不言而信，不施而仁，不怒而威，是以天心动化者也。施而仁，言而信，怒而威，是以精诚感之者也。施而不仁，言而不信，怒而不威，是以外貌为之者也。故有道以统之，法虽少，足以化矣；无道以行之，法虽众，足以乱矣。

［注释］

①芒芒：广大深远的样子。昧昧：浑朴的样子。形容纯朴广远的原始状态。

②菑（zāi）：同"灾"。

［译文］

所以法只是治国的工具，而不是治国的根本，就像弓和箭，只是射中目标的工具,而不是射中靶的原因。黄帝说:“纯朴广远啊,凭借着上天的神威,与天地元气相通。”所以与元气同一者可以称帝,与道义同一者可以称王,与强力同一者可以称霸,这三方面都不具备的,就只能灭亡。所以国君如有征伐别国的志向,城邑里的狗便会成群吠叫,雄鸡就会半夜啼鸣,兵库里的器械就会响动,战马就会躁动震惊。一旦和敌国消除仇怨,停止战争,家中的父老乡亲就能睡得香甜,巷里就没有聚集的人群议论战事,妖灾就不会产生。这不是法令施行的效果,而是精诚之气感化的结果。所以不用言说便显示诚信,不施恩惠就显示仁慈,不必动怒就显示威严,这是以天之心来感动变化的。施舍恩惠才体现仁慈,言说以后才显示诚信,发怒了才显示威严,这是用人之精诚来感化的。施舍了恩惠还不显仁慈,信誓旦旦还不显诚信,大发雷霆还无威严,这是做表面文章造成的。所以用“道”来统率,法令即使很少,也足以感化民众;没有以“道”来统率,法令即使很多,也不足以安定民众,反而会不断产生混乱。

治身,太上养神[①],其次养形。治国,太上养化,其次正法。神清志平,百节皆宁,养性之本也;肥肌肤,充肠腹,供嗜欲,养生之末也。民交让争处卑,委利争受寡,力事争就劳,日化上迁善而不知其所以然,此治之上也。利赏而劝善,畏刑而不为非,法令正于上而百姓服于下,此治之末也。上世养本,而下世事末,此太平之所以不起也[②]。夫欲治之主不世出,而可与兴治之臣不万一[③],以不万一求不世出,此所以千岁不一会也[④]。

〔注释〕

①太上:最重要的。

②事:从事。起:兴起。

③不万一:不到万分之一。

④不万一:原作“万一”,据王念孙说补。会:合。千岁不一会:指千载难遇。

〔译文〕

修身,最重要的是修养精神,其次才是修养形体。治理国家,最重要的是形成感化,其次才是严明法令。精神清明,心志平和,全身血脉都安顺,这是养性的根本;肌肤肥胖,脂膏满腹,嗜欲不断,这是养生的末节。人民互相谦让、争处卑下地位,而在分配利益时争着拿少的一份,并努力工作争着做辛苦的事,每天向善上进却不知怎么变化的,这是治理国家的上策;用物质利益来激励人,宣传说教劝人向善,使百姓畏惧刑法而不敢妄为,上面执法严明,下面百姓服服帖帖,这是治理国家的下策。上古时代注重养性根本,而末世则注重细枝末节,这就是太平盛世难以重现的原因。想要治理好社会的贤明君主不是每个世代都会出现,而能够辅佐明主治理社会的贤臣也是万中无一;万人中难觅一个的贤臣要想碰上不是每个世代都出现的明主,那真的是千载难逢的良机。

民无廉耻,不可治也。非修礼义,廉耻不立。民不知礼义,弗能正也。非崇善废丑,不向礼义。无法不可以为治也，不知礼义，不可以行法。法能杀不孝者，而不能使人为孔、曾之行[①]；法能刑窃盗者，而不能使人为伯夷之廉。孔子弟子七十，养徒三千人，皆入孝出悌，言为文章[②]，行为仪表，教之所成也。墨子服役者百八十人，皆可使赴火蹈刃，死不还踵[③]，化之所致也。

〔注释〕

①孔、曾：指孔子和曾子。

②悌：敬爱兄长。言为文章：指言辞符合法度礼仪。

③墨子：春秋战国时期墨家学派的创始者。踵(zhǒng)：脚后跟。

〔译文〕

民众如果没有廉耻之心，就无法治理他们。如果不修治礼义，廉耻之心就无法树立起来。民众不知礼义，法令就无法使他们走正道。不推崇好的风尚、废除丑恶现象，民众就不会遵循礼义。没有法律就不能治理好国家，但民众不懂礼义，法律也无法实施。刑法能杀掉不孝之人，但却不能使人像孔子、曾子那样讲孝道；刑法能惩治偷盗者，但却不能使人做得像伯夷那样廉洁。孔子的弟子中有贤人七十人，学生有三千人，他们都能做到在家孝道、出门敬爱，言辞符合礼义法度，行为规矩可做表率，这都是教育所成就的。墨子有门徒一百八十人，都能够为义赴火蹈刃，至死不回，这都是教化造就的。

故心者，身之本也；身者，国之本也。未有得已而失人者也，未有失己而得人者也。故为治之本，务在宁民；宁民之本，在于足用；足用之本，在于勿夺时；勿夺时之本，在于省事[①]；省事之本，在于节用；节用之本，在于反性。未有能摇其本而静其末，浊其源而清其流者也。故知性之情者，不务性之所无以为；知命之情者，不忧命之所无奈何。故不高宫室者，非爱木也；不大钟鼎者，非爱金也，直行性命之情，而制度可以为万民仪[②]。今目悦五色，口嚼滋味，耳淫五声，七窍交争以害其性，日引邪欲而浇其身[③]。夫调身弗能治，奈天下何？故自养得其节，则养民得其心矣。

〔注释〕

①时：农时。省事：指减少徭役，让农民致力于农事。

②直：只。仪：榜样、标准。

③嚼：品尝。淫：沉溺。浇：指伤害身体。

〔译文〕

所以人心性的修养是自我修养的根本，自我修养又是治国平天下的根本。世上没有自我修养有收获反而失去人心的，也没有放弃自我修养却得到人心的。所以治国的根本，务必在于安定民生；安定民生的根本，在于使人民财物充足；而财物充足的根本，在于不能侵夺农时；不侵夺农时的根本，在于减少徭役之类的事情；而减少这类事情的根本，在于要节约用度；节约用度的根本，在于人能返归清淡寡欲的天性。没有摇动树根而树梢却静止的事,也没有弄混浊水源而流水保持清澈的事。所以了解人性真情的人不会去做人性所不允许做的事;懂得命运实情的人不会忧虑命运中无可奈何的东西。所以不修建高大宫室,不是爱惜木材;不铸造大型钟鼎,不是珍惜铜铁等金属,只不过是遵循天性命运的真情来做事而已,这样的制度可以成为万民的榜样。现在的人,眼睛爱看五色,嘴巴爱尝五味,耳朵沉溺于五音,这眼、耳、鼻、口等争着享受物欲以致损伤了人的本然天性,每天产生的邪念会摧残自己的身体。自己身体都治理修养不好,又能把天下怎么样呢?所以将自身的修养掌握好了,那么教化民众就可以得民心。

草木之性,洪者为本,而杀者为末①;禽兽之性,大者为首,而小者为尾。末大于本则折,尾大于要则不掉矣②。故食其口而百节肥,灌其本而枝叶美,天地之性也。天地之生物也有本末③,其养物也有先后,人之于治也,岂得无终始哉?故仁义者,治之本也。今不知事修其本,而务治其末,是释其根而灌其枝也。且法之生也,以辅仁义,今重法而弃义,是贵其冠履而忘其头足也。故仁义者,为厚基者也。不益其厚而张其广者,毁;不广其基而增其高者,覆。

〔注释〕

①洪:粗大。杀:细小。

②要:"腰"的古字。掉:摇摆。成语"尾大不掉"即源自此句。

③生：通"性"。

〔译文〕

草木以粗大的为根本，细小的为枝末；禽兽以体大的为首，体小的为尾。草木如果枝末比根本粗大，就会折断；禽兽如果尾大于腰，尾巴就摇摆不灵便。所以动物从口中进食就会全身肥壮，草木灌溉根部就会枝繁叶茂。天地自然化育万物有本有末，养育它们有先有后，人对于社会的治理难道就没有本末头绪吗？所以仁义是治国安民的根本。现在人们不知道致力于根本，却致力于枝末，那就好像放弃对树根的浇灌而去浇灌枝叶一样愚蠢。况且法度的产生是用来辅助仁义的，现在看重法度而轻视仁义，就好像看重鞋子、帽子而忘记头、足一样愚蠢。所以仁义是治国安民的厚实基础。不加厚基础就扩建房屋，房屋就会毁坏；不加宽基础就增高房屋，房屋就要倾覆。

偷利不可以为行，而智术不可以为法。故仁知，人材之美者也。所谓仁者，爱人也；所谓知者，知人也。爱人则无虐刑矣，知人则无乱政矣。治由文理，则无悖谬之事矣；刑不侵滥，则无暴虐之行矣。上无烦乱之治，下无怨望之心，则百残除而中和作矣，此三代之所昌。故《书》曰："能哲且惠，黎民怀之。何忧讙兜，何迁有苗①？"智伯有五过人之材②，而不免于身死人手者，不爱人也；齐王建有三过人之巧③，而身虏于秦者，不知贤也。故仁莫大于爱人，知莫大于知人。二者不立，虽察慧捷巧，劬禄疾力[④]，不免于乱也。

〔注释〕

①讙兜：传说是尧舜时期的恶人，被放逐到崇山。有苗：古代南方部落名，因作乱，被舜迁徙到西方三危山。

②智伯有五过人之材：原注"智伯美髯长大，一材也；射御足力，二材也；材艺毕给，三材也；攻文辩慧，四材也；强毅果敢，五材也"。

③齐王建：战国时期齐国最后一位国君，公元前221年为秦所虏。三过人之巧：原注"力能引强，走先驰马，超能越高"。

④劬(qú)：辛勤。禄：通"碌"。劬录：勤劳。疾力：辛苦。

〔译文〕

贪利占小便宜的行为不可以算作德行，依靠智巧心计办事也不能算作法则。所以仁和智是人的美好资质。所谓仁，就是爱人；所谓智，就是了解人。爱人，就不能滥用酷刑；知人，就不会引发政治动乱。根据礼仪法度治国，就不会发生荒谬之事；不滥用刑法，就不会有暴虐的行为。上面没有烦琐杂乱的管理，下面就没有怨声载道的仇恨，社会上各种灾害就容易被消除，而中正平和的局面就会兴起，这就是三代昌盛的原因。所以《尚书》说："能够既圣明又仁惠，黎民百姓就缅怀追随他，何必为讙兜忧虑，何必迁徙有苗？"智伯有五种过人的才能，但仍免不了死在他人手里，这是因为他对人不仁爱。齐王建有三种过人的技巧，但仍被秦国俘虏，这是因为他不了解贤能。所以仁，没有比爱人更伟大的；智，没有比了解他人更智慧的。仁和智都不具备，即使明察秋毫、聪慧、敏捷、灵巧，勤劳、辛苦，也不免造成混乱。

卷二十一　要略

〔题解〕

本卷是全书的“序言”，对著书的目的和意义、写作的原则和方法、语言的风格和特点作了说明；并对各卷的内容和旨意作了概括（这部分已经分散置于各卷正文之首）；还对全书的结构、各卷的次序作了分析介绍。作者对于本书的写作是认真而严谨的，同时对于本书也寄予了厚望，期望通过阅读本书可以“上考之天，下揆之地，中通诸理”，最终成为像孔子、墨子、管子、晏子等圣人贤相一样的时代命运的担负者，对于天下国家、芸芸众生能够有所裨益。

〔原文〕

凡属书者，所以窥道开塞，庶后世使知举错取舍之宜适[①]，外与物接而不眩，内有以处神养气，宴炀至和[②]，而己自乐所受乎天地者也。故言道而不明终始，则不知所仿依；言终始而不明天地四时，则不知所避讳；言天地四时而不引譬援类，则不知精微；言至精而不原人之神气，则不知养生之机；原人情而不言大圣之德，则不知五行之差；言帝道而不言君事，则不知小大之衰[3]；言君事而不为称喻，则不知动静之宜；言称喻而不言俗变，则不知合同大指[4]；已言俗变而不言往事，则不知道德之应；知道德而不知世曲，则无以耦万方[5]；知泛论而不知诠言[6]，则无以从容；通书文而不知兵指，则无以应卒[7]；已知大略而不知譬喻，则无以推明事；知公道而不知人间，则无以应祸福；知人间而不知修务，则无以使学者劝力。欲强省其辞，览总其要，弗曲行区入[8]，则不足以穷道德之意。故著书二十篇，则天地之理究矣，人间之事接矣，帝王之道备矣！

〔注释〕

①窥：探究。庶：希望。错：通“措”。

②宴：安宁。炀：平易。

③衰：指等级。

④指：通“旨”。

⑤耦（ǒu）：对应、相合。

⑥泛论：广泛地论述。诠言：解释义理。

⑦卒：突发事件。

⑧曲行区入：指《淮南子》一书婉转曲折的叙述方法。

〔译文〕

大凡著书的目的，是用来观察大道的开启和阻塞，希望后代能够用来知道举止、取舍的适当办法，在外部和万物交接而不致迷惑，在内部能够安神养气，平易祥和，自己也能够在禀受天地之性中得到快乐。因此谈论人道而不明白事物的始终变化，便不知道学习仿效的对象；谈论事物的始终变化，而不明了天地四时的变化，便不知道回避灾祸和忌讳的事情；谈说天地四时之间的变化，而不去引用譬喻援引类似的例证，便不知道精妙微小的事物；谈论事物间微妙的现象而不探索人的精神血气产生的原因，便不知道养生的机变；探索人之常情而不谈论最高的道德，便不知道五种行为之间的差别；谈论帝王之道而不说诸侯国君之事，便不知道大小的等次；谈论国君之事而不去陈说譬喻，便不知道掌握动静的适度；谈论陈说譬喻而不论及习俗的变化，便不知道会合大要；谈论习俗变化而不谈往古之事，就不了解道德的对应变化；了解道德的对应变化而不知道世事的曲折，便不能配合各种变故；知道广博地论说而不知道阐明精微之言，便不能从容不迫；通晓书籍文章而不知道用兵的要旨，便没有办法应付突然变故；知道大要而不知道使用譬喻，就没有办法推论明白事理；了解公正之道而不知道人间曲直，便不能应对祸福；知道人间之事而不知道去努力进取，便不能使来学习的人勤奋学业。想尽力减少它的文字，总括它的要点，但是不经过委婉曲折地引入境地，便不能够穷尽道德的旨意。因此著书二十篇，这样天地之间的道理便探究清楚了，人世万事就全部联系在一起了，帝王统治天下的方法就齐备了。

其言有小有巨，有微有粗，指奏卷异[①]，各有为语。今专言道，则无不在焉，然而能得本知末者，其唯圣人也。今学者无圣人之才，而不为详说，则终身颠顿乎混溟之中[2]，而不知觉寤乎昭明之术矣。今《易》之《乾》《坤》，足以穷道通义也[3]，八卦可以识吉凶[4]、知祸福矣，然而伏羲为之六十四变[5]，周室增以六爻[6]，所以原测淑清之道，而捃逐万物之祖也[7]。夫五音之数不过宫商角徵羽，然而五弦之琴不可鼓也，必有细大驾和[8]，而后可以成曲。今画龙首，观者不知其何兽也，具其形，则不疑矣。今谓之道则多，谓之物则少；谓之术则博，谓之事则浅。推之以论，则无可言者，所以为学者，固欲致之不言而已也。夫道论至深，故多为之辞以抒其情；万物至众，故博为之说以通其意。辞虽坛卷连漫，绞纷远缓，所以洮汰涤荡至意，使之无凝竭底滞，捲握而不散也[9]。夫江河之腐胔不可胜数[10]，然祭者汲焉，大也。一杯酒白，蝇渍其中，匹夫弗尝者，小也。诚通乎二十篇之论，睹凡得要，以通九野，径十门，外天地，捭山川，其于逍遥一世之间，宰匠万物之形[11]，亦优游矣。若然者，挟日月而不烑，润万物而不秏[12]；曼兮洮兮，足以览矣；藐兮浩兮[13]，旷旷兮，可以游矣。

〔注释〕

①指：通“旨”。奏：通“趣”。指奏：旨趣。

②颠顿：跌跌撞撞。

③乾、坤：《周易》中的《乾》卦象征天、君、阳、父亲；《周易》中的《坤》卦象征地、臣、阴、母亲，已具备了天地自然社会的基本要素，所以说“足以穷道通意也”。

④八卦:《周易》中的八种符号,由阳爻“—”和阴爻“--”两种基本符号排列组成,每卦包含三爻,共有乾、坤、震、巽、坎、离、艮、兑八种。

⑤六十四变:指在八卦基础上,通过自迭、互迭而演变成的六十四卦。这样每卦由原来的三爻变成了六爻,所以下文讲“周室增以六爻”。

⑥周室:指周文王。相传周文王囚于羑里时演八卦。

⑦原测:指探究作为本原的“道”。淑清:清明纯净。捃(jùn):拾取,这里指追根溯源。

⑧鼓:弹奏、演奏。细大:细粗大小。驾和:相应和。

⑨坛卷连漫、绞纷远缓:形容词语委婉而广博。洮汰:淘汰。捲(juàn)握:掌握。

⑩胔(zì):尸体。

⑪九野:指八方及中央。径:经。十门:八方及上下。外:离开,到天地之外。捭(bǎi):摒弃。宰匠:主宰。

⑫挟:指容纳、充盈。姚(yáo):“窕”之借字,空隙的意思。秏:通“耗”。

⑬曼:布满。洮(táo):宽广。藐:通“邈”,空旷广远的样子。

〔译文〕

书中的论说有的谈论小事,有的涉及大事,有细微之说,也有粗疏之言,每卷的旨趣不同,各自都有论述的文字。现在专门谈论道,它是无处不在的;但是能够得到根本而能知道末节的,恐怕只有圣人了。现在学习的人没有圣人之才,如果不替他们详细解说,那么就会终身困顿于杂乱昏暗之中,而不知道在光明的道路上醒悟。现在《周易》中的《乾》和《坤》,完全能够穷尽道术、通达旨意,八卦可以识别吉凶、知道祸福;但是伏羲又将它演变成六十四个卦象,周文王又增加了六爻,所用来探究测度明朗之道，而远溯万物的本源。五音的数量，不过宫、商、角、徵、羽，但是五弦的琴不能够弹奏，必须有高音、低音的交融相和，然后才能成为曲子。现在画一个龙头，观看的人不知道是什么野兽，等全部画完它的形状，那么观者就不会怀疑了。现在说到“道”，就会谈得很多，说到万物，就会谈得很少；谈到统治之术，就会议论很广泛，而谈到事情，就很浅薄。如果用理论来推求，那么便觉得无话可说了，所用来从事教学的人，本来想指引他们，也只好不说罢了。大道的学问是最深的，所以要多多地替它说明，以便表达它的实际情况；万物是纷纭复杂的，所以广博地为它论说，以便通达它的意旨。词语虽然曲折而又很散乱，纷纭交错而又遥远松缓，所用来淘汰清除个人旧有的牢固观念，使他们没有凝结闭塞，那么就可以掌握大道而不会松散。长江、黄河中的腐烂尸骨多得数不清，但是祭祀的人从中汲水，因为它广大。一杯白酒，苍蝇淹没其中，没有人愿意品尝，因为它狭小。果真能够通达二十篇的论述，看到大概得到要领的人，可以用来通达九野，取道十门，离开天地之束缚，忘却山川之羁绊，自由往返于人世之间，执宰万物之形，悠闲而自得。如果这样，那么就会包容日月而不会有光亮，润泽万物而不会消耗；布满大地，宽广无边，完全可以用来观览万物；空旷深远啊，可以遨游在广阔无垠的境界！

若刘氏之书[①]，观天地之象，通古今之事，权事而立制，度形而施宜，原道之心，合三王之风，以储与扈冶[②]。玄眇之中，精摇靡览，弃其畛挈，斟其淑静[③]，以统天下，理万物，应变化，通殊类，非循一迹之路，守一隅之指，拘系牵连之物而不与世推移也。故置之寻常而不塞，布之天下而不窕④。

〔注释〕

①刘氏：指本书的作者刘安。

②储与扈冶：广大。

③精摇：精心进取。靡览：反复探究。畛挈（zhěnqiè）：污浊。淑静：清澈。

④窕（tiǎo）：空隙。

〔译文〕

像我刘安这部《淮南子》，观察天地的形象，通达古今的事理，权衡事理而建立法度，度量事物的情况而施与合宜的措施，探索人们的道德规范，使之符合远古三皇时期的世风，以便使"道"更加广大。在幽深微妙之中，精心进取、反复探究其中的精髓；抛弃其中的污浊，汲取其中的精华，用来统一天下，治理万物，适应变化，通达不同的方面，而不是依循一个车轨形成的路子，恪守一个角落的偏见，拘泥于有联系的事物而不知道随世道的变迁而转变。因此，将本书的学说放置到寻常之处而不会阻塞，布散到天下而不会有空隙，无论什么事情都适用。

主要参考书目

《淮南子译注》,陈广忠译注,吉林文史出版社,1996 年。

《淮南子直解》,刘康德著,复旦大学出版社,2001 年。

《淮南子》,顾迁译注,中华书局,2009 年。

《淮南子校释(增订本)》,张双棣著,北京大学出版社,2013 年。

《淮南子》,沈雁冰选注,卢福成校订,崇文书局,2014 年。

《淮南子鉴赏辞典》,上海辞书出版社,2018 年。